本著作系 2012 年度教育部人文社会科学研究一般项目"社会公正视域下的农民工报道传播模式研究"（项目批准号为：12YJC860045）项目资助。

社会公正视域下的农民工报道传播模式变革

徐 艳 著

南开大学出版社
天 津

图书在版编目(CIP)数据

社会公正视域下的农民工报道传播模式变革 / 徐艳著.
—天津:南开大学出版社,2014.9
(天外"求索"文库)
ISBN 978-7-310-04605-8

Ⅰ.①社… Ⅱ.①徐… Ⅲ.①民工-新闻报道-传播
媒介-研究-中国②民工-形象-研究-中国 Ⅳ.①G219.2
②D669.2

中国版本图书馆 CIP 数据核字(2014)第 197601 号

南开大学出版社出版发行

出版人:孙克强

地址:天津市南开区卫津路 94 号　　邮政编码:300071

营销部电话:(022)23508339　23500755

营销部传真:(022)23508542　　邮购部电话:(022)23502200

＊

天津市蓟县宏图印务有限公司印刷

全国各地新华书店经销

＊

2014 年 9 月第 1 版　　2014 年 9 月第 1 次印刷

230×155 毫米　16 开本　16.75 印张　2 插页　231 千字

定价:33.00 元

如遇图书印装质量问题,请与本社营销部联系调换,电话:(022)23507125

天外"求索"文库

天外"求索"文库编委会

主　任：修　刚

副主任：王铭玉

编　委：余　江　刘宏伟

序

申 凡

　　徐艳副教授的专著《社会公正视域下的农民工报道传播模式变革》，是在她的博士论文基础上完成的一本直面社会现实的厚重之作。它直指一个十分沉重又十分迫切需要解决的问题——媒体如何引导社会在公正的前提下解决农民工的问题。

　　众所周知，世界各国现代化的进程都是和农民离开乡村进入城市的"都市化"进程相伴随，中国同样有这样一个进程。在中国这样一个以农民为主体的国家里，100多年的现代化进程，每一个阶段都可以看到农民进入城市变身为工业生产者、市民，有力推动了城市的建设和现代社会的进步。改革开放30多年来，这一点表现得更加突出：从70年代的临时工、季节工，到80年代的合同工，一直到90年代的农民工，大量的农民源源不断地进城务工，满足了我国社会现代化发展对于劳动力的大量需求，为几十年中国城市的飞速发展起到了积极的推动作用。但是，由于多年来"农村支援城市"的政策，社会上对农民进城参加建设有一种不正确的认识。比如"临时工"、"季节工"、"合同工"、"农民工"等称谓，就没有把进城务工的农民和工人同等看待，对城市来说他们只是"外来务工者"的"他者"，享受不到与当地居民同等的教育、就业以及社会保障等福利待遇，这不仅有违社会公正的原则，而且影响到我国经济和社会的协调发展。由此，农民工问题成为关乎我国社会长期发展、实现公平正义的重大议题。十八届三中全会以来，国家把公平正义作为今后一个时期政策制订的核心和依据，这就使农民工问题的研究更加突出和紧迫。本书以此作为选题进行研究，体现了作者的忧患意识和学者的社会责任，这就使该研究具有了强烈的现实意义和重要的理论价值。

　　本课题研究的问题很复杂，涉猎面比较广泛，历时也比较长，所以面对这样复杂的研究对象，单一学科理论是不能说清问题的。本书在建构主义思想基础上，运用伦理学、社会学、政治学和新闻学、传播学的理论，在30年的农民工报道研究中把政府、媒介、农民工这几个研究对象，历史和现实、报道和现实、政策和现实、报道和舆论这些范畴有机地组织在一起，从历史与现实相结合的角度开展研究，既有应然的论述，也有实然的分析。作者的研究从各个学科视角关照这个议题，充分体现出了研究中多学科交叉的特征。本书的研究主要以《人民日报》为样本，结合国家对农民工重要政策出台时间以及媒体农民工报道实践，将农民工报道分为3个时期，即1980年～1994年的初始期，1994年～2001年的成熟期，2002年至今的鼎盛期。作者通过科学合理的划分时期和内容分析，探寻了在农民工公正待遇和社会形象提升过程中大众媒介传播模式及其变化的轨迹，展现了30年来农民工时代形象变迁的历史画卷。同时，研究也强调了大众媒介的重要功能之一就是社会建构，通过媒介所呈现的事实来形成人们对于客观世界的认知。大众传媒作为社会公器，是公共信息传播的平台，承担着社会舆论建构的任务，也理应成为弱势群体寻求社会公正和实现合法权益的重要工具，对待农民工一类问题就正应起到这样的作用。书中这些方面的论述很有见地，有相当的理论深度，这就使本书具有了理性思辨的色彩。

　　作者在研究以《人民日报》为主的新闻媒体30年来农民工报道的过程中，高度概括、提炼出了传媒30年发展中传播职能、传播方式、传播模式发生的变化。以"信息的传播流向"为标准来总结归纳不同时期媒介对农民工报道的情况，由此构建出媒介的3种传播模式：单向线性模式、双向并行模式以及中心互动模式，这是一个创新之举。随后，作者以3种传播模式为核心，分别从媒介议程设置、媒介传播内容、媒介话语、媒介社会效果4个纬度对各个时期的媒介传播体系进行了综合考察。本研究发现，在对农民工报道的过程中，媒介职能经历了从宣传工具到信息传播工具再到"社会公器"的转变。在此转变过程中,媒介体现了以下变化趋势:媒介传播模式呈单向线型——双向并行型——中心互动型的发展过程;媒介对农民工的认识从"他者"到"我们"的变化;媒介地位从完全附属到独立性逐渐增强;媒介话语从一元主导到多元并存。随着这些趋势的继续发展,媒介将在农民工报道中发挥更加独立和重要的作用,更加有效地报道农民工群体,为实现农民工的公正待遇发挥应有的作用。这些观点十分深刻,在传播研究中具有理论创新。

徐艳副教授是个对农民和农村有深刻了解的研究者,她在读研究生之前做过12年的新闻记者。她说:"我做一线记者时,大部分时间都在河南农村采访。农民的质朴与勤劳让人感动,他们对于生活最为朴实的感受启迪人的心灵,甚至对于生命的那种知足,那种安于贫困、安于命运的笑容让人心酸。"由于有这样强烈的情感,所以她的研究不仅花了大量时间做文献研究工作,梳理了几十年来政府在农民进城务工方面的政策法规及其发展历程;而且专门到省级社科院农村所访谈"国家在农村政策的制定过程中如何体现对农民和农村的公正",到新闻媒体农村部访谈"记者在推进农村公正时扮演的角色"、"内参在推进农村公正实现时的独特作用"等;同时,花了数月的时间一页一页地翻阅《人民日报》的样本。历时6年,综合运用了文献研究法、访谈法、问卷调查法、内容分析法等定性与定量相结合的多种方法进行研究,功夫下得很大,研究做得十分扎实,在这样的基础上得出的研究结论很科学,很有说服力,这就使这本专著写得十分厚实。

我作为徐艳在华中科技大学读硕士、博士研究生时的指导老师,深感她学习的刻苦和工作的认真。在本课题研究中,我眼见她克服困难的坚韧和一丝不苟的细致,研究做得非常出色,正因为这样,本课题在去年立项为教育部社科基金项目。

在徐艳副教授的专著《社会公正视域下的农民工报道传播模式变革》出版之际,我祝贺她在这个研究领域取得的优异成果,同时也愿意向广大读者推荐这本深入研究农民工报道的多学科交叉的研究著作。

前　言

　　社会主义和谐社会的基本内涵，是民主法治、公平正义、诚信友爱、充满活力、安定有序、人与自然和谐相处的社会。因此，实现社会的公平正义，是构建社会主义和谐社会的关键环节。而弱势群体的民生问题，是任何一个崇尚公平与正义的社会必须正视的问题。

　　农民工，作为典型的弱势群体代表，自诞生于改革开放之初起，就一直备受关注。30多年来，这个群体因其巨大的规模和广泛的分布，在媒介关注、政府管理和社会秩序等诸多方面引发巨大争议：一方面是指农民工对城市交通、社会治安和社会秩序造成了急剧的压力，以至于曾被部分市政管理者与市民视为"盲流"；另一方面是指农民工自身的权益得不到保障，利益诉求无法找到畅通的表达渠道，对他们不公正、不公平的对待引起了全社会的广泛关注。

　　近些年来，关于农民工问题也有很多研究，但多集中在农民工的迁移、农民工的形象变迁等方面，很少充分结合跨学科的优势，能够从社会学、政治学和文化学等方面充分挖掘大众传媒在农民工利益表达中的价值与作为。大众媒介的重要功能之一就是建构，通过媒介所呈现的事实来形成人们对于客观世界的认知，大众传媒作为社会公器，承担着公共信息的传播渠道与社会舆情的建构工具的重要作用，也理应成为弱势群体寻求社会公正和实现合法权益的重要工具。因此，研究中作者以《人民日报》作为研究对象，对1978年以来《人民日报》中关于农民工的新闻报道和信息进行了研究。作者从历史的视角考察大众传媒在塑造中国农民工形象和记载农民工"公民"待遇实现的历史进程，通过深入的史料探寻、田野调查以及深入博物馆、古籍馆和媒体、社会研究专业人士的深度访谈，运用系统性的内容分析，采集到大量的历史资料和经验数据，探寻了在农民工公正待遇和社会形象提升过程中的大众媒介传播模式和变化轨迹。最后，作者还研究了《人民日报》关于新生代农民工的媒介关怀、媒介形象塑造和传播模式，进行了《人民网》为代表的网络媒介与《人民日报》传播的对比研究和融合传播研究，并在此基础上，提出如何对农民工进行媒介素养教育，提升他们争取媒介话语权和媒介表达的能力，以便个体能够获得媒介赋权从而能主动地争取社会公正对待和个人权益实现。

编者

2014 年 8 月

目　录

导　论

　　目前，无论是传媒业界还是新闻传播学界，对于农村的关注都不是太多。大量调查数据的研究与分析表明我国媒介传播中"重城市，轻农村"的现状依然普遍存在。报纸媒体方面，据中华全国农民报协会统计，我国目前涉农类报纸大约仅有 30 家；广播电视方面的情况也不容乐观，1997 年对全国电视观众进行抽样调查时，农村观众人数就已经占到了总数的 75.9%（当年全国电视观众总数为10.94 亿人），这一数据充分证明农民在电视观众中占有很大的份额。3 年后，黄鸣刚却不得不指出："中国的电视市场日益扩大，但是农村电视节目所占有的份额却在缩小，包括中央电视台在内的多数电视台的农村节目比例都在相对下降。2003 年 6 月在央视推行的'末位淘汰制'使得 12 个频道的 10 个栏目从电视消失，其中《农业新闻》这个少有的为 9 亿农民服务的节目也包含其中。在惟收视率是图的现在，农民这个最大的群体却正在失去他们的表达场域。"①张振华也指出：到 2003 年底，我国共开办广播节目 1800 多套、电视节目 2200 多套，但开办专业对农频道的电视台只有吉林、山东两家，广播也只有陕西、山东两家。在省级电视台中，只有大约十五六家开办了农村专栏，与 368 家注册的各种电视媒介相比，开办率仅有 4%。②这些数据印证了方晓红的结论："农村受众是信息传播领域的弱势群体，农村受众在信息资源的享受和利用方面、接收工具的拥有量方面、媒介消费时间方面、接受及处理信息的能力方面、表达意见的自我意识方面，均明显弱于城市受众，这是当前我国农村传播所面

---

　　① 黄鸣刚. 经济因素还是文化差异——对农电视节目稀缺现象的深层思考. 当代传播，2005（2）：27.
　　② 张振华. 对农电视节目分析. 中国广播电视学刊，2007（3）：29.

临的现状。"①

在这样的传播现状下，媒介对于农民工报道更少而且总数也相对不多，但是其变化趋势却呈现出良性发展的态势，表现在媒介对农民工越来越重视，报道数量越来越多，媒介在推进农民工公正待遇实现过程中也发挥了越来越重要的作用。在这些报道中，我们可以根据媒介地位的变化梳理出关于农民工报道的变化轨迹：

1980 年～1993 年，在农民工开始大规模进城的背景下，媒介作为政府的一个组织部门，更多地充当了政府的传声筒，对国家对于农民工的有关政策等进行灌输式宣传，履行的是"政府喉舌"的角色。但是，这种模式只是传递了国家的声音，基本上没有农民工群体自己的声音，对于农民工所遭受的不公正待遇，媒介处于失语状态，导致了媒介歧视的形成和加剧。

1994 年～2001 年，在市场经济的影响下，媒介作为经营主体的定位开始凸显：一方面，媒介的自主性开始增强，开始独立设置农民工的报道议程，不再完全听命于政府的指令；另一方面，媒介开始注重受众需求，开始注重双向反馈。此时，媒介一方面开始加大了对农民工的人文关怀内容，另一方面，因追求收视率等也加大了对农民工等弱势群体的媒介歧视。

2002 年以后，随着国家政府职能向服务型转变，媒介地位的提高以及网络等新媒体技术的普及，媒介作为整合信息的中心，其自主性更为增强。政府、公众以及其他社会群体开始以媒介为中心来传递信息、整合信息。尤其是公众，开始借助媒介来表达舆论、引导舆论，从而通过媒介形成公众议题进而影响政府议题。这一时期，媒介开始关注农民工权益，敦促政府从制度层面实行有关改革。

总体上来说，我国对媒介在农村社会公正推进中的作用研究始终处在零星而分散的状态，这与传媒运作的现实状况也是相吻合的。三农问题是自 2000 年两会以来的社会难点、焦点问题，而农村公正问题又是焦点中的焦点。但是，学界对农村公正问题研究还很不充

---

① 方晓红. 加强农村传播服务农村发展新闻记者. 新闻记者，2002（2）：6.

分，多集中在农民工的迁移、农民工的形象变迁等方面，很少充分结合跨学科的优势，很少从社会学、政治学和文化学等方面充分挖掘大众传媒在农民工利益表达中的价值与作为。综合以往对农民工报道的理论研究，作者认为对媒介在农村社会公正推进中的作用的理论研究尚存在若干不足：

1）研究视角上，主要分析传媒的农业农村报道，集中于实务层面，多以某一具体问题的报道策略及方式为重点讲操作技巧，例如媒介如何加强农民工报道，缺乏宏观视角，很少从媒介系统与社会大系统的关系上研究；同时缺乏史学视角，只是分散零星的研究，没有从历史的角度进行纵向的梳理。

2）研究重点上，对我国对农传播如何推进社会公正的复杂性没有得到充分的认知，主要集中于媒介如何推进司法公正以及如何加强舆论监督，对于政府与媒介关系这一焦点没有做深度挖掘，导致研究浮于表面或失之偏颇，完全归因于媒介不作为或者直接套用国外的一些模式，对于我国对农传播的改进没有多大意义。

3）研究方法上，重视实证研究，缺少理论建构。主要通过实证调查方式解析传媒与农民农村变化的作用关系，多以某一典型案例或者某一具体报道方式为切入点，从不同角度对媒介在推进农村现代化方面所起的作用加以分析，但是在实证研究基础上没有做更深层的理论建构。

4）缺乏学科交叉的视角，多是以媒介论媒介。社会公正是一个综合性概念，涵盖政治学、伦理学、文化学、哲学等各个学科，单纯地在新闻传播学中来讲公正传播颇显单薄、肤浅，没有理论深度。

在农民工公正待遇的实现过程中，媒介扮演了不同的角色，履行了不同的功能，由此建构了不同的传播模式和传播体系。那么，每个时期媒介的传播模式和传播体系有什么变化？其主要表现如何？这种变化体现了媒介怎样的发展趋势？基于上述论述，本书旨在解决下列问题：

1）我国媒介农民工报道的历史发展如何？经历了哪些时期？

2）各个时期里媒介的传播模式是什么？构建了怎样的传播体

系？

3）各个时期媒介农民工报道的社会公正性是怎样的？有何特点？

4）大众传媒如何在报道中逐步改进和实现农民工的社会公正状况？

为解决上述问题，本书旨在克服以上几方面的缺陷，把媒介的农民工报道研究置于社会公正发展的大背景下，运用公正理论和传播理论相结合的方法来构建本书的理论框架。为便于有针对性地进行量化研究，我们需要选择有代表性的主流媒体，同时数据要充分和完备。《人民日报》是公认的主流媒介并拥有完善的数据资料库，因此，本书就以《人民日报》为研究载体，以《人民日报》30 年农民工报道的发展历程作为研究对象，综合分析各个历史时期媒介传播模式的变化；并以传播模式为线索，对媒介议程设置、传播内容、传播话语、传播社会影响等方面做全景式描述，并从中分析媒介 30 年农民工报道发展的趋势。

在具体研究方法的使用上，在研究的不同阶段，我们分别采取了不同的方法，主要使用的方法如下：

1）内容分析法

"内容分析是一种对传播所显示出来的内容进行客观的、系统的、定量的描述的研究技术"[①]。本书选取《人民日报》1980 年至 2010 年共计 30 年的农民工报道作为研究样本，从报道称谓变化、报道主题、报道体裁、消息来源等方面具体分析媒介在农民工公正待遇实现过程中的传播模式。

2）个案研究法

个案研究是"关于某个社会单位的生活全过程或关于它的某方面的个别事例和整体相关的研究法"[②]，研究步骤包括收集资料、资料分析以及撰写报告。本书采用个案研究法详细考察在"春运"、

① 转引自[德]阿特斯兰德. 路路·李，克林·李译. 经验性社会研究方法. 北京：中央文献出版社，1995：186.

② 戴元光. 传播学原理与应用. 兰州：兰州大学出版社，1991：404.

"孙志刚"事件、黑煤窑事件等事件中媒介的报道,从而通过具体案例来归纳总结各个时期媒介的传播模式。

3）文献研究法

本书中文献研究方法以定性为主,辅以量化研究,首先描述分析文献的性质和特征,然后在定量的基础上进行比较分析和趋势分析。本书所涉及的文献包括著作、论文、政策法规和新闻报道等,通过分类、对比分析我国农民工报道的发展趋势,归纳总结媒介的传播模式及传播体系。

4）民族志分析法

《人民日报》早期的一些资料语焉不详,因此,我们在国家图书馆和《人民日报》史料库中寻找、采集和电子化原始资料,并通过一些公开或不公开的数据库进行一些重要或特殊数据的检索。

5）深度访谈法

我们专门调查访问了《人民日报》若干位资深前编辑和前记者,对当时历史上《人民日报》的报道原则、纪律以及要求进行了数据采集和信息处理。

本书旨在通过对不同历史时期媒介在推进农民工社会公正实现中的传播模式及传播体系进行分析,理清媒介农民工报道的发展脉络。因此,本书采取纵向研究和横向研究相结合的方式:纵向上,以农民工3个时期的社会公正诉求为经,具体阐述农民工生存、发展和融入3个历史发展时期农民工报道的情况;横向上,以每个历史时期媒介在农民工公正待遇实现上的传播体系为纬,从媒介的传播模式、议程设置、传播内容、媒介话语、传播社会影响几个维度来构建并分析媒介的传播模式及传播体系。

本书的总体结构共包括8章,具体为:

第1章,中国农民工与农民工问题。这一章主要介绍中国农民工产生的背景及其概念的内涵和发展,并对中国农民工阶层发展、政策变迁、社会流动状况以及整个历史过程中农民工的地位和生存发展情况进行了深入分析。

第2章,社会公正、媒介角色与中国农民工报道。这一章对社会公正的概念和内涵及媒介角色和大众传媒的社会功能进行了理论总结，并借助史料，对大众传播媒介对中国农村的传播，以及社会公正、媒介正义与农民工报道的现状和相互作用、影响的历史和现状进行了分析。

第 3 章，主流媒体农民工报道的发展脉络。这一部分内容以《人民日报》为线索梳理了农民工报道从 1980 年开始出现至今 30 多年的发展历史，并且结合农民工政策的出台时间以及媒介的报道实践来确定本文的分期标准，从而确定农民工报道的 3 个时期，即 1980 年～1993 年的报道初始期、1994 年～2001 年的报道成熟期以及 2002 年至今的报道鼎盛期。同时，总结性和创造性地提出中国农民工追求社会公正的不同时期的变迁，即主要经历生存诉求期、发展诉求期和融入诉求期。

第 4 章，生存权诉求中的媒介报道与传播。早期的农民工处于生存诉求期，希望能在城市中生存下来，本章介绍了这一期间以《人民日报》为代表的主流媒介对农民工"生存诉求"的报道，研究了媒介所采取的"他人"立场，并分别研究了这一时期媒介农民工报道的议程设置"农民进城了"与"民工潮"；对媒介话语"一元国家宣传话语以及媒介传播所造成的媒介歧视情况"进行了分析和研究。

第 5 章，发展权诉求中的媒介报道与传播。本章对处于"发展"诉求期的农民工的社会背景和农民工"发展权"的主流媒介报道和传播进行了研究，研究了媒介所采取的"你们"立场，并分别研究了这一时期媒介农民工报道的议程设置：媒介议程→公众议程→政府议程；主要传播内容"对农民工生存生活状况的人文关怀"；媒介话语特征"精英话语与大众话语"。此外，对媒介传播的社会效果"媒介歧视从加剧走向缓和"的发展变化进行了案例分析和研究。

第 6 章，融入权诉求中的媒介报道与传播。本章对处于"融入"诉求期的农民工的社会时代背景以及农民工"融入权"的主流媒介报道和传播特征进行了研究，辨析了媒介所采取的"我们"的立场，在此基础上分别研究了这一时期媒介报道农民工的议程设置的新变化：公众议程→媒介议程→政府议程；以及媒介话语中的新变迁"公共话语和草根话语的交融使用";研究了这一时期的媒介主要传播内容"保护农民工合法权益",在此基础上也特别研究了这一时期媒介传播的社会效果"媒介歧视走向消解"。

第7章,《人民日报》传播模式和公正理念发展。本章对改革开放、农民工阶层产生以来,以《人民日报》为代表的中国主流媒体关于农民工议题的报道和传播特征进行了总结,也对农民工媒介形象和媒介话语变迁中体现的社会公正诉求变迁进行了归纳,在此基础上,对主流媒体应当回归新闻本源从而真正实现社会公平正义提出意见。

第8章,农民工新闻报道未来发展与改革的若干问题。本章对中国大众传播媒介,特别是主流媒体关于以农民工为代表的弱势群体的新闻报道的发展和改革方向进行了讨论;主要分析了弱势群体媒介报道、媒介偏见以及新媒介环境和新媒介环境下的农民工媒介素养等重要问题,对这些问题进行了理论和实践上的深入探讨。

第 1 章　中国农民工与农民工问题

正如黑格尔所说，"中国是一切例外的例外"，中国社会在 1978 年以后的改革开放直接造成了一种巨大的社会运动，那就是广泛的农民向城市的迁移运动，这直接造成了一个巨大的新的社会阶层"农民工"，这个阶层具有强烈的中国特色，是国外任何一个国家都不曾有过的一类群体。

"农民工"这个概念可以说是"农民"和"工人"双重身份的叠加，即"我既是工人，也是农民"，这就赋予了这一群体独特的涵义：在城市与农村两个不同的地域间不停的移动、承担不同的社会角色，并对中国的社会发展起着举足轻重的影响。

然而，提起"农民工"，在改革开放 30 多年来，这个概念却充满了沉重和悲叹。他们为社会所需要，却又被社会所鄙视；他们服务于社会，却不能得到公正公平的回报；他们终其一生，在中国的城乡之间穿梭，在政府与城市居民的瞩目中默默前行。他们的生存状况和社会地位虽然随着历史发展在逐步改善，但对比他们的付出，还是存在太多太多的不公平、不公正。

1.1　农民工的产生及其概念衍进

1.1.1　农民工产生的历史背景

据我国史料记载，历史上的大规模农民工流动，主要由于灾荒、动乱、战争等驱动，自发或者由政府组织进行。到了宋代，由于城市的繁荣和发展，以及当时手工业和商贸业的蓬勃发展，大量的人员由农村流向这些行业，从而具有了最初的农民工雏形。自进入近代工业社会以来，自清政府开始，洋务运动和西方工业化生产方式的引进，使得城市和工厂需要大量的劳动人口，这就使得大量的农民从土地中脱离，进入工业生产。

20 世纪 80 年代以来，中国的改革开放和经济发展的深入和推动，城市发展和工业化生产吸引了大量的农村居民进入其中，尤其是不发达地区的农民，不断地、持续地离开家园，进入现代化工厂。在工业化建设的高潮下，国家也对农民流动的政策逐步放开。1984 年，中共中央发出通知，允许务工、经商、办服务业的农民自理口粮到集镇落户，表明实行了 30 年的限制城乡人口流动的就业管理制度开始松动。1992 年后，邓小平南巡讲话，掀起了新的一轮中国工业发展的浪潮，这一次浪潮甚至把大多数的乡镇尤其是沿海地区的乡镇卷入工业化发展的浪潮，实现现代工业生产和对外贸易的增长需要大量的廉价劳动力，而这就使得农村劳动力的流动进入一个高潮期。其后的两年，每年的农民工数量均成倍增长，农民工在规模上急剧扩张，达到了新的高峰，"民工潮"已然成为规模宏大不容忽视的群体[①]。中国农民工的产生、发展和壮大，既伴随着农民在城市中遭受的种种不公正待遇，也是农民在向城市流动过程中社会公正得以逐渐实现的历史过程。

从社会公正的角度来考察中国农民工问题，不难发现，其一，农民工是我国特定历史环境中城乡二元体制不公正的产物。计划经济时代，我国实行的是城乡分割的二元体制。在各种社会政策，例如生产、消费和分配等政策上，并列运行着两套独立的政策体系，两者各不相关，并且由最初的过渡性分割逐渐固定下来成为几十年不变的惯性制度。这项制度的不公正性集中体现在对农民的歧视性待遇上，一方面农民必须固定在土地上，从而丧失迁徙的自由权力和向外的发展机会；另一方面在社会财富分配上，农村、农业资源向城市、工业转移，农民付出很多而回报很少，这与社会主义共同富裕的目标南辕北辙，也完全不符社会公正的调剂原则。而且这种制度是"世袭"的，在 1979 年以前，农民的子女只有通过参军或者考上大学等几种极为有限的路径才能改变自己的命运，这也违背了基本的机会均等公平原则。其二，农民工又是我国社会进步的重要标志。这个命题是基于社会公正的历

① 赵颖. 农民工寻梦城市. 政府法制，2009（1）.

史发展观来说的，对比计划经济下对农民流动的严格限制，农民工的出现某种意义上体现了中国社会进步和社会公正实现的开端，"农民工的出现，不仅直接增加了农民自由择业的机会和权利，极大地拓展了农民的发展空间，直接大幅度地增加了农民的收益，而且改变了数千年来农民对土地的人身依附关系，使亿万农民快捷地接近了现代文明。"①可以这样说，农民作为一个规模巨大的群体，松开了束缚，获得了进入城市发展的机会，使得机会平等原则也开始初步实现，广大农民工开始了新的改变生活甚至命运的实践运动。

一般而言，在改革开放初期的 80 年代初，农民工的规模还比较小，农民工的出现和向城市的流动问题尚未引起广泛注意。而中国 70 年代才开始推行计划生育政策，在此之前农村人口生育是放任的，导致大量的农村劳动力在这一时期进入就业年龄，而农业劳动生产率也随着家庭联产承包责任制和杂交水稻的推广得以大幅提高，但是农村可耕土地有限，因而释放出大量的劳动力；另一方面，随着国家经济建设局面的铺开，各类基础设施建设和重大工程建设需要大量的劳动力，同时，城市的发展（特别是服务业、建筑业的兴起）以及市民子弟的"贵族化"（不愿干脏、苦、累、重工作），也需要合适的就业劳动力。因而，国家对农民的流动政策给予了默认和放松，大批农村劳动力开始进入城市打工，但户籍身份依然是农民。此后的不同时期，国家主要是根据是否有利于经济发展、是否有利于城市发展和社会稳定的原则（而不是对农民有利的原则）对农民工的流动政策不断进行调整，但总体趋势上越来越宽松和公正，使得农民工群体日益发展壮大，据估计，到目前为止，农民工群体数量已达 2.5 亿左右，这本身就说明了社会公正实现程度的不断加深。

1.1.2. "农民工"概念与内涵发展变迁

在国外，并没有"农民工"这一特定概念，相似的对应概念包括"移民"、"劳工"或"流民"，其英文名称通称为 Immigrant Peasant（农民移民）。虽然西方社会同中国一样在特定历史阶段都有大规模人口特

---

① 郑功成. 对农民工问题的基本判断. 中国劳动，2006（8）：11.

别是农业人口流动的情况。特别是工业革命发源地的英、法等国，通过"羊吃人"等"血与火"的运动，大批的农民失去了土地，被迫来到城市，并被工厂雇佣。但是和中国具有很多不同的特征，而相关的理论研究也并不多见。

事实上，在欧美等国家，农民或者工人具有充分的流动自由，没有什么户口制度，也不限制人口流动，不存在所谓外来人口和自有人口的本质上的差别。特别地，西方产业经济发达国家在司法保护、用工制度、社会保障和平等权利以及公共教育培训等多个领域给予劳工平等的权利和权力。早在 19 世纪中页的德国，其早期的城市中就吸引了大量的农民进入并发展成为产业工人，并在此基础上建立了工人工业化的社会保障制度体系。在美国，劳工一般是外来的移民群体，主要从事当地人不愿意或不擅长的工种，享受同样的医疗和养老保险，并且他们的孩子也有同等的权利，跟随父母在当地接受免费义务教育。在欧美国家之外，大多数国家虽然也有人口流动，也有工业化、城市化发展带来的大量农民向产业工人的转变，但主要是职业的变化，而不是身份的变化。例如，在巴西，进城后的农民工与当地居民并无什么大的区别。当他们由于伤病或享受正常假期时，同样享有工资和医疗救护。而日本在 20 世纪 50 年代后也进入城市化，大量的农村居民进入城市，公司招聘人员时，常常是到一个村子里把所有的适龄人员或就业人员统一拉入工厂，这些人马上就摇身一变成为产业工人，成为公司制度下的人员，并把文化和精神风俗带入城市，这期间虽然有融合，但没有尖锐、对立和大的矛盾。媒体组织都高度关注了这一特殊群体，这也使得各国政府开始考虑相关政策的制定。

"农民工"是我国特定的一个概念，到目前为止，业界和学术界都并未统一得出共同认可的概念。中国人民大学教授、全国人大常委郑功成对农民工的定义是：具有农村户口身份却在城镇务工的劳动者。清华大学社会学系教授孙立平在分析当前中国社会弱势群体时，将农民工概括为"一个典型的由经济和社会双重因素造就的弱势群体"。著名农民工研究者刘怀廉评价农民工"他们生活在城市里，但不是城市人；他们是农村人，却没有生活在农村，他们实际上是城市和乡村的边缘人"。中国社会科学院社会学研究所"当代中国社会结构变迁研究"课题组以职业分类为基础，以组织资源、经济资源和文化资源的占有状况为标准将中国社会划分为十大社会阶层、五大社会等级，农民工被归入产业工人阶层，处于五大社会等级的底层。从经济地位上看，他们的报酬低下，社会地位较低，与其劳动价值不对等[1]。

社会学的学者们也从各个角度试图对"农民工"进行界定："农民工是指具有农村户口的人，其次是指这些人从事着工人的工作。因此，农民工指拥有农业户口、被人雇用去从事非农活动的农村人口。也有人从以下两个方面的特征来对农民工进行界定：首先、从职业上看，他们已经从土地上分流出来，不再以农业为主要职业，而转移到城市非农产业，并以自己的劳动获得工资收入。其次、从身份上看，他们仍然是农民，具有农民户籍，绝大多数还有自己的土地。2009 年 5 月 4 日，中央党校副教授张伟在《瞭望》新闻周刊发文，在尊重传统界定的前提下，侧重于将农民工看作是工人阶级的"新成员"。他认为，"农民工"是指农民户籍身份还未能得以转换，而又常年或大部分时间在从事非农产业生产经营的被雇佣群体。他指出，改革开放后，随着我国工业化和城市化进程的加速，大量农民工开始涌现。2004 年，中央"一号文件"下发，第一次从理论上提出进城就业的农民工已经成为产业工人的重要组成部分，首次将进城务工人员列为"产业工人"[2]。

相关的观点各种各样，但综合这些观点，还是能够形成一定的共识，即农民工的内涵必然包括两类要素：其一，具有农村户口；其二，从事非农产业。2006 年由国务院研究室组织的一份《中国农民工调研报告》中，对"农民工"的概念进行了明确概定："农民工，是我国经济社会转型时期的特殊概念，是指户籍身份还是农民、有承包土地，但主要从事非农产业、以工资为主要收入来源的人员。狭义的农民工，一般指跨地区外出进城务工人员。广义的农民工，既包括跨地区外出进城务工人员，也包括在县域内二、三产业就业的农村劳动力。显然，大家在用这个词的时候也都有一个明确的指向，即从农村到城市从事

---

① 宛月琴. 生存·发展·融入. 西南大学硕士论文, 2010.
② 宛月琴. 生存·发展·融入. 西南大学硕士论文, 2010.

务工经商等非农职业的具有农村户口的劳动者①。首先，他们来自农村，属于农业户口。其次，他们的社会身份虽然是农民，但他们的职业是从事非农生产活动，或者说他们的主要时间是在从事非农生产活动。再次，他们的非农活动不限于农业领域，还包括商业服务业等第三产业活动，所以，在一定程度上他们跟传统的制造业工人在职业上还是有所不同。最后，农民工还包括进城从事个体工商活动的农村人口，他们在职业上属于自雇者，但不包括进城成为企业老板的农村流动人口②。

必须要特别指出，随着中国社会的发展，"农民工"的内涵和外延也在变化和发展。尤其是中国城乡流动加剧、城乡之间差异日益减少、传统城乡二元结构的户籍管理制度正被冲击的情况下，消除城乡差别歧视在政策上已经多次提及，例如，2009 年 12 月 7 日闭幕的中央经济工作会议提出，2010 年要放宽中小城市和城镇户籍限制，推进符合条件的农业转移人口逐步在城镇就业和落户，积极稳妥推进城镇化进程。而在实践中，在河南、江西部分省、市、区的一些地方，当地政府开始尝试进行以取消农业户口和非农业户口性质划分、统一城乡户口登记制度为主要内容的改革措施，某种程度上可以看作消弭城乡农民工差别的试点。

事实上，试点城市不仅仅是一些小城市，在重大城市，这项工作进行的也并不慢。早在 2009 年初，全国"两会"前夕，上海出台户籍新政，《持有〈上海市居住证〉人员申办本市常住户口试行办法》实施细则出台，在全国引起很大反响，虽然进入门槛还是较高，没有几个农民工能够满足条件，但无疑开启了一扇门，政策的导向意义高于实际意义；浙江省十一届人大常委会第十一次会议审议通过《浙江省流动人口居住登记条例》，意味着浙江 1800 多万流动人口将告别 14 年的暂住时代；2009 年 9 月 24 日，《广东省流动人员管理条例（修订草案）》在广东省政府法制办网站公布，虽然是作为试行草案，但是根据该修订草案，流动人员持有居住证将可享受当地公共服务和社会保障，居住

---

① 李英杰. 农民工劳动权的法律保护探析. 中共中央党校硕士论文, 2006.
② 徐建伟. 观念适应性转型与农民工社会保障问题研究. 贵州大学硕士论文, 2008.

证将实现一证多能，这表明部分地区已经开始执行和完成这项事务①。

这些案例共同传达着一个信号：在新的历史条件下，"农民工"的身份特征正在发生着改变，它的概念也可以有新的阐释：拥有或者曾经拥有农村户籍，从事非农产业劳动并逐渐被"市民化"的群体。其内涵可以从以下 3 个方面分析：一是社会身份。农民工来自农村，原本是农民，有着农村户籍，由于改革开放经济发展，他们逐渐涌向城市，离开田地。这一"身份标签"赋予农民工明显的社会区分，造成了各种社会分层，也使得更容易产生社会阶层性歧视。二是职业身份，进入城市，他们从事的可能是社会地位低下、脏苦累差的工作工种，但从本质上来说，他们也是拿工资吃饭的非农产业劳动者。三是身份的转变趋势。随着户口制度松动，农业户口和非农业户口的限制渐渐被打破，深深烙印在农民工身上的原始身份将逐渐被规避，他们可以渐渐融入城市，享受与城市市民同等的购房、教育、社会保障的权利。并且，随着农民工自身技能水平的提高，他们中的不少人职业身份也在发生着改变，高技术水平、高素质要求的工作岗位已经出现越来越多的农民工。这种身份和地位的转换提升过程，实际上就是他们"城市化"的过程，而未来的趋势，是他们真正成为城市的"新市民"。而这一界定，无疑从"静态"和"动态"两个层面全面考察农民工群体特性。"静态"上，他们来自农村，从事非农产业；"动态"上，他们的身上正在发生变化，在城乡二元文化的矛盾与协调中，逐渐转换成新的社会成员身份。

时间踏入 2012 年，在广东和河南，当地的省委书记都提出将适时取消"农民工"称谓，这些言论引发新一轮的社会热议。广东表示将加快研究并适时出台取消"农民工"称谓的政策措施。随后，来自民间的声音也发出来，李方平等八位律师、学者向国务院寄出《公民建议书》，认为"农民工"称谓存在歧视成分，提请国务院在行政法规、部门规章及政府行文中变更"农民工"称谓。

然而，从本质上来说，对于农民工自身，叫什么其实不重要，关

---

① 宛月琴. 生存·发展·融入. 西南大学硕士论文，2010.

键的是实质上的公平与公正对待。正如农民工刘杰所说，"和城市户口相比，不管是看病还是孩子上学，农民工能够享受到的福利还是太少了，如果能从改变名称开始让我们享受同等权利，那最好不过了"。事实上，关于"农民工"的称谓，国家早有定论，在 2006 年国务院颁布了《国务院关于解决农民工问题的若干意见》之后，就农民工这个称谓专门做了解释：《若干意见》采用"农民工"称谓，是经过反复研讨斟酌、听取多方面意见后确定的。一是采用农民工称谓，既能包括进城务工的农民，也能包括异地或就地转移到乡镇企业就业的农民；二是农民工是我国工业化、城市化过程中的特殊群体，将在一个相当长的时期内存在；三是这一称谓已经约定俗成，比较准确，比较贴切；四是党中央和国务院相关文件中都使用过农民工称谓，也有依据。绝大多数同志和专家都赞成文件继续用农民工称谓，认为对农民工歧视与否，不在于使用什么样的称谓，关键在于实行什么样的经济社会政策[①]。因此，本质上要真正消除"农民工"称谓背后的不公，需要整个社会经济结构的相应调整，由此带来社会结构的优化，从根本上解决问题，而不是称呼上的形式性变动而已。

1.1.3.　农民工群体的社会身份变迁

农民工这一特殊群体在中国已有了 30 多年的历史。在这不算短的时期里，他们对中国的经济建设做出重大贡献。对于他们在经济建设、社会生活等的不同角色和不同身份，社会上对他们的看法，尤其是媒体对他们的看法一直都在变化中。

在 80 年代早期，那时候的农民工是自发进入城市的，并且规模不大，特别是其活动常常表现出一定的集体性，因此，经常被成为"盲流"，即盲目流动的群体，这个名称后面隐藏的完全是对这一群体的鄙视。一直到 80 年代末期，农民工作为一个发展迅速又对城市发展开始产生实质性影响的群体，开始在媒体和社会口碑传播中呈现，这时的名称是"农民工"，这个名字其实并没有歧视的意味，指来城市务工的农民。然而，随着更多的农民工涌入城市，对城市生活造成很多影响，

---

① 李英杰. 农民工劳动权的法律保护探析. 中共中央党校硕士论文，2006.

引起城市人的反感，并确实造成了资源紧张、社会稳定等等方面的问题，开始出现"打工妹"、"打工仔"等称呼。一直到 2003 年后，随着国家政策的支持，他们逐渐融入城市、逐渐稳定、积淀下来，他们的社会身份也逐渐转换为"社会工作者"、"产业工人的组成部分"等。经过 30 年来的风风雨雨，农民工史无前例地受到了政府的高度承认和尊重。在此之后，很多地方较少再把农民工看作异端外来者，而是当作人，试图改善农民工的生存环境，让他们与整个城市社会和谐融合。

30 多年来，农民工在中国城市里由被忽视、被鄙视到得到重视，中国社会对这一群体也开始越来越尊重。然而，涉及到具体的社会保障、生活、工资等等实际问题，他们要想实现真正公平的对待，还有一段长长的路要走。

1.1.4. 农民工群体的身份认同

何谓"身份认同"？一般而言，它指的是一个群体或者个体获得一个被大众也被自身所能够接纳和接受的社会身份。根据接纳程度的不同，通常可分为 3 个层次，"名称指代"上的浅层次，"政治法律"上的中层次以及"心理接纳"的高层次①。

就农民工这一群体而言，对于他们的身份认同目前还仅仅处于最低层次，仅仅是在媒体报道或群众口中的"名称指代"。而更高层次的，例如国家政治、法律、文化方面的认同还正在发展中，至于更高层次的"心理接纳"，则可能需要更长时期的工作。近些年来，农民工"城市建设者"和"新兴的产业工人"的身份定位已表明一种新的发展方向。而在 2007 年 3 月的全国两会上，十一届全国人大代表名额和选举问题的决定草案已经提请十届全国人大五次会议审议，"根据草案有关规定，我国将首次在不断壮大的农民工队伍中产生全国人大代表"。这可能会成为是我国民主政治发展的一个里程碑事件。

成为人大代表对于农民工来说在政治身份上的确是前进了一大步。但是这来自高层的政治身份给予还远远不能说农民工已经得到了一个完全彻底的"身份认同"。因为他们渴求的是得到真正的"国民待

---

① 时艳钗. 大众传媒视野下的农民工身份认同研究. 河南大学硕士论文，2007.

遇"，渴望被尊重，渴望从身心上融入城市。虽然近几年来，城里人对
农民工的接纳程度已经有了很大的提升，在社会各方的努力下，相当
一部分"市民"已经认识到农民工的价值，对他们不再歧视，但遗憾
的是他们所处的大环境依然是无情的，不和谐的"插曲"也随处可见，
他们距离被城市社会从心理上的完全接纳还有很远的路。新华社记者
肖春飞在《我的民工兄弟》一书中提到这样两件事情：2002 年，一位
陈姓青岛市民向当地报纸写信，提议在公共汽车上设立"民工专区"，
理由是作为 2008 年北京奥运会的伙伴城市，青岛越来越干净，但是"在
青岛打工的民工素质却很低，不讲卫生，衣服上沾满油污，乘公交车
时经常碰到市民身上，引起市民的厌恶"，"如果能够隔出小块区域专
门供民工使用，这样可以减少市民对民工的厌恶感，消除双方的隔阂
和矛盾"[①]。

即便是到了 2005 年，在北京、上海这些大城市的一些现代化居住
小区还出现过这样的文字："春节将至，民工回乡，希望广大居民提高
警惕，加强防盗意识。"诸如此类的例子随处可见，2006 年 4 月，杭
州某小学要把农民工子弟和城里小孩安排在同一个班就读，没想到此
举引来轩然大波，很多城市小孩的家长强烈反对，理由是农民工子弟
各方面素质太差，会给他们的孩子带来不好的影响。可见，尽管 20
年来从政府到媒体在农民工群体的社会身份上有了很大进步，但是城市
社会从心理上对他们还远远未到"接纳"的程度[②]。甚至是在 2013 年
5 月 7 日，作为中国思想最开放和经济改革最深入的深圳市，为了大
运会期间的所谓安全和市容考虑，深圳市住房和建设局居然公开发布
"禁止农民工上访讨薪"的国家文件，对农民工进行公开地、国家性地
歧视。

1.2 中国农民工历史发展与政策变迁

农民工是当今中国工业化、城市化进程中出现的新事物，是具有
鲜明中国特色的历史现象。中国有接近 2 亿"离土离乡"外出进城打

---

① 时艳钗. 大众传媒视野下的农民工身份认同研究. 河南大学硕士论文, 2007.
② 时艳钗. 大众传媒视野下的农民工身份认同研究. 河南大学硕士论文, 2007.

工的农民工，如果加上"离土不离乡"在乡镇企业就业的农村劳动力，全国已有2亿多农民进入了二、三产业，其中一半多进入了城市。毫无疑问，中国的农民工问题将是个长期性问题，几亿农民走出土地，走出农村，进入工业，进入城市，无论是自身的生存与发展，还是对进入地，都将产生大量的、长期的、复杂的问题。

1.2.1　中国农民工基本生存状况、社会贡献与未来发展走向

（一）中国农民工基本生存状况

随着经济大发展和社会大开放，流动就业农民工的稳定性特征正逐步显现并不断强化，出现了3个新的趋势：

（1）就业形式与工作工种类型有限，工资报酬薪资低。我国的经济体大多以劳动密集型和廉价劳动力为主要竞争手段和利润来源，对低技能、低报酬的劳动力需求旺盛，而流入地经济的持续快速发展又带来劳动力需求的平稳递增，这些都为农民工的稳定就业创造了条件。当前，农民工已经占据流入地各类"脏、险、苦、累"工作岗位的绝大多数和制造业、服务业工作岗位的大多数，其就业领域已经从最初的临时性岗位、补充性岗位向各个行业、各类岗位扩张，就业形式的稳定性得到显著提升。农业部2005年的调查显示，外出就业农民工有稳定就业岗位的占57.8%，比2002年提高了6.6个百分点。完全脱离农业生产、长年在外务工的农民工比例已经占到较大比重。国务院发展研究中心课题组对2749个村庄的调查表明，以常年外出计算的农村劳动力的转移率，全国平均水平为18.10%，其中东部地区为23.55%，中西部地区为13.6%[①]。

（2）"家庭化"整体流动和工作地整体定居趋势明显。随着时代的发展，赚钱不再是农民工外出务工的唯一目的，在获取更多经济收入的同时，农民工开始并日益注重家庭成员的团聚、子女的教育以及家庭生活水平的改善、提高。农民工群体正在发生重要的结构性变化，从以前男劳动力外出"独闯"逐渐演变成现在夫妻二人同时外出务工以及携子女外出流动的形式，农民工家庭化的趋势明显。举家外出、

---

① 《我国农民工工作"十二五"发展规划纲要研究》课题组（韩俊、汪志洪、崔传义、何宇鹏）. 中国农民工问题总体趋势：观测"十二五". 改革，2010.

完全脱离农业生产和农村生活环境的农民工已经占到一定比例。从国务院发展研究中心课题组的调查结果看，全国举家外出的劳动力占全部农村劳动力的平均比重为 5.29%，其中东部为 4.71%，中部为 4 月 9%，西部为 6.61%。另一方面，农民工居住形态的稳定性也在不断提高。据浙江省的统计数据显示，农民工中居住在出租房屋和单位内部宿舍的比例逐年增加，并且已经占到农民工总数的 86.37%[①]。

（3）长期定居流入地。人口流动已经由改革开放之初的以在原籍务农为主、农闲时节外出务工的季节性流动，转变为以外出务工为主、以务工为主要收入来源的全年性、多年性流动，乃至在流入地长期居住。流动人口在现居住地稳定居住的持续时间逐年增加，返回户籍地老家的次数减少，融入现居住地的趋势比较明显。农民工的"移民"倾向渐趋明显，相当一部分已经成为事实"移民"。浙江省 2007 年的一次抽样调查表明，在流入地居住 1 年以上的农民工已经占到总数的 63.4%。而有对比调查了上海市 2003 年流动人口调查数据和 2005 年 1% 人口调查数据后，发现一个规律：12% 的流动人口进入城市后会在城市中呆下来，并长期居住在城市中；外来流动人口在上海的平均预期居留时间呈延长趋势，并且更多的流动人口希望能够在流动地居住下来[②]。

（二）农民工群体多样化与内部分层日益细化，不同群体的利益诉求差异特征日益明显。农民工是一个复杂的群体。改革开放以来，农民工的素质得到了提升，农民工思想和行为的独立性、选择性、多变性、差异性不断增强，农民工群体发生了巨大变化，呈现出人口成分、流动目的、个体诉求多元化的新特点。

韩俊、崔传义、金三林（2009）按照流动程度的大小，将农民工划分为三个群体：第一类是基本融入城市的农民工，即在城市有固定的住所、工作单位，收人相对稳定；第二类是常年在城市务工，但又具有一定流动性（主要是春节返乡）的农民工，在城里有相对稳定的

[①]《我国农民工工作"十二五"发展规划纲要研究》课题组（韩俊、汪志洪、崔传义、何宇鹏）. 中国农民工问题总体趋势：观测"十二五". 改革，2010.

[②]《我国农民工工作"十二五"发展规划纲要研究》课题组（韩俊、汪志洪、崔传义、何宇鹏）. 中国农民工问题总体趋势：观测"十二五". 改革，2010.

职业、收入和居住地；第三类是间歇性或季节性在城镇务工，仍以农业为主、务工为辅，或务工、务农并重。韩俊等认为，对第一类农民工而言，除收入需求以外，更多地要求获得尊重、要求公平对待、要求平等权益以及实现自我价值等。这一群体对在就业地落户、获取社会保障、解决子女教育问题、享受公共医疗服务、享有更多公民权利有较高要求，对农村的土地依赖性较小。第二类农民工是目前我国农民工的主体。他们渴望稳定、较高水平的收入，同时对稳定的居住场所、公共医疗服务、文化服务、计生服务、就业服务、工伤和医疗保险等也有较强的需求，对远期的养老保险服务需求意愿较弱。这一类农民工尽管不以土地为生，但对土地仍有较强的依赖性。对第三类农民工而言，获得应得的劳动报酬是其基本需求，由于这类农民工的素质相对较低，外出具有一定盲目性，对就业信息服务、维权服务有较强的需求[①]。

农民工的发展意愿和未来归宿有两个：一个是进城，即成为市民；另一个是回乡，成为职业农民或农业工人。上述三个类型中，第一类农民工主要是进城成为市民，第三类主要是回乡从事农业；第二类则会进一步分化，其中的大部分将会融入城市，成为市民，小部分则会回乡发展现代农业。随着劳动力供求变化和收入水平提高，这个比例会随之上升[②]。

（三）农民工流向区域目标集中，就近就地转移最为典型。进入21世纪以后，随着国家产业结构和区域经济布局的调整，中部崛起、西部大开发政策的深入实施，以及东部沿海地区劳动密集型产业向中西部转移农民工的区域流向有所变化。

国家统计局2006年的调查显示，农村常住户中，在东部地区务工的农民工占全国农民工总量的比重为70.1%，在中部地区务工的占14.8%，在西部地区务工的占14.9%。与2003年相比，东部地区略有上升，中西部地区略有下降。外出劳动力进一步向东部地区集中。但在东部地区内部，广东、福建等传统流入大省的比重有所下降。农业

① 韩俊，崔传义，金三林. 现阶段我国农民工流动和就业的主要特点. 发展研究，2009（4）.
② 韩俊，崔传义，金三林. 现阶段我国农民工流动和就业的主要特点. 发展研究，2009（4）.

部 2005 年调查表明，全部外出就业劳动力中，在广东、福建两省就业的占 43.6%，与 2002 年相比下降了 9.4 个百分点，而在中西部地区、东部其他省份和境外就业的比重都有所上升[①]。

从外出农民工就业的地点看，2006 年在地级以上大中城市务工的农民工占 64.8%。其中，在直辖市务工的占 9.4%，在省会城市务工的占 18.6%，在地级市务工的占 36.8%。与过去 5 年相比，在直辖市和省会城市务工的农民工比例有所下降，而在地级市和县级市务工的农民工所占比例上升。随着东部沿海发达地区经济快速发展，产业结构升级将加快，劳动力成本也将继续上升，一些劳动密集型产业将向经济欠发达的地区转移，不少原来在珠三角地区务工的农民工将继续转向全国其他地区。作为农民工输出基地的安徽、湖南、江西、四川等地的经济发展较快，也成了农民工的有力吸纳地，农民工流向将呈多元化发展的趋势，中西部地区就地、就近转移逐步加快[②]。

（四）农民工回乡创业成为社会新景象，新型双向流动正在形成。进入 21 世纪以来，农民工回乡创业步伐正在明显加快。根据国务院发展研究中心课题组 2007 年的百县调查，301 个调查村回流农民工 3.7 万人，其中回乡创业者占到了 16.06%。根据百县调查初步推算，2007 年全国回乡创业农民工总数约为 800 万人，约创造了 3000 万个就业机会。据对 3026 名回乡创业农民工的调查，1990 年以前回乡创业的农民工只占 4%，1990～1999 年回乡创业的占 30.6%，2000 年之后回乡创业的占 65.4%[③]。这些数据某种程度上可以说明农民工返乡创业已成为一种规模化常见现象。

1.2.2　中国农民工的社会贡献和价值

农民工是中国特定环境下的特殊群体，符合特定中国国情的需要。在中国的工业化和现代城市发展中，大量的农民农忙时在乡村服务于农业，在农闲时进入城市，为萌芽初期的中国工业和第三产业提供了大量的劳动力，从而使得中国的劳动力在农村、乡镇和城市之间自然

---

① 韩俊，崔传义，金三林. 现阶段我国农民工流动和就业的主要特点. 发展研究，2009（4）.
② 韩俊，崔传义，金三林. 现阶段我国农民工流动和就业的主要特点. 发展研究，2009（4）.
③ 韩俊，崔传义，金三林. 现阶段我国农民工流动和就业的主要特点. 发展研究，2009（4）.

流动、自动调节和配置，从而既解决了农村多于人口、多于劳动力的就业问题，也为现代中国工业建设提供了足够的动力。改革开放三十多年以来，正是农民工这一群体，为我国的经济建设和四个现代化以及新农村建设都立下了汗马功劳，做出卓越贡献。

（一）农民外出务工成为实现社会资源和劳动力资本在城乡间循环流动、实现城乡互补、协调发展的高效率形式。基于农民工流动所形成的城乡经济循环，具有"劳动力和资金双向循环流动"的特点，有力地促进了城市工业经济和现代企业的发展，同时也给农村带来了大量的资金和新鲜的思路。大量的到城市打工的农民工，学会技术、手艺以后，回家回乡召集人马自行开工创业，从而为农村的建设打下了坚实基础。有调查数据表明，农民人均纯收入中，工资占的比重，1997年仅为25%，2004年达到34%，2006年增长到38.3%。农民工工资性收入的增长，成为农民和农村收入的重要来源，也为农民勤劳致富和脱贫创业的重要途径。在城市工作的农民工学习了先进的现代生产技术和管理理念，回家后自行组织手工业、农产品加工厂，促进了农村农产品的销售和深加工，也为农村形成自身特色经济打下了良好基础。特别是对于经济欠发达地区，农民工打工带回来的资金是当地最主要的建设资金来源，正是大量的农民工打工工资资金的汇回汇入，从而为当地农村积累了大量资金，极大推动着当地乡镇企业的良好发展。

（二）农民工在我国工业化和城镇化建设中的地位和作用日益凸显。农民工在传统体制之外开辟了一条工农之间、城乡之间生产要素流动的新通道，为城市二、三产业发展提供了源源不断的低成本劳动力，满足了工业化进程加快对劳动力的需求。农民工的大量进入，填补了制造业、建筑业、餐饮业和服务业等劳动力密集型产业的岗位空缺，使城市、特别是东部地区城市在激烈的市场竞争中保持了较强的竞争力。这不仅为东部地区吸引外资和发展出口创造了条件，也为其把握机遇、承接国际产业转移创造了条件，使我国迅速发展成为"世界加工厂"。劳动力价格低廉的优势是我国保持国际市场竞争力的重要因素。据有关统计，农民工已经达到我国工人总数的2/3以上，占据了我国建筑业劳动力的90%，煤矿采掘业的80%，纺织服装业的60%，以及城市一般服务业的 50%。农民工不仅已是我国产业工人的重要组成部分，同时还是促进我国城镇化的重要力量[①]。

（三）农民外出务工成为社会发展和改革进步的重要推动力。农民工跨地区流动意味着劳动力的市场化配置，这正是我国经济体制改革的主要方向。通过市场这一"看不见的手"，农民工形成了一定的流动规律，符合资源配置和劳动力最有效配置的原则。通过农民工的流动，不同地区的农民工和政府部门之间彼此交互，并推动政府办事风格、政府职能和管理模式的改革和发展，使得政府的职能也逐渐从管理者转向于服务者，这对于现代政府职能改革来说具有重要的推动作用。从本质上说，农民工的城乡流动，以及对此的协调和管理，最终推动着城乡之间各种分歧、制度差异、行为方式的统一和协调，有助于城乡之间加深了解，促进认识，从而促进社会和谐。

（四）农民工是我国实现社会和谐发展、精神物质财富均衡进步的重要要素。全面建立小康社会，难点不在城市，而主要在农村。农民要富裕，相当一部分需要通过务工或其他途径走出农村、脱离土地。只有把城市和乡村的发展统筹兼顾、把城市居民和农民的共同富裕全盘考虑、把城乡经济协调发展和农村劳动力转移有机结合，才能创造相对公平的发展机会，形成相对平衡的城乡发展格局。农民工的产生，有效弥补了改革开放初期我国在资金和技术上的不足，促进了国民经济的发展。根据世界银行（1997）估计，在 1978～1995 年国内生产总值年均增长 9.4 个百分点中，劳动力跨部门转移贡献了 1.5 个百分点。从农村走向城市、寻求新的发展机遇的农民工，是一个充满活力和创造力，富有改革创新精神的群体，为我国全面建设小康社会提供着源源不断的动力[②]。

（五）农民工也是推动我国人民民主和社会文明发展的主要动力。社会阶层的不断破裂和重组导致社会结构的变化，而社会结构的变动则往往带来巨大的社会变革。在和平时代里，社会结构的变动往往代

[①]《我国农民工工作"十二五"发展规划纲要研究》课题组（韩俊、汪志洪、崔传义、何宇鹏）. 中国农民工问题总体趋势：观测"十二五". 改革，2010.

[②]《我国农民工工作"十二五"发展规划纲要研究》课题组（韩俊、汪志洪、崔传义、何宇鹏）. 中国农民工问题总体趋势：观测"十二五". 改革，2010.

表某些社会阶层的努力和奋斗。在改革开放之前，中国的农村社会基本上算是"超稳定结构"。农民阶层主要呆在自己的一亩三分田里，除了考学、入伍以及出外务工之外，农村阶层基本不与外界有所交集。而自改革开放以来，外出务工的农民工的规模已经形成了井喷。大量的农民工在城乡之间不断迁徙来往，这种往来，极大地沟通着城市和固守乡下的农民工，使得当地农村居民的视野也开始与外界有更多交集。可以这样说，大量的农民工在城乡之间的务工、务农的迁徙往来，有利于其群体成员向更高的社会阶层流动，从而推动整个社会阶层向上发展，也就提升了群体的素质。无疑，农民工的流动能够提供农民工和农民整体素质，加强城乡之间全方位的交往，促进以前的小农、封闭的、割裂的乡村逐渐向城乡一体化发展。

1.2.3　中国农民工未来发展走向

经过 30 年的改革开放，多余的农村劳动力已经为数不多。为掌握农民工发展的中长期趋势，《中国农民工战略问题研究》课题组运用国务院发展研究中心长期开发维护的全国可计算一般均衡模型（DRCCGE），在不同的假设条件下，推算了农村富余劳动力数量的几种可能情形，并分析了中长期内我国经济增长和劳动力转移的基本趋势。该报告采用 CGE（Computable General Equilibrium Model）模型方法，建立一个反映我国经济发展和劳动力转移的宏观经济模型，以2005 年中国投入产出表为基础，根据中国近年来经济发展、结构变化及劳动力转移的实际情形,采用情景分析法对 2006～2030 年间中国经济发展及劳动力转移的前景进行模拟和比较，并分析经济增长、城镇化、对外贸易及产业结构变化对农村劳动力转移的可能影响[1]。

根据基准情景的模拟结果，2006～2030 年间中国的劳动力转移有以下几个特征：

（一）中国农村劳动力在长期内的趋势仍将是向城市流动。分析表明，未来相当长一段时间内，我国工业化、城镇化的发展对劳动力的巨大需求，将继续拉动农村劳动力向非农产业和城市转移，农民工的

---

[1]《我国农民工工作"十二五"发展规划纲要研究》课题组（韩俊、汪志洪、崔传义、何宇鹏）. 中国农民工问题总体趋势：观测"十二五". 改革，2010.

总规模还将继续扩大。一方面，农村新增劳动力的数量将呈下降趋势；另一方面，随着城镇化的发展，进城农民工在城镇中沉淀的规模也将逐步扩大。受这两个方面因素的共同作用，农民工规模扩大的速度将会减缓。根据基准情景的模拟结果，2006~2030 年间，我国每年新增劳动力转移的数量不断减少，2010 年以前每年新增转移约 700 多万人，2010~2020 年每年约为 550 万~650 万人，而 2020~2030 年间约 400 万~550 万人，劳动力转移规模呈不断降低的趋势。从基准情景的模拟结果看，在保持每年 430 万~800 万转移数量的情况下（占各年农业劳动力总数的 2%左右，劳动力转移的速度逐渐降低），到 2030 年，我国仍将有 2 亿左右的农业劳动力，劳动力转移仍然没有完成。可见，促进农村劳动力转移仍将是我国中长期的重要任务，是解决我国"三农"问题、实现城乡协调发展的重要环节[①]。

（二）农村劳动力的转移受国民经济增速、城镇化类型、产业发展等因素影响。数据模拟结果表明，保持经济较快增长是保证劳动力转移的重要条件，要解决我国长期存在的就业压力，就必须要保持一定的经济增长速度。经济增长速度对劳动力转移的影响很大，例如，2008~2030 年间，与基准情景相比，GDP 增长速度平均每年降低 1.5 个百分点，每年新增劳动力转移人数减少约 50 万人，比基准情景降低了 6.3%，由于劳动力转移的减少，当年城镇化率降低了 0.2 个百分点，非农就业比重降低了 0.12 个百分点。城镇化进程可以有效促进经济的增长和劳动力转移。从基准情景的模拟结果看，如果今后保持每年提高城镇化水平 0.7~0.8 个百分点，到 2030 年时，我国的非农就业比重则达到 73%左右，城镇化水平达到 61%左右，城镇化和经济就可以保持较为协调的发展。2006~2030 年城镇人口增加 2 亿人，2006~2030 年城镇化将达到 3.22 亿人。在城镇化率提高速度较快这种情景下，2008~2030 年城镇化率每年比基准情景中城镇化速度每年加快 0.5~0.7 个百分点，2011~2020 年间城镇化速度比基准情景每年加快 0.5 个百分点，2021~2030 年间每年加快 0.2 个百分点。在此情景下，GDP

---

① 《我国农民工工作"十二五"发展规划纲要研究》课题组（韩俊、汪志洪、崔传义、何宇鹏）. 中国农民工问题总体趋势：观测"十二五". 改革, 2010.

增长速度、非农就业比重和劳动力转移人数与基准情景相比都有显著增加。例如在 2007～2010 年，经济增长速度每年大约提高 0.01 个百分点，非农就业比重比基准情景要高 0.09 个百分点，每年农业劳动力转移人数比基准情景增加约 25 万人，占当年新增转移劳动力的 3.9% 左右。在整个模拟期间内，都呈现出城镇化速度加快而劳动力转移相应加快的现象，这说明城镇化进程对劳动力转移有重要的影响。从模拟结果看，加快城镇化发展步伐可以有效地促进经济增长和劳动力转移[①]。

外贸出口的变化对劳动力转移有较大的影响，出口增长速度大幅度回落会严重降低对劳动力的需求。为考虑出口变化的影响，设计了出口增长速度降低的情景，在这一情景中，假设由于外部经济环境变化等原因，我国的对外出口增长速度比基准情景有较大幅度的降低，考察这种情况下劳动力转移和经济增长所受到的影响，模拟结果显示，出口增长对劳动力转移有较大的影响，例如 2008～2030 年，与基准情景相比，出口增长速度平均每年降低 5 个百分点，受此影响，GDP 增长速度平均每年降低约 1.3 个百分点，而当年新增劳动力转移人数减少约 20 万人，比基准情景降低了 2.7%，非农就业的比重相应降低了 0.05 个百分点。产业结构的调整也对劳动力转移有显著影响，第三产业比重上升可以有效地增加对劳动力需求，促进劳动力转移。在服务业加快发展的情景下，经济增长速度有所提高，劳动力转移速度显著加快。例如，2007～2010 年期间，第三产业比重比基准情景平均提高 2.8 个百分点，相应地，经济增长速度大约提高 0.4 个百分点，城镇化率平均提高 0.02 个百分点，当年新增转移人数增加约 44 万人，为当年新增转移人数的 6%。由此可见，服务业加快发展增加了对劳动力的需求，促进了劳动力转移，同时也有利于经济增长和城镇化的发展[②]。

---

①《我国农民工工作"十二五"发展规划纲要研究》课题组（韩俊、汪志洪、崔传义、何宇鹏）. 中国农民工问题总体趋势：观测"十二五". 改革，2010.
②《我国农民工工作"十二五"发展规划纲要研究》课题组（韩俊、汪志洪、崔传义、何宇鹏）. 中国农民工问题总体趋势：观测"十二五". 改革，2010.

1.3　农民流动的阶段及农民工公正待遇的逐渐实现

　　中国农民工政策的演变路径是分阶段、渐进式的发展。各国农村劳动力转移的经验表明：由于农村劳动力向城市的迁移，涉及城市与农村、市民与农民之间很多利益相关者，存在制度变革、社会资源重组和利益重新分配等多重矛盾，因此相应的政策演变普遍需要一段较长的历程，同时这种历程受到社会生产力发展所制约。中国改革开放以来经历了经济高速发展和社会转型所带来的深刻变革，生产力的提高带来了大量农村剩余劳动力的解放，生产力的进一步发展也带来了城市吸纳劳动力的更大能力和更高的工资报酬率优势。然而，由于人口众多，地区发展极不平衡，将农民工完全纳入城市体系，需要一个更长的历史过程，而且这种过程有时还会波动、反复，需要分阶段、渐进式的解决。

　　关于中国农村劳动力流动政策进行阶段性分期的研究很多，其中比较有代表性的主要有胡鞍钢的"三阶段论"、刘小年的"四阶段论"和宋洪远等的"五阶段论"。胡鞍钢的"三阶段论"认为，中国农民工政策按其历史发展可分为红灯、黄灯和绿灯三个阶段，其中，红灯阶段从 20 世纪 50 年代中期到 1984 年，基本上不允许农村人口进入城市；黄灯阶段从 1984 年到上个世纪末，允许农民进城，但农民进城实际上还有违当地政府的就业、居住等规则；21 世纪后，中国在第十个五年规划中首次明确要促进农业劳动力大规模转移，农民工政策由此步入绿灯阶段。[①]其后，刘小年在从政策科学的角度对"三阶段论"进行批判的基础上，提出"四阶段论"，即从 1978 年开始，中国农民工政策的演变可化为四个阶段，即松绑阶段（1978～1988 年）、控制阶段（1989～1991 年）、引导阶段（1992～2001 年）、扶持阶段（十六大以后）[②]。"五阶段论"是宋洪远等（2002）最早提出的，其具体的分期标准可概括为下图：

[①] 孙自法，胡鞍钢：中国存在"四农"问题，农民工是核心. 发展，2005（4）：21.
[②] 刘小年，农民工政策的阶段新论——兼与胡鞍钢教授商榷. 探索与争鸣，2006（3）：10~12.

图 1-1   中国农民工流动政策变迁发展图

"五阶段论"认为：国家对农村劳动力流动的政策在改革开放后，经历了一个从内到外、由紧到松、从无序到规范、由歧视到公平的过程[①]。由于"五阶段论"较为详细地把中国农民流动过程中的波动、转折等主要细节和特征都准确地描述出来，符合本书的研究视角，因此本书在阐述农民工流动的时候参照此标准。

第一个阶段：1979～1983 年严格控制农民流动，农民工规模扩大缓慢

1978 年联产承包责任制实行，大量剩余农村劳动力想要进城务工。但是由于"文革"期间上山下乡的知青和"三年灾害"后清退回农村的干部职工共计 2000 多万人大规模返城，城市就业压力很大。国家此时严格禁止农村劳动力向城市自由流动，该时期政策的核心就是"严格控制"，包括控制农村劳动力进城务工、控制农业人口转为非农业人口等一系列措施。据调查，80 年代初期外出务工的农民规模较小，总数不超过 200 万人，流动范围狭窄，主要到浙江、广东等沿海发达地区。在这个阶段，农民工在政策上被剥夺了公平的就业机会，从起点公平上来讲，丧失了与城市居民的同等就业机会。

第二个阶段：1984～1988 年，允许农民流动，农民工大量转移

随着农村生产率的提高和城市发展劳动力的紧缺，农民进城务工成为大势所趋。国家对此持默许态度并稍有放开，允许农民在解决自己口粮，在不给城市增加负担的前提下进城务工。据统计，该阶段全国进城农民工数量达到 2000 万。从公平实现的角度来讲，农民工此时在政策上被赋予了和城市人同样的就业权利，有 2000 万农民工得以进城就业。虽然此时农民工进城就业时仍有诸多限制，但是毕竟在起点

① 宋宏远、黄华波、刘光明，关于农村劳动力流动的政策问题分析，管理世界，2002（5）：55~65.

公平上获得了突破，此时农民工获得的仅仅是就业机会，国家尚未考虑到农民工的社会保障、子女教育、医疗等配套政策，所以进城农民工长久遭受着种种不公平待遇，诸如工资低下、劳动条件艰苦、缺乏社保医疗等。

第三个阶段：1988～1991 年，控制盲目的农民流动，农民工发展势头回落

该时期我国对国民经济进行治理整顿，控制总量、减缓发展成为总体策略。同时，前一时期大量农民工盲目流向城市也产生了各种社会问题，因此国家对劳动力流动政策开始收紧并进行局部调整，其核心为"有效控制、严格管理"，强调对盲目流动的农民工加强管理，颁发临时务工许可证，实行就业登记制度，并劝说农民返乡等。这些政策的实施虽然在一定程度上遏制了"民工潮"，但是农民进城人数依旧居高不下，1990、1991 年分别达到 2500 万和 3000 万人以上。从总体上看，这一时期的政策虽然也强调要控制民工外流，但政策已从第一阶段的"一刀切"的清退，转向允许保留现有农民工，强调加强管理、引导和组织农民工就地就业，从而体现了国家对农民工的就业权利的认可。

第四个阶段：1992～1999 年，鼓励和引导农民流动，农民工激增

1992 年，邓小平南巡讲话，中国开始从计划经济向市场经济过渡，作为市场要素之一的劳动力也开始自由流动。1997 年党的十五大会议则在历史上首次提出要大力发展劳务市场，建立健全以农村剩余劳动力城镇转移就业为主要内容的市场配置机制和自由流动务工模式。这一时期，公安部、劳动部也放开了户籍管理制度以及流动人口管理制度。在市场经济的刺激以及国家政策鼓励的双重作用下，农民工以空前的规模大量涌进城市，1994 年我国外出务工农民达到 6000 万，到 1998 年全国已达到一亿人左右。这一时期国家政策在保护农民工就业权利的同时已经开始对农民工的权益保障进行关注，农民工所遭受的社会不公现象有所缓解，社会对农民工的态度也由以前的排斥、歧视慢慢走向理解和接纳。

第五个阶段：2000 年至今，逐步以社会公正态度对待农民流动，

农民工合法权益的维护成为社会舆论的主流

自 2000 年下半年开始,国家对于农村剩余劳动力转移的政策方向进入了一个新的阶段,由"规范流动"转向"公平流动"。由于经济的快速发展,社会局势稳定,为实现和谐社会共同发展,扭转传统二元格局下城乡差距日益扩大的不利局面,国家开始更加重视农村、农业和农民收入工作。在这一背景下,中国关于农民工的政策转向更为积极、公平和公正。国务院于 2000 年明确规定:农民工子女入学、参军、就业等方面享受城镇居民同等待遇,不得实行歧视性政策。在政策的保护下,农民工群体继续得以发展壮大,2003 年数量已经达到 1.14 亿,现在已是 2.5 亿。在农民工数量迅速增长的同时,其社会公正待遇也得到了空前重视,国家就农民工的就业、劳动保障、技能培训、户籍制度改革等方面都做了明确规定,从各个方面充分保护农民工的合法权益不受伤害,保证他们公正待遇的实现。

综上所述,中国农民工公正待遇的实现是伴随着不同历史时期一系列政府政策的发布而逐步实现的。这是一段曲折的历史过程,虽然在发展的过程中时有反复,但其总体发展趋势是向上的、积极的。伴随着公正公平地位的逐步实现,农民工群体规模也逐步壮大,并逐渐向规范化、市民化方向发展,农民工的生存和发展的境遇得到巨大改善,发展机会增多,家庭收入增长,权益得到保障,自主意识得以培养,平等的国民人格得到进一步发展。

总体而言,社会进步应当奉行公正、共享、发展的基本信念,遵循公正原则,积极调动社会各阶层和各成员共同参与社会发展,才能实现社会发展普遍受益与和谐共处。实现社会公正是农民工生存、发展和体现个人尊严和自我实现的需要,也是马克思主义和社会主义的发展本质的体现。农民工既是城乡二元体制不公正的产物,也是社会进步的重要标志。这种进步表现在国家政策发展史上,就是今天的农民工获得了越来越多的良性发展空间和权利实现。然而,这种空间和权利仍然并不充分,作为平等的公民是残缺的。与城市发展共同进步、享有公民同等政治、经济权利与分享改革成果、要求阶层互相开放与互惠互利是当今上亿农民工发出的社会公正的诉求心声。

1.4　农民工政策议题及政策周期的变化

1.4.1　农民工政策的议题变化

（一）农民工政策的重要拐点

我们以《中国法律法规全文库》作为检索库，限定 1980～2010 年为检索时间，以"民工"、"农民工""农民流动"相关政策词语作为检索词，采取标题检索的方式，一共收集到法规规章 268 项（国家级法规 56 项，地方性法规 212 项）（重要政策见附录 3）。通过对 52 项国家法规文本的分析，可以发现 5 个关键性年份，即 1981 年、1984 年、1989 年、1994 年以及 2002 年。这 5 个关键年份中所发布的文件对农民工的流动具有里程碑式的意义，具体如下：

1981 年：国务院发布《关于严格控制农村劳动力进城做工和农业人口转为非农业人口的通知》，该文件将农民工界定为"计划外用工"并予以清退，该类法规一直延续到 1993 年企业获得用人自主权而失效。

1984 年：劳动人事部和城乡建设环保部发布《国营建筑企业招用农民合同制工人和使用农村建筑队暂行办法》。自此，农民工的身份变为"农民合同制工人"，取得了进城务工的合法身份，该办法于 1995 年被《中华人民共和国劳动法》所取代。

1989 年：民政部、公安部发出《关于进一步做好控制民工盲目外流的通知》，农民工作为"盲流"引起了全社会的关注，政府将之作为一个重要的社会问题进行管理，一直到 1993 年底，民工"盲流"问题均未上升到制度化管理层面。

1994 年：劳动部发布《农村劳动力跨省流动就业管理暂行规定》，在这一政策的指导下，各地政府也制定了本地外来人员务工管理办法，从此以后外来民工的流动就业管理成为社会主要议题，一直到 2002 年有关不合理的限制措施才被取消。

2002 年：劳动部、社会保障部发布《关于开展民工权益保护专项监察活动的紧急通知》，这表明农民工权益问题已被国家纳入制度化的解决通道中，该议题至今仍是政府关注的重要议题。

（二）农民工政策议题的变化

根据上文所述，我们对在《中国法律法规全文库》中检索获得的 268 项法规按照 5 个关键年份作为时间分期标志来分析议题变化，检索结果归纳分析如下：

表 1-1　有关农民工政策文件时间分布情况

	主题词	检索词	1980年至1983年	1984年至1988年	1989年至1993年	1994年至2001年	2002年至2010年
第一组（80年代）	农民工进城	农民进城做工	1				
		计划外用工		1	2（3）		
		农民合同制工人	1	2	2		
第二组（90年代）	农民工就业管理	民工（盲目外流）			2	1	
		民工（有序外流）			1	5（2）	1
		流动人口（治安）管理	1	1（1）		2（20）	1（5）
		暂住人口		1（5）	1（13）	2（50）	（5）
		（农村人口）流动就业				3（3）	1
		外来人口			1	1（3）	
		外来务工				1（9）	（7）
		外来劳动力	（1）	1（4）	（10）		
第二组（90年代）		民工（权益）					3
		民工工资、讨薪等					7（28）
		农民进城务工支持					4（9）
		农民工子女入学、培训、教育					2（13）
		农民工流动指导					4（13）
		农民工（保险等）				（1）	（7）
		合计	3（1）	6（10）	9（26）	15（88）	23（87）

注：1. 表格数字不加括号的为国家法规数。加括号的为相应的地方法规数。

2. 检索词中加括号的，表示对该检索词进行了二次检索。

3. 流动人口计划生育管理，不包括在流动人口管理检索项中。

4. 民工标题检索词，全部包括了"农民工"检索项目。

5. 部分维度和数据来源参考了闫志刚（2010）的著作《社会建构论视角下的社会问题研究》①。

---

① 闫志刚. 社会建构论视角下的社会问题研究. 北京：中国社会科学出版社，2010.

通过对上述政策文本资料的初步整理分析，我们发现：

（1）农民工的政策议题一直在发展变化中。农民从农村走向城市是一个长期的过程，对其认识也是一个从不理解到理解、支持的过程。因此，对农民工的政策在不同时期内有着不同的政府管理重点。政府对农民工政策议题的变化是从"限制"、"有效控制"到"引导"、"支持"、"服务"过渡的，虽然在有些时期中存在一些波动反复，但政策话语和政策议题的总体趋势是积极的、渐趋公正的。

（2）农民工的政策话语也一直在发展变化。对于向城市流动的农民，在时代进程的不同时期，其政策话语也一直在变化。从不同时期对此群体的政策话语指称和描述来看，依次经历了"农村劳动力"、"计划外用工"，到"盲流"、"流动人口"、"外来人口"、"三无人员"、"暂住人口"，最终到新世纪的"新市民"、"新产业工人"的界定，不同时期的政策用语基本表达或者说建构了社会对农民工的认识，其过程经历了从歧视、厌弃到接纳、认同和赞许的变化。

1.4.2　农民工 4 个政策周期

根据上节表 1-1 相关资料的信息编码，借助话语框架分析方法，从农民工用工制度政策的制度层面可以识别出四个有较为明显特征的政策分期，如表 1-2 所示，国家农民工政策可分为"计划外用工清退时期"、"农民合同工招用时期"、"民工流动与外来工务工管制时期"和"农民工权益保护时期"。

根据西方政策学研究的成果，政策持续和变化的周期通常在 10 年左右[①]。这一点契合了我们的分析结论：基于对农民工政策的制度维度的分期，分为"计划外用工清退时期"、"农民合同工招用时期"、"民工流动与外来工务工管制时期"和"农民工权益保护时期"，每个时期大约持续了 10 年左右的运行时间（第四个政策时期目前尚处于运行过程中）。基本上前两个政策周期中，国家政策经历了对农民工进城务工先拒绝、再接纳、又严格管控的政策波动。后两个政策时期则体现了对农民工对农民就业先歧视、排斥转向默许、支持的人文变革。

---

① ［美］保罗·A·萨巴蒂尔编. 彭宗超，钟开斌等译. 政策过程理论. 北京：生活·读书·新知三联书店，2004：5.

政策周期更迭，基于对所针对对象群体的不同区隔、分类，以及不同政治、媒介话语框架和策略的使用，从而实现政府对对象群体的建构过程。而通过具体政策文本对农民工群体的区隔是以"城市、市民、常住居民"等"我们的群体"对比"农村、外来人员、暂住人员"等"你们的群体"来操作和体现的。国家政策以城市居民为主体和本位利益出发而对农民工采取的各项政策措施，在一定程度上伤害了农民工的合法权益，成为农民工不公正待遇的根源。

表 1-2 有关农民工政策周期变化情况

	计划外用工清退（1）	农民合同工招用（2）	民工流动与外来务工管制（3）	农民工合法权益保护（4）
时间	1981—1993	1984—1994	（1989）1994—2002	2002—
图示	（1）1981 （2）1984 （3）1989 （4）1994 2002			
标志性政策文件	（1）国发[1981]181号 （2）[82]劳总字4号 （3）劳办政字[1993]8号	（1）国发（1984）06 （2）劳（1984）10 （3）国务院令第87号（1991） （4）主席令1994第28号	（1）劳部发[1994]458 （2）劳部发[1995]021号 （3）中央社会治安综合治理委员（1995） （4）劳社部函[2005]18号	（1）劳社厅发明电[2002]5号 （2）国办发[2002]1号 （3）国法[2003]42号 （4）国办发[2004]92号 （5）劳社厅明电[2005]3号
政策关键词	计划外用工	农民合同工（农民合同制工人）	民工盲目外流 流动就业凭证管理 流动人口、暂住人口、外来人口	民工权益保护 农民进城就业环境 农民工工资 新产业工人
制度话语与分类框架	劳动计划制度	劳动合同制度	民工流动就业制度	民工权益保障制度
	计划外 ／ 计划内	固定工 合同工 ／ 合同工（农民） 合同工（市民）	农村 城市 农民 市民 农业 工业 外地 本地 ／ 流动的 暂住的 务工的 外来的	弱势群体 强势群体
群体建构	体制外群体（他们群体）	边缘群体 越轨群体（你们群体）		弱势群体 产业工人（我们群体）
政策方案	清退、清理	有限接纳	限制、管制、排斥	关心、保护、关爱
政策修辞	国家劳动计划维护	劳动用工制度改革	维护城市社会有序稳定、保证城市下岗职工再就业工程	三农问题、执政为民、和谐社会、以人为本

注：本表参考了闫志刚的著作《社会建构论视角下的社会问题研究》①

———————————

① 闫志刚. 社会建构论视角下的社会问题研究. 北京：中国社会科学出版社，2010.

1.5　中国农民工社会公正地位的实现问题

农民工在为经济建设和社会发展做出重要贡献而逐渐被城市所接纳的同时，也受到了城市社会的种种歧视和排斥，享受不到与当地居民同等的教育、就业以及社会保障等待遇，这不仅有违社会公正的原则，严重地影响了农民工群体的生存与发展，而且影响到我国经济和社会的协调发展。由此，农民工问题成为关乎我国国计民生、实现社会公平正义的重大问题。

1.5.1　农民工问题关乎社会公平正义

我国农民工问题从根本上说就是农民问题，建国几十年来国家对农民的认识决定了农民工的命运。1949 年到 1978 年为了促进城市和工业的发展，国家采取了"牺牲农业、发展工业"的方针，让渡部分农村利益来支援城市发展重工业，仅通过工农业产品价格"剪刀差"，就将大约 6000 亿～8000 亿元农村资金转移给工业和城市。文革期间为了解决城市就业问题，国家又动员大批知识青年上山下乡，将城市沉重的就业压力转移到农村。为了城市的稳定，1958 年颁布的《中华人民共和国户口登记条例》将城乡居民区分为"农业户口"和"非农业户口"两种不同户籍，通过户籍制度严格地控制农村人口向城市的流动。

1978 年农村实行家庭联产承包责任制，产生了大批剩余劳动力；同时，城市第三产业迅速发展，需要大量劳动力的补充，在农村的"推力"和城市的"拉力"的共同作用下，农民工群体于 80 年代开始出现，且数量迅速增加。农民进城务工是增加农民收入、促进农村经济社会发展的重要举措。同时，农民工群体的存在和发展壮大，填补了城市中一些急需劳动力工作岗位的空缺，为我国城市建设和市民生活便利做出了巨大贡献。但在 1989 年首次成规模的"民工潮"出现之后，为了保障城市的社会治安稳定以及解决国有企业改制过程中出现的大批下岗职工，国家又开始大力清退农民工，以保障下岗职工的再就业。

我国依靠农业和农村几十年的牺牲实现了工业的快速发展，依靠农民工加速了城市建设的步伐。农民工在城市承担着最底层的工作，为中国城市的经济建设和社会发展做出了重要贡献。但是农民工在城市中的生存现状却不容乐观，他们受到城市社会的种种歧视和排斥，不仅享受不到与当地居民同等的就业权利、教育权利、社会保障权利和政治权利等，而且在企业中的劳动权益也屡遭侵犯。这种现象有违社会公正的原则，严重影响到农民工群体的生存与发展，使农民工与城市居民之间形成地位落差和心理区隔，从而使整个社会结构呈现畸形发展、走向断裂的趋势，进而影响到我国经济和社会的协调发展。

2002年以来我国社会发展进入城乡统筹阶段，国家以"多予、少取、放活"为政策取向，实行"工业反哺农业、城市支持农村"的方针，统筹城乡经济社会发展，大力建设现代农业，发展农村经济，千方百计增加农民收入，让全体人民共同分享改革与发展的成果。此时，国家对农民的认识由以前的限制转变为保护和支持，从要求农村让渡利益支援城市建设转变为安排城市让渡部分利益支持农村发展。

由于国家对农民、农村态度的转变，农民工的命运在2002年也发生了根本性的转变。朱镕基总理当年在《政府工作报告》中首次把农民工归入"弱势群体"，提出"对弱势群体给予特殊的就业援助"，从此以后农民工逐渐成为社会苦难与底层的象征。劳动部、社会保障部于4月1日发布了《关于开展民工权益保护专项监察活动的紧急通知》，该通知标志着农民工权益保护问题受到政策层面关注并落实到政策行动上。2003年基于"孙志刚事件"，政府废除了实行近二十年的以农民工为主要对象的《城市流浪乞讨人员收容遣送办法》，年底温家宝总理替农民工讨工钱的行为成为新一届政府确立亲民形象的重要举措。2004年中央"一号文件"《中共中央国务院关于促进农民增加收入若干政策的意见》中首次明确提出"进城就业的农村劳动力已经成为产业工人的重要组成部分"。2006年3月27日国务院《关于解决农民工问题的若干意见》则是一份维护农民工权益、推进农民工市民化进程的纲领性文件，它涉及了农民工工资、就业、社会保障、户籍管理制度改革、土地承包权益等方面的政策措施。这一时期的国家政策已经认可了农民工作为"弱势群体"、"产业工人"的合法地位，对农民工的就业、子女教育以及社会保障等方面都从制度上给予了保障，既显示了国家对农民工的关心、保护和关爱的态度，也标志着我国农民工问题正在步入制度化的解决通道。

由以上分析可见，建国以来我国社会发展的根本问题之一就是如何处理农村和城市的关系，如何安排农业和工业发展的格局，如何对待农民和市民的态度问题。"三农"问题是国家发展的根本问题，只有妥善地解决"三农"问题，社会才能进入和谐、稳定的发展时期，社会公正才能实现。由此，农民工问题已经成为关乎我国国计民生、实现社会公平正义的重大问题。

1.5.2　在农民工报道中体现大众媒体社会公器职能和媒介正义

大众媒介的功能之一就是建构，通过媒介所呈现的事实来影响人们对于客观世界上的认知。对于农民工而言，大众媒介对农民工的认识，对农民工议题的关注程度以及大众媒介对农民工媒介形象的塑造都影响着社会公众对于农民工的认知，也影响着农民工群体的自我认知，甚至成为行动的范本。因此，大众媒介在引导社会正确认知农民工群体方面具有举足轻重和不可推卸的责任。

在长期的新闻实践中，由于农民工群体的消费能力不足、社会地位低下，媒介对其的关注一直不多，导致了该群体的边缘化。随着 2004 年中央一号文件《关于促进农民增加收入若干政策的意见》出台，"三农问题"成为社会关注热点，媒介对农民工的报道也发生了显著变化，表现在：媒介对农民工的报道数量从少到多，逐年增加；对农民工的认识由最初的排斥发展到今天的关爱和支持；对农民工的报道视角由单一向全面发展；媒介报道用语由一元国家话语主导转变为多元话语并存。尤其是十六届四中全会以后，构建和谐社会已经成为我国社会发展的目标，大众媒介在建设和谐社会中作为国家民主法治的推动者、社会公平正义的体现者、安定有序氛围的营造者，应当肩负起构建和谐社会的历史重任，关注社会弱势群体，为其提供平等的意见交流平台，促进社会公平的实现。

2006 年，国务院《关于解决农民工问题的若干意见》出台，把农民工问题作为关乎社会发展全局的重要问题来对待，标志着我国农民工发展进入了一个新阶段。面对社会转型的加快以及农民工群体的发展壮大，大众媒介是否以一种客观的报道方式来呈现农民工的生存与现状，是否能够与国家政策和农民工问题同步来设置报道议程，是否履行了自己的职责，推动了农民工公正待遇的实现，这些是值得研究和探索的课题。

然而，当前无论是传媒业界还是新闻传播学界，对于农村的关注都不是太多。大量调查数据的研究与分析表明我国媒介传播中"重城市，轻农村"的现状依然普遍存在。报纸媒体方面，据中华全国农民报协会统计，我国目前涉农类报纸大约仅有 30 家；广播电视方面的情况也不容乐观，1997 年对全国电视观众进行抽样调查时，农村观众人数就已经占到了总数的 75.9%（当年全国电视观众总数为 10.94 亿人），这一数据充分证明农民在电视观众中占有很大的份额。3 年后，黄鸣刚却不得不指出："中国的电视市场日益扩大，但是农村电视节目所占有的份额却在缩小，包括中央电视台在内的多数电视台的农村节目比例都在相对下降。2003 年 6 月在央视推行的'末位淘汰制'使得 12 个频道的 10 个栏目从电视消失，其中《农业新闻》这个少有的为 9 亿农民服务的节目也包含其中。在唯收视率是图的现在，农民这个最大的群体却正在失去他们的表达场域"①。张振华也指出：到 2003 年底，我国共开办广播节目 1800 多套、电视节目 2200 多套，但开办专业对农频道的电视台只有吉林、山东两家，广播也只有陕西、山东两家。在省级电视台中，只有大约十五六家开办了农村专栏，与 368 家注册的各种电视媒介相比，开办率仅有 4%②。这些数据印证了方晓红的结论："农村受众是信息传播领域的弱势群体，农村受众在信息资源的享受和利用方面、接收工具的拥有量方面、媒介消费时间方面、接受及处理信息的能力方面、表达意见的自我意识方面，均明显弱于城市受众，这是当前我国农村传播所面临的现状。"③

维护公平正义本是媒体公信力的基本要求，新闻媒体作为"社会公器"，它代表全社会最大多数人的共同利益，以维护整个社会的公平正义为己任，这也是新闻传媒的基本属性。因此，媒介本应扮演农村

---

① 黄鸣刚. 经济因素还是文化差异——对农电视节目稀缺现象的深层思考. 当代传播, 2005（2）：27.
② 张振华. 对农电视节目分析. 中国广播电视学刊, 2007（3）：29.
③ 方晓红. 加强农村传播服务农村发展新闻记者. 新闻记者, 2002（2）：6.

社会公正的推行者，报道农民的疾苦、展现农业的发展，为农民工的不公正待遇呼吁，促进公正政策的实施，从而推进农村公平正义的实现。然而，目前媒体一方面追求国际性，推销西方的时尚、文化和生活方式，按照国际标准和口味生产媒介产品，自觉充当国际讯息传播者的角色。另一方面追求商业性，受众被当作收视率上的数字卖给广告商，媒介成了追逐利益的盈利者。媒介角色发生了严重错位，不仅不重视农民，反而造成了媒介歧视和媒介排斥。为什么会这样？媒介究竟该如何做？尤其是作为主流媒体或官方媒体在对农民工群体这30 多年的报道与传播功在何方？过又在哪里？这些都是值得深思的问题。

第2章　社会公正、媒介角色与中国农民工报道

2.1　社会公正概论

2.1.1　关于正义学说的历史发展

（一）西方古代正义观：天道　人道　神道

（1）宇宙的法则

西方的正义观念最早是在古希腊出现。在古希腊文化的早期，正义最初是被视为一种宇宙论的原则而出现的。在荷马史诗中，出现了表示"正义"的"Dike"和"dikaios"这两个词，前者的基本意思是宇宙的秩序，而后者则是尊敬和不侵犯这种秩序的人。在这种原始正义观的影响下，古希腊在苏格拉底哲学之前的主要正义观一般就意味着一种宇宙论的正义观。阿那克西曼德把事物之间由必然性（命运）所规定的和谐关系看作是正义，而把事物超越自己的规定地位而造成的对和谐的破坏称为不正义。赫拉克利特所理解的正义，就是事物之间由斗争（即各自为超越自己的规定地位所做的斗争）而形成的和谐（必然性）。毕达哥拉斯用数的平方来说明正义，把正义理解为事物（数）之间的一种和谐稳定的关系。

（2）从天道到人事

雅典国家形成时期著名的政治家梭伦，把正义作为一个道德范畴提了出来。梭伦认为，正义就是对立双方都要抑制自己的欲望。……就是使氏族贵族集团和平民集团双方都不能占优势，让他们保持平衡。智者派的主要代表人物普罗泰戈拉认为，人是衡量正

义的尺度。这里包含着两层含义：第一，人的利益与需要是正义的基础；第二，人的感觉是正义与否的标准。这样，正义就由宇宙的法则转而成了人的道德观念。在苏格拉底那里，正义不再是统辖宇宙万物的宇宙论法则，而成为支配人的行为的伦理学原则。苏格拉底的正义论的理论前提也就是他的哲学和伦理学的基本前提：知识即美德。据此，他认为正义作为一种美德也源于知识和智慧。他认为，一个人要做出有德的行为，必须知道什么是德性。而正义也是一种德性[①]。几乎与此同时，德谟克里特也把本来适用于宇宙万物的正义概念用来单指人的行为和人的社会关系。在德谟克里特那里，正义具有双重含义：一种是与城邦相联系的正义，"公正要人尽自己的义务，反之，不公正则要人不尽自己的义务而背弃自己的义务"；另一种含义是与个人相联系，"公正的力量在于判断的坚决和无畏，反之，不公正的结果则是对不幸的恐惧"。这就是说，正义是符合自然必然性而生活，使得灵魂安宁。柏拉图秉承了希腊传统的"四大德目"并作了系统的归纳和论证。在四德目中，智慧、勇敢和节制分别与上述三类人的本性相适应，而"正义"则是一个最具综合性的道德和政治概念，它应包括全部的基本美德。正义应首先在国家中实现，即成为城邦的善，表现为社会分工和等级制度的完善。正义就是各在其位、各履其责。当三个等级在国家中各尽其职而互不干涉时，这便有了正义，这样的国家便是一个完善的"理想国"。正义最终表现为对个人的一种道德要求，即按照自己灵魂等级要求做自己分内的事[②]。在亚里士多德看来，正义不仅是一种道德意识和道德规范，也是一个政治和法律范畴。亚里士多德把政治和法律上的正义称为广义的正义，认为它体现了全体社会成员的意志和利益。此外，亚里士多德还提出了狭义的正义即分配的正义和纠正的正义概念。分配的正义决定人们的政治职务和财富等的分配，它不意味着平均，而是依据人的才能进行分配，人们的才能是各不相同的，因而分配也就不可能是均等的，这实际上包含有机会均等的意思。纠正的正

---

① 戴建华. 西方正义理论初探. 江汉大学学报（社会科学），2008（6）.
② 彭鹏. 论社会正义. 山西师范大学硕士学位论文，2000.

义主要调节由此产生的实际的不平等。总之，在亚里士多德的理论体系中已包含了较完备的正义思想，正义问题也由伦理学扩展到政治学、法学、经济学等多种领域，成为社会关系的普遍指导原则[①]。

（3）在神学的视野中

在中世纪，正义问题被纳入到了神学的视野之中。在早期的基督教那里，正义是受苦受难的人们对压迫剥削的抗议，对平等友爱的呼唤。在基督教的进一步发展过程中，正义观念中这些反抗的、革命的意蕴逐渐减弱，而调和矛盾、宣扬忍受的色彩逐渐明显。这样，正义就成了听从上帝的要求。

如果说《圣经》奠定了基督教正义观的思想基础的话，那么基督教的两位神学大师奥古斯丁和托马斯·阿奎那，则从神学的角度对正义理论作了系统的阐述。

奥古斯丁是教父哲学的主要代表人物。他用基督教的"信、爱、望"三主德改造古希腊传统的"智慧、勇敢、节制、正义"四主德，从神学自然法的观点来理解正义并把正义进行神学化。托马斯·阿奎那是著名的经院哲学家。阿奎那也是从神学自然法度来论述其正义理论的。他认为自然法的观念以及自然法所表示的自然秩序与神的秩序之间是和谐一致的，自然法不过是上帝的永恒法的一部分。在他看来，根据自然法，正义在于在各种活动之间规定一种适当的比例，把各人应得的东西归于各人。阿奎那强调指出，《圣经》是衡量正义或非正义的最高标准，而上帝是正义和非正义的最终来源。

西方古代正义理论经历了一个否定之否定的循环发展阶段：第一次否定有天而人，第二次否定由人而天。同时，这一否定过程并非简单的循环往复，其理念中的"人"和"天"已经发生了完全不同的变化，例如，早期的"天"指代的是自然，而后期的"天"指代的则主要是宗教的天。

（二）西方近代正义观：革命 秩序 功利

14 世纪末到 16 世纪的文艺复兴运动时期，西方的正义观念也

---

① 彭鹏. 论社会正义. 山西师范大学硕士学位论文，2000.

发生了重大的转变：在正义的价值取向上，从对神的信仰转到了对人的尊重；在正义的内容上，从要求人们各守其位转到了对自由、平等、博爱的追求；在正义的形式上，从服从上帝的法律转到了以人的理性为标准。这就使西方的正义观念走出了古代，走进了近代。

（1）革命的口号

荷兰哲学家斯宾诺莎认为，"在国家里面，每个人的财产是按照共同的法律确定的。如果一个人具有恒常的意志，把每个人自己的东西归于每个人，他就被称为公正的；如果企图将他人的东西占为己有，他就被称为不公正的"[①]。在斯宾诺莎看来，对于私有财产的占有权以及与此相关的人身自由权，是人的天赋权利。由于国家统治权的基础是人们天赋权利的转让，所以它必须以保护人们的天赋权利为原则，而最好地体现这种原则的政体是民主政体。

英国哲学家、政治思想家洛克认为，正义就是对自然法的遵守和对自然权利的肯定（自然法的内容是：人们都有保护自己的生命、健康、自由和财产不受侵犯的权利）。

法国思想家卢梭则认为正义一方面在于个人的良心，另一方面也在于社会的法律。

（2）秩序的建构

霍布斯认为"正义的性质在于遵守有效的信约，而信约的有效性则要在足以强制人们守约的社会权力建立以后才会开始，所有权也就是在这个时候开始"[②]。黑格尔德的正义观则强调个人自由要服从国家权威，而达到了对于秩序和权威的崇拜。

（3）功利的追求

英国政治哲学家葛德文认为，"正义这个原则本身要求产生最大限度的快乐和幸福"[③]。

边沁则认为，功利原则也就是最大幸福或者最大福利原则，即除了追求最大的幸福，还要考虑幸福普及的人数，人数越多越好。

---

① [荷兰]斯宾诺莎. 冯炳昆译. 政治论. 北京：商务印书馆，1999：22.
② [英]霍布斯. 黎思复等译. 利维坦. 北京：商务印书馆，1985：109.
③ [英]葛德文. "本书原则概说"之四. 政治正义论. 何慕李译，北京：商务印书馆，1980.

功利原则也就是追求最大多数人的最大幸福的原则。

约翰·密尔列举了五种公正观念：法律的公正（尊重和保卫任何人的法定权利），道德的公正（维护任何人按道德权利应得的东西），报应的公正（每个人应有其应得之报），守信的公正（履行契约，忠守约定），无私的公正（即平等对待人，对于一切人的权利要给予平等的保护）。密尔认为，从这些公正观念中可以看出，构成公正这个观念的原始意义是遵从法律，维护法律权利，也就是说"公正观念的本质，即个人权利观念"①。

（三）西方现代正义观：两大历史性的转折

19世纪上半叶，人类对正义问题的探索出现了两大历史性的转折：一是马克思主义正义理论的产生，二是实证主义正义观念的兴起，标志着西方的正义观念由近代向现代的演变。

（1）正义观上的伟大变革

马克思和恩格斯认为，正义是建立在一定经济基础之上的上层建筑。在存在着阶级剥削的社会中，经济基础的阶级性决定了正义本身的阶级性。而马克思主义则呼吁无产阶级的正义。此外，马克思主张实质正义，主张消灭生产资料私有制，由"联合起来的劳动者"掌握生产资料，在分配领域实现"各尽所能，按劳分配的原则"，并最终实现以"各尽所能，按需分配"为特征的共产主义。

（2）通往实证主义之途

叔本华认为，正义概念是独立于并且先于一切成文法律。为了使人们免遭非义之害，国家建构完整的法律大厦，作为积极权利的保证。

赫伯特·斯宾塞认为，"人类的正义"是从"动物的正义"和"亚人类的正义"进化演变而来，其本质在于通过法律而使其种族得到保存。他强调个人自由要求与社会自由要求的统一。据此，他把正义理解为："每一个人都有权利要求运用他各种机能的最充分自由，只要与所有其他人的同样自由不发生矛盾。"②法国哲学家亨利·格

---

① [英]密尔. 唐钺译. 功用主义. 北京：商务印书馆，1957：54.
② [英]斯宾塞. 张雄武译. 社会静力学. 北京：商务印书馆，1996：33.

伯森把正义分为两种形式："相对的正义"与"绝对的正义"。个人的保全是一种相对的非强制性的正义，而公共的安全则是一种绝对的强制性的正义。

（3）法律实证主义的兴起

英国法学家杰里米·边沁和约翰·奥斯丁是法律实证主义的奠基人。边沁在其《法律总论》中提出了一种实证主义的法律观。而奥古斯丁则在边沁的基础上进一步建构了实证主义的法学体系。他主张将法学同伦理学相区分：法学家所关心的只是法律是什么，而不问其是否符合理想或正义。他把正义仅仅理解为合法性。美籍奥地利法学家汉斯·凯儿逊认为，争议就是把某个一般规则确实适用于据其内容所应该适用的一切场合，"正义意味着忠实地适用实在程序以保护其存在"[①]。

（4）走向相对主义

在现代，随着西方哲学上非理性主义思潮的流行，在正义理论上也开始出现和流行相对主义和非理性主义的思潮。根据这种思潮，正义是相对的，因而也不能为人的理性所确切地认识和把握。

（四）西方当代正义观：规范理论的复归与论争

（1）罗尔斯：公平正义论

罗尔斯在《正义论》中所提出的关于社会正义的完整体系实现了两个重大转折：第一，实现了从实证主义和相对主义向规范理性的复归，从而使西方的自由主义传统得以承续和弘扬；第二，实现了从功利主义向"社会契约"论的回归，强调了个人权力对于福利总量的优先性、正义对于功利的优先性。罗尔斯也认为，正义是社会制度的首要价值。正义包括社会正义和个人正义，而罗尔斯所论述的正义主要指社会正义，即社会制度的正义。在他那里，"正义的主要问题是社会的基本结构，或更准确地说，是社会主要制度分配基本权利和义务，决定由社会合作产生的利益之划分的方式"[②]。

---

① [英]博登海默. 邓正来译. 法理学——法哲学及其方法. 北京：华夏出版社，1987：118.

② [美]罗尔斯. 何怀宏等译. 正义论. 北京：中国社会科学出版社，1988：5.

因此，他的正义论也被称为分配正义论。

罗尔斯把正义理解为"作为公平的正义"，其基本内核是指社会的每一个公民所享有的自由权利的平等性和不可侵犯性。包括两个基本原则：

"第一个原则：每个人对与其他人所拥有的最广泛的基本自由体系相容的类似自由体系都应有一种平等的权利。

第二个原则：社会的和经济的不平等应这样安排，使它们 1）被合理地期望适合于每一个人的利益；并且 2）依系于地位和职务向所有人开放。"[①]

（2）诺齐克：人权正义论

诺齐克提出来持有正义理论的一般纲要："如果一个人按获取和转让的正义原则，或者按矫正不正义的原则（这种不正义是由前两个原则确认的）对其持有是有权利的，那么，他的持有就是正义的。如果每个人的持有都是正义的，那么持有的总体（分配）就是正义的"[②]。

（3）社群主义对自由主义正义观的挑战

社群主义是上世纪 80 年代在北美兴起的一种较有影响的社会伦理和政治哲学思潮。社群主义者主张以社群价值为本位，强调公共和合作、互相尊重、相互独立、平等自由、社会公益和个人权利义务的矛盾统一。

（4）尼尔森：激进平等主义正义观

尼尔森尝试建立一种激进平等主义的分配正义模型，并以罗尔斯的风格表述其中的基本正义原则。其一，每个人对与所有人的类似待遇相容的最广泛的整个平等基本自由和平等机会（包括体面工作、自我决定和政治参与的平等机会）的体系都应有一种平等的权利（这一原则表达了对获得或维持平等道德自律以及平等自尊的一种承诺）。其二，在为共同的社会的（共同体）价值作出储备，留出维持正常社会生产力所需的资本，并顾及有差别的需要和偏好之后，收入和财富（公共财产的贮存）应作这样的分配，使所有人拥有平

---

① [美]罗尔斯. 何怀宏等译. 正义论. 北京：中国社会科学出版社，1988：5.
② [美]诺齐克. 何怀宏等译. 无政府、国家与乌托邦. 北京：中国社会科学出版社，1991.

等分享的权利①。

（5）正义与真理：哈贝马斯与罗尔斯的论争

哈贝马斯认为，一个社会的成员，首先要被一个关于正义的理论所说服，然后才会同意它。因此关于正义的理论自身要提供这样一个前提，即：我们与其他人认为它是含有真理的，或它对于我们形成有关正义的基本共识来说是合理的。否则，我们或其他人都不会同意它，它因而也就不能作为我们之间、我们与其他人之间建立政治协议的基础。

（五）中国传统思想中的正义观念

（1）儒家的正义观念

儒家的正义观念是围绕着"仁"这个基本概念而展开的。"仁爱"是仁的基本含义，"忠恕"是仁的道德准则，"正名"是仁的政治要求，"中庸"是仁的实践原则，"道义"是仁的内在精神。"仁"的概念所体现的这些基本内容，构成了儒家正义观念的基本内容。

（2）道家的正义观念

道家正义思想的核心概念是"道"。道家把"道"视为一种客观、公正的自然规律。天地万物按照这种自然规律兴盛荣枯，这就构成圆转和谐的事物循环。在这样一种自然规律论正义观念的框架下，道家主张人类社会的事务也必须遵循"道"的要求，以此来保持人类社会的平衡与和谐。

（3）墨家和法家的正义观念

墨子提出了"兼相爱，交相利"的正义观念。这种正义观念的具体内容，就是"有力者疾以助人，有财者勉以分人，有道劝以教人"②。

法家重"法"的正义观，是与其"自为"的人性论思想为基础的。法家学派的代表人物韩非认为，人"皆挟自为心"，好利而恶害。这是人之常情，无可厚非。人情既然如此，统治者的正常就应当是当"因（因循）"而不当"化"（化性起伪），因人之情而以利诱之。

---

① 陈闻桐主编. 近现代西方政治哲学引论. 合肥：安徽大学出版社，1997：409.
② 墨子.《墨子·尚贤下》.

因此，法家反对用仁、义等说教来治国，而主张通过"严刑"、"重罚"来治国。

总体上来说，中国古代传统文化中，儒家、道家、墨家和法家四大流派中对正义的认识和观点，构成了中国古代正义观的基础和框架。儒家的道义论正义观念，道家的自然论正义观念，墨家的功利论正义观念，法家的法制论正义观念，使中国传统正义观念呈现出丰厚的思想意蕴和多彩的精神风貌。

2.1.2. 关于中国现阶段公正理论及现状的研究

（一）社会公正内涵的界定

我国学者对于社会公正从不同的方面进行了不同的阐述。中央党校的吴忠民（2004）教授认为公正是社会的一种基本权利和义务，规定着资源和利益在社会群体之间的适当安排和合理分配[①]。在其著作《社会公正论》一书中，对公正社会进行了如下描述：公正社会是人人共享、普遍受益的社会；人人具有尊严的社会；平等、自由的社会；机会平等的社会；按贡献进行分配的社会；具有完善调剂功能的社会；发达的公正社会[②]。

谢洪恩（1999）认为，所谓社会公正，主要指对一定社会结构、社会关系和社会现象的一种伦理认定和道德评价，具体表现为一定社会的性质、制度以及相应的法律、法则、章程、惯例等等的合理性和合理程度的要求和判断[③]。

唐环（2006）认为公正在政治、经济、道德、法律不同角度有着不同的理解：在经济层面，主要指社会成员在竞争前机会平等、竞争中原则平等、竞争后正确分配劳动成果；在政治层面，主要指人们之间的政治权利和义务上的平等；在伦理上，主要指人格上平等；而道德上则主要指平等待人，尊重个人的生命价值的品质[④]。

程立显（2002）则从伦理学的角度指出，在现代伦理学中，公正实际上专指社会公正，即罗尔斯所指出的作为社会制度首要价值

① 吴忠民. 公正新论. 中国社会科学, 2004 (4).
② 吴忠民. 社会公正论. 济南：山东人民出版社, 2004-3-10.
③ 谢洪恩. 论公正及其实现. 道德与文明, 1999 (6).
④ 唐环. 坚持社会公正构建和谐社会. 社会主义研究, 2006 (5)：33.

的公正①。万俊人则认为，社会公正最一般的意义是对社会权利和社会义务的公平分配以及与此相适应的道德品质②。叶志华还从哲学的角度对社会公正作了一定界定：认为社会公正是符合社会整体实践的性质、要求和目的的全体社会成员之间的利益关系状态。在这种利益关系状态中，价值主体是全体社会成员，价值客体是全体社会成员合作产生的社会价值。而联系价值主体与价值客体的中介是合理的社会价值分配方式。丛晓峰、刘溪（2005）认为：社会公正是指用政治、经济、法律、文化等手段，特别是通过社会政策来进行社会整合与调节，减缩存在于社会或社会成员之间的不平等和差异，促进人的全面发展和社会的和谐发展，从而使所有的社会成员都享受到社会进步与发展的成果③。

（二）社会公正的基本内容

要实现社会公正，构建社会主义和谐社会，就必须弄清楚社会公正的基本内容，找准社会公正的着力点，从而有针对性地实施社会公正建设。吴忠民（2004）认为现代意义的公正的基本内容包括：一是基本权利的保证；二是机会平等；三是按贡献进行分配；四是进行必要的一次分配后的再调剂④。姚洋（2005）则认为社会公正是公民衡量一个社会是否合意的标准，在此基础上他提出了一个包括 4 个层次的公正理论：第一个层次是关于人身权利的均等分配；第二个层次是与个人能力相关的基本物品的均等分配；第三个层次是关于其他物品的功利主义分配；第四个层次是国家对社会和谐的考量。前 3 个层次中，第一层优于第二层，第二层优于第三层，而第四层次则是对前三个层次的补充，管辖前三个层次没有涉及的领域⑤。景天魁（2004）认为公正概念至少应该有 3 个层次：第一层次是伦理学和价值观的层次；第二层次是权利和制度的层次；第三

---

① 程立显. 伦理学与社会公正. 北京：北京大学出版社，2002.
② 万俊人. 普世伦理的正义及其对功利价值的优先性. 湘潭师范学院学报，1999，（4）：13.
③ 丛晓峰，刘溪. 社会公正与社会进步若干问题研究. 济南：山东人民出版社，2005：8.
④ 吴忠民. 公正新论. 中国社会科学，2004（4）：50.
⑤ 姚洋. 建立一个中国社会公正的理论. 财经信息，2005-06-01.

层次是社会政策的层次①。傅金珍（2006）则提出，社会公正应当包括：分配公平、权利平等、规则公平、保障适时、司法公正②。盛显容（2006）认为在社会主义市场经济体制下社会公正应该包括3个基本层次：第一个层次是社会成员基本需要的公正；第二层次是社会成员经济行为的公正；第三个层次是社会保障社会成员的公正③。颜旭（2006）认为作为和谐社会基础上的社会公正主要包括经济秩序公正、政治秩序公正以及文化秩序公正④。经济学家邹恒甫（2005）认为，现代社会公正至少应包括以下4个方面的内容：机会均等；过程公平；按贡献进行分配；确保基本的生存和发展条件⑤。郝耀武（1995）认为社会公正的主要内容应从3个方面来考察。一是经济上，社会生产资料所有制形式要符合历史发展的规律，具有先进性。二是政治上，社会成员有平等的政治、社会、法律地位。三是在分配领域，要实行合理的社会产品分配制度，这种制度能够成为一种激励机制，调动社会成员的生产积极性⑥。王海明认为社会公正的基本原则可归结为5条：（1）贡献原则，按照贡献分配权利；（2）品德原则：按照品德分配权利；（3）才能原则：按照才能分配权利；（4）需要原则：按照需要分配权利；（5）平等原则：分配给每个人同等的权利，并进一步指出贡献原则是社会公正的总原则，两个平等原则不过是贡献原则在两种具体权利（基本权利与非基本权利）分配上的推演、引申，因而是社会公正的分原则⑦。

（三）实现社会公正的路径选择

实现社会公正、构建社会主义和谐社会，涉及经济、政治、文化以及社会建设的方方面面。学者们根据我国的现状，从不同的角度进行了探索。何增科（2006）提出，建设廉洁政府是维护社会公

① 景天魁. 社会公正理论与政策. 社会科学文献出版社，2004：8.
② 傅金珍. 对实现社会公正的若干思考. 东南学术，2006（5）：138.
③ 盛显容. 公平正义是构建社会主义和谐社会的核心理念[J]. 湖北广播电视大学学报，2006（3）：37.
④ 颜旭. 作为和谐社会基础的社会公正. 平原大学学报，2006（1）：26.
⑤ 邹恒甫. 谈中国经济平等和社会公正. 中国经济网，2005-01-24.
⑥ 郝耀武. 社会主义市场经济体制的社会公正性. 社会科学，1995（10）：34.
⑦ 王海明，孙英. 社会公正论. 中国人民大学学报，2000（1）.

正的必由之路。认为只有一个廉洁的政府才能履行好维护社会公正的责任，促进机会均等，保障公民自由权利[①]。李培林（2006）提出：一是要加强民主沟通和认识整合，确立社会公正的价值共识；二是要在社会公正的旗帜下继续深化改革，让人民共享改革和发展的成果；三是要立足国情，重点推进机会公平和能力建设[②]。权宗田认为：以人为本、建立公平合理的公民社会是实现社会公正的前提条件；全体社会成员共享社会发展成果是社会公正的基本要义；公共政策和公共投入的公平合理是社会公正实现的体制性基础；关注弱势群体的利益表达与利益实现是当前实现社会公正的迫切任务[③]。吴忠民则提出，实现社会公正是一个渐进的过程，认为构建和谐社会，实现社会公正除了要确立起共享经济社会发展成果的基本理念外，还需要做好以下几方面的工作：一是要以民生为本，合理安排公共投入的优先顺序；二是要建立初级社会保障体系；三是要尽可能地实现充分就业；四是要形成公正合理的社会分配结构[④]。盛显容（2006）认为实现社会公正，构建和谐社会首先要突出以经济建设为中心，构建社会物质基础的和谐；其次，要缩小城乡二元社会的差距，构建城乡社会结构的和谐；再次，要建立阶层利益的整合机制，构建社会阶层结构的和谐；再次，还要保证劳动就业社会公正，构建社会就业结构的和谐；最后，要完善公正社会保障制度，构建社会和谐发展[⑤]。殷献茹（2006）的观点一是要解决强势群体和弱势群体之间权利和利益失衡问题；二是要完善社会分配的宏观调控机制，缩小社会贫困差距；三是要强化法治，以法律规范为基石来保障社会公平[⑥]。

2.1.3　农村公正实现情况的研究

我国农村公正实现情况不容乐观，主要表现在以下方面：

---

① 何增科. 廉洁政府与社会公正. 吉林大学社会科学学报，2006（4）：15.
② 李培林. 社会公正、黄金分割与和谐社会建设. 中国图书评论，2006（7）：4.
③ 权宗田. 社会公正：化解社会风险的根本出路. 攀登，2006（2）：96.
④ 吴忠民. 实现社会公正是一个渐进的过程. 人民日报，2006-01-23.
⑤ 盛显容. 公平正义是构建社会主义和谐社会的核心理念. 湖北广播电视大学学报，2006.（3）：37.
⑥ 殷献茹. 公正：构建社会主义和谐社会的基石. 当代经济，2006（8）（上）.

　　李国庆（2005）指出农民的公正观正在分化，并具有如下特点：首先，处于不同阶层农民的公正观念存在很大区别，相同阶层的人对不同领域社会事实的认识和判断标准也是不同的，具有多层次性。农民判断社会公正的价值尺度可分为两个层次，最为基础的判断尺度是社会习惯或曰"地方性知识"；当矛盾难以在村庄范围内解决时，人们开始向村庄外部寻求解决对策，其中，政策支持是极为重要的，对不公事件的最高裁决是法律性的，由法院做出裁决。其次，随着农村经济所有制的变化与职业分化，农民在经济领域的公正观发生了重大变化，这一变化是从平等主义向能力主义的转变。王晓毅在分析中国农民公正观念的三种表达形式（上访、转移对象、直接冲突）以后，提出了建立协商机制的四点建议：第一，让农民按照自己熟悉的方式表达意愿，增加农民的表达机会，减少表达的成本；第二，强化社区自我解决问题的能力；第三，建立一套包容农民地方实践的机制，不单纯依靠外部强加的规则；第四，加强农村社会舆论的作用，让街头巷议重新发挥规范社会的作用。

　　在"社会公正与当代农民的表达"方面，王晓毅（2005）研究了普遍主义的制度安排何以往往与农民公正理念发生冲突。与通常人们认可的正规化制度有利于加强农民公正观念的表达能力相反，王晓毅发现，如果忽视了农民的特殊利益，高度一致的制度安排可能只加强了一部分人的权力，而削弱了农民群众的表达能力。在当代农村，土地纠纷和集体资产被侵占是造成社会不公的两大问题。王晓毅发现，农村工业化导致的集体资产增加和农村土地被征用所带来的土地资产增值迅速地扩大了村民内的贫富分化。由于公共权力介入这些变化的过程，因此对公共权力的不满成为抗议不公正的焦点。

　　关于农村的社会保障制度研究方面，李和森（2004）认为，城乡统筹是社会保障的应有之意。首先，它是建立和完善社会主义市场经济体制，发展中国特色社会主义的必然要求；其次，它是缩小日益扩大的社会保障水平差异，统一城乡社会保障制度的必经之路，是我国社会保障事业的最终发展目标。第三，整合现行二元社会保障制度，将农民纳入社会保障体系，实行全民平等的社会保障制度，是满足基尼系数不断提高条件下调节收入分配差距的需要①。景天魁（2004）则就如何实现社会保障的城乡统筹提出了建议。他认为，首先，应该像在城市一样，在农村建立完善的最低生活保障制度，但在标准上可因地制宜；其次，要建立城乡统筹的公共卫生和大病统筹制度，防止农民因病致贫，保障农民的健康权利；然后，在有条件的县、市和省，鼓励依靠自己的力量，开展其他符合本地经济发展水平的社会保障项目。在全国范围内社会保障政策和制度可以多样化，不必固守现有的单一化做法。段明华也认为，城乡统筹不是要求建立城乡统一的社会保障制度，不是要求社会保障的内容、方式和标准完全城乡统一②。

农村流动人口的国民待遇与社会公正情况也不容乐观，长期以来中国只有城市居民和农民的概念，而缺乏国民的概念。对于国民待遇，政府一直采用"一国两策"——城市居民与农民分别对待的政策。农村流动人口在城市中遭遇到的不公正是农民享受不到公民权的集中反映。上述问题表现在如下几个方面：一是农村流动人口享受不到当地居民同等的公平的劳动保障和社会福利。农民工被歧视、被侮辱、被欺负、生病受伤等无法得到社会保障、工作条件恶劣等等，都是与现有的公共政策和社会制度密切相关。二是教育与发展权利的缺位。基本的教育权利是国民待遇的最基本要求。虽然近年来社会各界纷纷呼吁政府解决好农村流动人口子女在城市接受教育困难的问题，国务院也于 2003 年发文要求流入地政府"采取多种形式接受农民工子女在当地的全日制公办中小学入学"，但在实际贯彻中解决这一问题的效果并不明显。农村流动人口子女进入公办学校仍面临种种困难，比如，要托人送礼、费时花钱办理种种繁琐的手续、要满足学校私下提出的交纳赞助费的要求。能够满足流动农民需求的民办"打工者子弟学校"，在行政法规上也存在不符法律程序、

① 谷成，李俊毅. 城乡收入分配差距的扩大与我国社会保障制度的整合. 东北财经大学学报，2004（4）：3-6.
② 段明华. 论社会保障的城乡统筹[J]. 思茅师范宝等专科学校学报，2004（2）：5-7.

被非法取缔的问题。这使得流动农民仅有的一些社会性救助或自救手段也被剥夺。三是社会安全阀的残缺。随着土地价值的日益下降，土地的保障作用在削弱，近年来已经有二三千万农民失去了土地，连最后的生活保障也没有了。在城里，农村流动人口却不能与城市居民享受同样的失业保障、医疗保险、工伤保险等。

2.2　关于媒介角色

角色是指与人们的某种社会地位、身份相一致的一整套权利、义务的规范和行为模式，是人们对具有特定身份的行为期望，它构成社会群体或组织的基础[①]。

传媒的角色与大众传媒的性质、地位、权力、功能、职能、任务等紧密相关，涉及大众媒介的权力界限、功能范围、行为方式等。大众传媒虽然从表面上从属于物质体系，但它具有任何他人或机构所不可替代的职能功能，因而具备一定的独立性，但又由于权力与资本的介入而使这种独立性大打折扣。因此，从这个意义上而言，用"媒介角色"而不用"媒介功能"尊重了大众传媒所有的复杂性、丰富性[②]。

关于媒介角色的研究主要有两种视角。其一是功能性分析，媒介角色问题被结构细化为媒介功能、效果和权力等问题，然后对这些问题分类开展研究；其二是将媒介角色视为一个客观要素，纳入发展社会学和社会公正的理论框架里开展研究。

2.2.1　关于媒介功能、效果与权力理论的研究

（一）媒介功能研究的两种路径

第一是美国传播学经验学派，是拉斯韦尔、拉扎斯菲尔德、怀特、默顿等人共同形成至今仍然被认可并运用的观点。1949 年，美国的拉斯韦尔在《传播在社会中的结构与功能》一文中首先提出大众传媒具有以下三个功能：监视社会环境、协调社会各部分的关联以适应环境的变化和实现社会遗产的代代相传；1952 年，查尔

---

① 戴元光，尤游. 媒介角色研究的社会学分析. 上海大学学报（社会科学版），2007（11）.
② 戴元光，尤游. 媒介角色研究的社会学分析. 上海大学学报（社会科学版），2007（11）.

斯·怀特在三个功能的基础上补充了大众传媒的娱乐功能，施拉姆先后两次进行调整，最后于 1982 年出版的《传播学概论》里提出了四种功能：雷达功能、控制功能、教育功能、娱乐功能。之后，国外很多研究者在这个基础上又增加了一些功能或者对功能细化，但大同小异[①]。

我国的主流传播研究者对媒介的功能角色认知不脱离拉斯韦尔的窠臼。我国的党报理论是在延安整风运动期间确立其传统地位的，1942 年 9 月 22 日《解放日报》的社论《党与党报》为我们党的媒介的功能定下了基调："报纸是党的喉舌，是一个巨大集体的喉舌"，"喉舌论"是我们对大众媒介的定位。老一辈专家王中在 1956 年写作《新闻学原理大纲》中论及报纸的性质和职能时指出"报纸是传布新闻的工具"，但是"报纸、广播、电视传布新闻仅为其任务之一"，强调只有通过"办报卖"与"买报看"两方面结合才能发挥宣传作用，这就是所谓的报纸的宣传与商品的两重性[②]。复旦大学童兵教授把媒介的功能归纳为信息功能、协调和管理功能、教育功能、娱乐功能。

社会转型开始后，新闻媒介自身进行了改革，媒介功能也发生了不小的变化。学者们认为：第一，媒介信息传播功能从单一的宣传功能向多种信息传播功能拓展；第二，媒介舆论功能从舆论引导到舆论引导和舆论监督并举；第三，媒介文化功能从传播知识、文化教育到提供文化娱乐的延伸；第四，广告对媒介的渗透，使媒介的经济功能得以承认和发展。除去正功能以外，浙江大学邵培仁教授还讨论了媒介的负功能，主要是虚假信息、信息泛滥、信息污染、麻痹大众、垄断意见、人情冷漠、金钱至上。

第二是来自欧洲批判学派、法兰克福学派、英国伯明翰学派、布迪厄、波德里亚等都有精辟见解，他们的理论前提都是建立在媒介的强效果论之上。法兰克福学派对媒介功能的否定主要集中在科学技术批判上。他们将媒介传播的大众文化叫做"社会水泥"、"文

---

① 戴元光，尤游. 媒介角色研究的社会学分析. 上海大学学报（社会科学版），2007（11）.
② 戴元光，尤游. 媒介角色研究的社会学分析. 上海大学学报（社会科学版），2007（11）.

化工业"。马尔库塞指出媒介技术不但受到社会的全面控制,而且技术本身就是预先按照统治者的意志和需要设计出来的,设计本身就包含了一种统治的先验性和控制的欲望。但是,法兰克福学派对媒介的批判很少深入到媒介与社会现实的内部,对媒介的内部规律缺乏认识,逻辑推理、哲学思辨、历史求证、法规判断等人文思维是他们主要的研究方法,因此他们的媒介功能理论存在明显的主观色彩和理论固执①。这样的缺陷在另一个重要的批判学派——英国伯明翰学派那里得到了纠正。这个学派的主要成员有雷蒙·威廉斯、斯图尔特·霍尔、托尼·本尼特、约翰·费思克等。费思克将媒介角色纳入整个资本主义经济体系,提出了著名的"两种经济"理论,即金融理论与文化理论,揭示了媒介的本质属性。另外,霍尔的研究第一次将受众纳入研究的轨道,通过研究电视话语如何被观众理解的微观过程,将单方面的传播者视角转换成传播者、媒介与受众组成的关系范畴中定位媒介的角色。布迪厄对媒介的批判主要集中在《关于电视》一书中,他首先揭示了电视制作的奥秘,其次具体阐释了传媒的社会功能受异化的过程。他认为电视在资本主义社会中的两大基本功能是:反民主的象征暴力和商业逻辑制约的他律性①。波德里亚对媒介角色的研究极具后现代主义特征,一方面他认为大众传媒、时尚、技术等本身都是当代资本主义消费社会中的商品化形式和消费形式,同时,大众传媒又为资本主义社会创造了"拟像世界"。"在这里,我们进入了博尔斯坦在其作品《形象》中谈及的伪事件、伪历史、伪真实的世界。即不是产自一种变化的、矛盾的、真实经历的事件、历史、文化、思想,而是产自编码规则要素及媒介技术操作的赝品"②。

(二)传播效果研究的 3 个阶段

传播效果领域一直以来都是传播学中的重要内容。关于大众媒介传播效果的理论研究经历了 3 个历史阶段,第一阶段:1935~1955 年,主要包括"枪弹论"、"靶子论",认为传播媒介具有巨大

---

① 布迪厄. 关于电视. 沈阳:辽宁教育出版社,2000:6.
② 波德里亚. 消费社会. 南京:南京大学出版社,2001:135.

威力，被媒介针对的目标就会象被子弹击中一样应声而倒；第二阶段：1955～1960 年，主要包括效果有限论，主要是反思媒介的社会影响，认为大众传播媒介其实并不能从根本上改变一般人的态度、观点和行为，效果非常有限；第三阶段：1960 年以后，强调大众传播既有力量超强的一面，也有无能为力的一面，其力量发挥必须依靠技巧。但总体上无论是哪个时期，主要的媒介效果研究内容基本上都是围绕拉斯韦尔的"5W"模式，即谁（who），说什么（says what），通过什么渠道（in which channel），对谁（to whom），有什么效果（with what effect），我们相应的称为"控制分析"、"内容分析"、"媒介分析"、"受众分析"与"效果分析"。总体而言，传播应该是一个这样的概念，即从宏观着眼，从战略高度重视大众传播对社会的影响，而从微观着手，考虑媒介如何影响个体受众的一言一行，研究具体社会生活的微观层面或其某一投影。

2.2.2 发展理论中的媒介角色研究

传播社会学的研究者把视角放在研究传播发展的社会条件以及传播发展对社会生活的其他领域的影响，侧重点在于传播与整个社会的关系上，就是将媒介角色纳入发展社会学的框架中去思考，也有人称之为大众传播与国家发展理论。但是从总体上来说，这一领域并不是媒介传播研究主流，并没收到充分重视，相关研究也并不多见。

发展社会学包括两个方向并不一致的理论流派，一个是以现代西方发达国家的社会发展进程相关的现代化理论（theories of modernization），另一个则是针对发展中国家的社会发展运动而产生的发展理论（theories of development），它们之间理论渊源一致但发展目的和道路迥异，因而，在不同的对象背景下也就发展出不同的媒介角色理论。

（1）现代化理论阶段中的媒介角色

勒纳、施拉姆和罗杰斯等 3 人是该理论的主要奠基者。勒纳认为传播媒介是刺激，是传达"同理心（empathy）"最好的工具，传播媒介把"现代化人格"普遍扩散到社会各阶层去，故有"魔术扩散者"之称。当一个传统社会里具有"同理心"的人多起来，量变引起质变，传统人格和传统的生活形态逐渐消逝，传统社会便逐渐变成现代社会。施拉姆是最早研究大众传播与社会发展之间关系的学者，他的研究成果来源于 1962 年联合国教科文组织的委托调查，在这次调查中，他全面考察了大众传媒在国家发展中所扮演的角色并列出一系列影响力清单。另一位传播学家罗杰斯同样将传播看做是社会变革的基本要素，他认为社会的变化分为内生型和接触型两种，前者变革的动力来自于社会内部，主要适用于发达国家，接触型变革的动力来自于接触外界的信息，发展中国家的社会变革多数属于接触型，即由于接触西方的新技术和新观念而促使传统社会向现代社会转型。因此，他把接触型改革看做是创新和发明的传播扩散过程。在这个过程中，大众传播是催化剂，充分使用可以促进同情心的增强，创新性的扩增，政治知识的提高，成就动机的增加以及期望水平的提高等，进而增进国家整体的现代化水平①。

可见,在现代化理论框架之下的媒介几乎是一个决定性的角色,"在为国家发展服务时，大众传播媒介是社会变革的代言者。它们所能帮助完成的是这一类社会变革：即向新的风俗行为、有时是向新的社会关系过渡。在这一类行为变革的背后，必然存在着观念、信仰、技术及社会规范的实质性变化"②。然而，这种视角下，西方发达国家的学者是站在发达国家的立场上看问题，因此，往往注意不到发达国家与发展中国家之间完全不同的环境和媒介条件，过于强调了大众传播媒介的力量，其强调的"枪弹论"、"靶子论"等传播效果的强效果论在西方国家内部或许还有一点实践的可能，但在国际传播尤其是面向第三世界的传播时几乎发挥不了任何作用。

（2）发展理论阶段的媒介角色

有学者意识到国际间存在的传播资源和媒介话语权的不平等，因此，从国家差异间的角度尤其是从发展中国家的现实情境出发进行研究也成为媒介角色研究的重点。这一时期发展中国家一方面强

① 戴元光，尤游. 媒介角色研究的社会学分析. 上海大学学报（社会科学版），2007（11）.
② 威尔伯·施拉姆. 大众传播媒介与社会发展. 北京：华夏出版社，1990：121.

调要加强自身媒介技术开发和媒介能力建设，另一方面提出要打破并建立"国际传播新秩序"的主张。而在这段时期的后期，罗杰斯等人开始反思以前的理论观点，把视角更多地放在拉丁美洲、柬埔寨等发展中国家，在其后来的《传播与发展：批判的观点》一书中，更多地是就媒介论媒介，不再从国家战略高度层面来夸大媒介的力量书。

随着新媒介技术的发展，尤其是网络媒介的发展，由于西方国家在卫星传播、互联网络和超大型跨国网络公司上具有很大优势，也有研究认为这些国家或组织可以发动更为强大的媒介工具，从而实现更强大的传播效果，并依托技术的垄断和媒介工具的操控来重新获得国际媒介的话语权，这使得媒介的强效果论又有所抬头。

2.3　关于中国农村大众传播媒介的研究

中国农村环境中的大众传播及传播媒介的研究起始于上世纪80年代，在早期，其基本上与传播学在中国的一般性发展是同步的。总体而言，国内关于大众传播媒介与农村社会的理论研究并不多见，并且零散不成体系。但总体而言，还是可以依据一定的轨迹将这些理论研究大致划分为三个阶段，即 1982~1987 年的第一阶段，1988~1995 年的第二阶段，1995 年以后的第三阶段。

第一阶段：此时农村大众传播研究主要在两个方面：对西方学术论文及著作的翻译和对一些具体问题的实证研究。译著西方传播学发展相关研究的代表性文章是 1988 年第 4 期的《国际新闻界》刊登的《传播事业与国家发展研究现状》，该文章是摘译自美国传播学学者罗杰斯于 1987 年在美国夏威夷东西方研究中心召开的关于传播与社会变迁的讨论会上发表的论文[①]。在实践领域，以大众传媒与发展为主题的实证研究也有不少应用发展和结论，1982 年，杨云胜、程世寿对湖北襄阳地区农村进行的读者调查；1983 年祝建华等人对上海郊区农村进行的传播网络调查；1985 年张学洪等人在江苏

---

① 陆双梅. 回顾与展望：传播学在中国的 30 年. 南方都市报，2005-8-30.

的苏南、苏北、苏中等地农村进行的受众调查；1983 年和 1985 年江苏社会科学院主持过两次对江苏农村居民接触新闻传播状况的调查；1986 年中央人民广播电台举行的全国性农村听众调查以及 1987 年中共中央宣传部、广播电影电视部联合调查组开展的经济发达与不发达地区农民居民的比较调查①。当时的研究目的主要针对传播事业发展现状、受众与传播效果等，但从调查设计到结果的表述，在理论上很少有所建树，更多地只是一般的描述性研究。

第二阶段：1988～1995 年期间，中国新闻传播研究处于沉默期，关于农村传媒的研究有些为数不多的发现，概括起来如下：代表性成果之一是复旦大学新闻学院裘正义的博士论文——《大众传播与中国乡村发展》；其二是陈崇山等编写的《媒介·人·现代化》一书，其中有相当部分涉及乡村社会；其三是中国社科院新闻所王怡红的硕士论文——《论农业新技术传播》，以罗杰斯的"创新—扩散"模式为理论参照，以天津武清县等为研究样本，分析了我国农村居民采纳新事物的过程②；其四是戴元光教授主持的传播与西北人文化观念变革研究。其成果《撞击下的浮躁与选择——当代中国西北人的文化价值观》（兰州大学出版社 1993 年）认为西北人在传播的影响下处在文化的十字路口，显得"浮躁"，面临"选择"③。

第三阶段：1995 年至今，这个阶段新闻体制改革开始启动，网络传播出现，市场化、集团化、媒介经济、媒介素养等词汇被人们津津乐道，传媒的研究注意力再次被城市、全球化的语境所吸引，传媒与农村的研究依然没有形成热点。这个阶段目前主要也有以下一些研究成果：其一是由张宇丹主编的《传播与民族发展》；其二是复旦大学博士后方晓红（2002）在苏南主持调查并编写的《大众传媒与农村》，作者以定量的研究方法全方位分析了媒介对现代化建设发挥的巨大作用；其三是复旦大学郭建斌的博士论文《社会转型期大众传媒与少数民族社区——独龙江个案的民族志阐释》，作者从文

---

① 尤游. 社会转型期大众传媒在农村社区的角色分析. 上海大学博士论文，2006.
② 陈崇山，孙五三. 媒介·人·现代化. 北京：中国社会科学出版社，1997：30.
③ 尤游. 社会转型期大众传媒在农村社区的角色分析. 上海大学博士论文，2006.

化的角度对独龙江地区进行实地调查，并用深描的方式呈现独龙江人民使用大众传媒的情况以及大众传媒对当地的生活与权力结构变化的影响[①]。

　　以上的研究也体现出一定的时代规律。首先，大多数研究者都自觉地将自己的研究纳入传统——现代的发展理论框架之中，探讨媒介对农村发展的影响。比如，陈崇山、裘正义、张学洪、方晓红等人的调查，其共同遵循同一个理论内核；其次，研究者在梳理媒介与农村发展的关系问题上，存在两道截然不同的观点，一是对于传播积极效果的乐观，李良荣教授对方晓红的研究给予了这样的肯定，"方晓红教授领衔所做的调查以详尽的数据令人信服地证明：大众传媒对于农村的政治、经济、文化建设具有重大的作用，'大众传播媒介是江苏农村先导性增长的推进器'。"台湾著名学者汪琪教授称戴元光的研究是所见到的研究西北文化与传媒关系的最生动的一本书，美国著名学者朱谦教授认为戴提出西北人"浮躁"而面临"选择"的见地非常"绝妙"。二是对于传媒给乡村社会带来的消极影响的担忧，其重点在传媒危及传统文化方面。不过客观而言，在这两种观点中，对媒介的肯定占了绝对的上风或者主流；而就研究方法而论，所有的研究（郭建斌除外）均采用定量分析的研究方法，其主要的数据采集方式是问卷式的抽样调查以及问卷回收后使用统计工具进行统计分析。[①]总而言之，上述研究中虽然有具体的实践和实证研究材料，但往往流于表面和形式上的陈述，缺乏本质上的、规律性的探索。

　　近几年来，从新闻传播学期刊上发表的文章数量看，大众传播与农村研究又有"升温"的迹象，部分原因是"新农村建设"的政治议程对学术议程影响的表现。在大众传播在新农村建设中的作用研究中，陈力丹（2006）认为，媒体在新农村建设中的主要作用正在从单纯的"反映"功能到建设性作用过渡，所谓建设性报道，是能够对实施农村的现代化起到积极作用的报道。也就是说，媒体不

---

① 尤游. 社会转型期大众传媒在农村社区的角色分析. 上海大学博士论文, 2006.

能仅满足于一般的沟通消息，而要成为改变农村落后观念意识的理性力量。候博、谭英、奉公（2006）的《电视文化传播及其在新农村建设中的作用——来自全国 27 个省市区农户的调查报告》中采用面对面进行问卷调查的方法采集数据，了解农村电视信息服务需求、现状和存在的问题，为探讨电视文化传播在新农村建设中的作用提供了第一手资料；李红艳（2006）的《关于乡村传播与新农村建设的几点思考》从乡村传播与乡村社会学的兴起、乡村传播对于中国社会发展的意义以及乡村传播与新农村建设三个方面论述了乡村传播与新农村建设之间的关系。

2.4　关于大众传媒与社会公正的研究

2.4.1　大众传媒在推进社会公平正义中的功能

现代社会，新闻媒体参与社会公正建设的主要功能是：引导社会公众正视与关心社会公正，以新闻媒体特有的形式介入和影响社会公正问题。其方式主要表现为在公众设置社会公正的媒介议程中，利用新闻媒体传播社会公正的现代公民社会理念，新闻媒体对社会公正问题具有矫偏匡正作用（程粉艳，程刚，2004）。丁柏铨（2008）认为，作为联系社会各个群体和众多个体的公共平台，新闻传媒在 3 个层面上可以有较大作为：其一，以符合新闻传播规律的方式，为正确合理的公平正义观念的广泛传播鼓与呼，充当社会公平正义的"鼓动者角色"；其二，在确保社会公平正义得以推行的制度层面，新闻传媒可以大有作为，担当"推动者角色"。例如，新闻媒体可以在合理制度的建立、健全方面起到广纳意见、建言献策的作用；其三，在社会公平正义的实践层面，新闻媒体有发挥自身潜能的广阔空间，成为"行动者角色"，为各阶层的公民提供大致平等的媒介话语权①。陈艳彩（2008）认为，坚持公平正义是传媒实现公信力的价值取向和行为基础，也是传媒业开发、利用和优化社会资源，提高公信力的重要保证和途径；维护公平正义是媒体公信力的基本要

---

① 何涛. 大众传媒与社会公平正义理论研讨会综述. 当代传播，2008（5）.

求，新闻媒体作为"社会公器"，它代表全社会最大多数人的共同利益，以维护整个社会的公平正义为己任，这也是新闻传媒的基本属性；坚守公平正义是媒体公信力建立的职业使命，传媒一旦失去公信力，也就意味着最终将失去受众的信赖和支持，结果是失去受众市场，无法生存①。南长森（2008）则认为，公众言论自由表达是社会公平正义的前提，公平正义是社会言论自由表达应当坚守的原则。大众传媒的社会舆论控制与公众言论表达公正性有着内在的逻辑联系。传媒生态保持可持续发展，其中提高媒介的公信力，正确引导社会舆论、帮助政府化解矛盾、协调社会是其主要目的，而坚持实事求是、公平正义，实现舆论导向与党和政府保持高度一致是其新闻专业主义和新闻职业道德的共同追求，也是构建和谐社会和舆论环境的共同目标①。

2.4.2　舆论监督与信息公开对于社会公正实现的作用

社会对公众知情权的尊重程度既是检验执政者自信程度的因素，也是对社会公平与正义现实状况的体现。陈力丹教授（2010）认为，公众有对权力组织的"知晓权"，即公众有通过传媒了解政府工作的法定权利。新闻工作者的采访权和报道权是公民言论出版自由权利的延伸，今后出台的新闻法需要规定宪法第 35 条公民言论出版自由权如何实施，进而保障新闻工作者的权利。刘行芳（2008）对此作了进一步论述，要维护社会福利的普遍公平，必须依靠信息公平来实现；同时，信息透明是社会公平正义的基本前提和重要保障。只有媒体获得主动监督社会强势力量和垄断机构的权利，及时揭露不公与不义的企图和行为，人类期盼的公平正义社会与国家的长治久安目标才有可能实现。如果信息不透明，人民不知情，有话无处说，传播无通道，就一定会造成整个社会信息阻滞，互不了解，疑窦丛生，猜疑重重，缺乏信任，不仅所谓"民主"、"自由"会成为泡影，公平正义缺失也不可避免。南长森（2008）从媒介生态学角度阐述了信息公开的意义，媒介发展过程中受众地位不断提升和政治上人民当家作主在行为对象上具有相通性，媒介生态文明在不断地提升着政治文明的主体——人民参与传播活动的质量，进而推动以人民当家作主为主旨的政治文明。因此，政府以及全社会应当将社会信息不断地公开透明，这样不但可以提高政府的公信力、改善政府形象，更有利于社会的公平民主正义[①]。

2.4.3 关于平衡报道及消除媒介歧视

丁柏铨（2007）认为，目前媒介的现实情况令人堪忧，存在种种弊端：（1）某些媒介因对商业利益的过度追求而损害社会公平正义，造成在媒介资源、话语权支配、知情权上不公平、不对称的问题；（2）媒介资源的配置严重不平衡，农村受众和弱势群体被严重忽视和边缘化；（3）一些媒介从业人员以受众经济收入为区划，潜意识中存在着偏见和歧视；（4）某些媒体所用言辞隐含歧视之意；（5）受众认为媒体履行舆论监督的力度不够，舆论监督职能发挥得不到位[②]。

陈艳彩（2008）认为，传媒资源向强势群体倾斜的同时，就是对弱势群体的媒介接近权、知情权和话语权的公开侵害和剥夺，这实际上是一种传媒歧视，将造成社会信息资源分配的不均衡和信息接收的不平等，加大了信息富有者和信息贫困者之间的"信息贫富差距"。久而久之，它将使新闻媒体成为金钱和权利的奴隶，丧失了作为社会公器的功能，破坏了社会的公平正义，侵蚀和动摇了新闻事业的根基。研究者认为消除歧视是传媒参与构建和谐社会的使命。从本质上说，传媒歧视是因政治、经济和文化地位等的不同而形成的社会分层的体现，也是一种基于传播权利结构不均而导致的信息接受上的不平等，并体现了某种社会刻板印象或错误看法。从传播学的社会责任理论观之，新闻媒体作为公共领域的构建者，必须在现存法律和制度下自我约束，对社会和公众承担并履行一定的责任和义务，媒体传播的信息应该符合真实性、正确性、客观性和公正性等专业标准，包括不能传播种族歧视等不良内容，这是成熟媒体的标志和追求。从长远来看，传媒歧视不仅影响和扭曲大众对被歧视地区及群体的社会认知和社会印象，加剧社会隔膜与偏见，更会

---

① 何涛. 大众传媒与社会公平正义理论研讨会综述. 当代传播，2008（5）.
② 丁柏铨. 新闻传媒：社会公平正义的推动力量. 新闻前哨. 2008（8）.

严重破坏大众传媒的社会责任并丧失其宝贵的公信力①。

要消除媒介歧视，媒介就需要关注弱势群体，增强农民的话语权。应当说，大众媒介作为社会公共资源应归全民所有，人人都应该拥有媒介话语权，但事实并非如此。农村弱势群体基本上处于失语的状态，他们在媒介话语权的争夺中被边缘化。其原因有：（1）我国社会的阶层分化以及城乡二元社会结构使得农村弱势群体在经济、社会地位和媒介资源的占有使用上都就处于弱势地位；（2）吸收和运用媒介信息能力的低下导致农村弱势群体没有主动争取话语权的观念和积极性；（3）大众传播事业的产业化、商业化趋势导致农村弱势群体的话语权被边缘化，而社会强势群体拥有媒介的控制权，拥有主要的话语权，引领媒介发展潮流，决定社会舆论导向。正如喻国明教授（2007）所说："商业的介入，使得某些媒介更多地是去迎合受众而不是引导受众，媒介市场竞争的压力越来越大，迎合的趋势越来越明显。弱势群体由于在经济地位、消费能力上的劣势，可能就会被排斥到媒体的报道范围之外"②。因此，"现代社会的媒体最重要的责任就是，应当成为信息不对称社会中的一个平衡者和社会的守望者"③。

2.5　社会公正、媒介正义和农民工报道

关于农民工报道，目前还未形成系统、科学的理论，在中国国家图书馆以及超星数字图书馆、北大方正 Apabi 电子图书库进行搜索，尚无发现专著出版。目前关于农民工报道的研究成果主要集中于期刊论文以及学位论文。我们以"农民工报道"作为检索词，分别匹配标题字段和关键词字段在中国学术期刊网、中国优秀博士学位论文全文数据库、中国优秀硕士学位论文全文数据库、中国重要会议论文全文数据库进行搜索，获得相关期刊论文 33 篇，会议论文 3 篇，硕士论文 9 篇，未见博士论文。期刊论文中关于农民工报道

---

① 何涛. 大众传媒与社会公平正义理论研讨会综述. 当代传播，2008（5）.
② 吕屏，黄莉. 论构建和谐社会中媒体的角色困境. 重庆大学学报（社科版），2005（6）.
③ 喻国明. 媒体也是弱势群体. http://news.hexun.com/2008-11-22/111527704.html.

的研究主要包括：

（1）对农民工人文关怀方面的研究

针对农民工在传播中的弱势地位，有研究者从传播权、知晓权、媒介接触权三个方面分析农民工应该拥有的权利，认为媒体只有在"报道思想上重视弱势群体"，在"报道内容上增强弱势群体的贴近性"，在"报道主题上多趋向弱势群体的利益诉求"，才能报道好弱势群体的利益（杨敦显，2005）；并且我国目前的弱势群体报道已经达到了"规模宏大"、"具有深度"、"效果显著"等特点。同时作为"非常重要的新闻资源"（彭博，彭菊华，2004），还有学者提出了反面的声音，认为大众媒体在报道农民工的过程中缺乏人文精神，造成了对农民工的媒介歧视，"一些媒介不仅没有用人文关怀的精神去帮助、感化农民工养成都市生活所要的生活习惯，却以嘲笑、丑化、失真的方式揪其一点、不及其余，把他们身上不好的局部不断放大，在社会语境内制造无知、没有教养、狭隘、低人一等的农民工形象，并在公众心目中使之扎根"（王瑛，2006）。

（2）关于农民工媒体形象再现以及"妖魔化"农民工的研究

此类研究大多采用内容分析法对相关媒体报道进行量化研究，从版面位置、报道主题、报道倾向、报道视角等方面分析媒体农民工报道的总体状况以及其中存在的问题。张鹏（2006）认为："不同的媒体从各自立场出发建构农民工形象，《人民日报》、《农民日报》分别从政府、农民工立场建构了农民工沐恩者、成功者的形象；《新民晚报》、《扬城晚报》、《羊城晚报》三报站在市民立场，对农民工进行了扭曲再现，农民工成了出尽洋相的小丑，地位低下的倒霉蛋，为非作歹的恶棍"。某些媒介对农民工群体进行了"妖魔化"报道（金冠军、冯光华，2004），农民工被描述为违法犯罪者、野蛮粗俗者、愚昧无知者、城市秩序破坏者等与现代城市文明相对立，对城市社会正常运行构成强大威胁的"敌对力量"（黄达安，2007）。有的文章对这种刻板形象形成的原因从权力与霸权理论角度进行了阐释，陈慧的《农民工在"珠三角"地区媒体上的形象再现研究》、赵敏的《农民工形象的传播学研究—以＜人民日报＞、＜农民日报＞和＜中国青年报>为例》、李艳红的《一个"差异人群"的群体素描与社会身份建构》、乔同舟和李红涛的《农民工社会处境的再现》等均属此类。

（3）对农民工话语权的研究

丰帆（2005）通过对农民工报道进行内容分析和话语分析发现：精英结盟掌控了大众媒介的话语权，以农民工为代表的社会弱势群体则处于失语状态。罗真（2010）认为决定农民工话语生产的主导力量是政治权力，但是媒体话语的生产也受以下因素的影响：农民工、媒体的价值取向以及媒体的专业特性。

（4）从传播学角度探讨媒体农民工报道中体现的传播学原理，包括媒介议程设置和传播服务等

赵敏（2005）在《农民工报道的传播学研究》提出，媒介通过议题设置功能完成了对社会环境的再加工，因为农民工的消费能力差，媒介在自觉不自觉中剥夺了他们的媒介传播权。也有研究表明媒介在农民工城市化过程中起到了积极作用，汤晓羽（2005）从传播服务角度研究发现城市农民工的聚居方式有利于传播，大众媒介在缩短农民"变"市民的进程方面，要提供满足其需要的信息，在农民工与媒体之间建立良性互动。滕朋（2009）研究了大众传播和农民工城市认同的关系，认为大众媒介能够充当城市原居民与农民工之间互动的中介，并影响现实中的互动。

我国对媒介在农村社会公正推进中的作用研究非常分散、零碎而不成系统，这也与中国传媒界学者各自为政、闭门搞自己的研究，缺乏讨论交流的合作气氛的学术氛围密切有关。三农问题很早以来就成为中国的社会难点、焦点问题，而农村公正问题又是焦点中的焦点。但是，理论界对此所做的研究仍然存在很大的局限性，很多问题也并未得到深入研究。

第3章 主流媒体农民工报道的发展脉络：
以《人民日报》为例

3.1 农民工报道的概念

本书所称农民工报道不是一个严格概念，指的是与农民工相关的所有新闻报道，就体裁来说包括消息、图片、通讯、评论、读者来信、访谈等等各类报纸媒体上出现的新闻体裁。在具体研究时，把《人民日报》上刊登的有关农民工的理论性文章和政策文件及其解读，也纳入分析视野，因为这些内容不仅在报纸上刊登，而且紧紧围绕时事热点，及时而全面地配合了有关新闻的发布，对本研究具有一定的价值①。

3.2 农民工报道的发展历程：以《人民日报》为例

我国媒介报道中对于农民工的报道始于 1980 年，至今已经有30 多年的历史，报纸、广播、电视、网络等媒介纷纷介入对农民工的报道。在这些媒介中，能够反映主流意识形态的当属报纸，《人民日报》作为"中国第一大报"，在对农民工的报道中也起到了重要的引领作用，其报道时间较早、报道视角比较全面、报道历程无中断，尤其是在 80 年代及 90 年代早期中国传媒相对单一的时期，《人民日报》无疑是我国最重要的报纸媒体。因此，本书选择《人民日报》作为研究对象，从《人民日报》30 年来农民工报道的变化来关注媒

---

① 沈亚英.《人民日报》农民工报道研究. 西北大学硕士学位论文，2007.

介在农民工公正待遇实现过程中的作用。

3.2.1　媒介报道中农民工称谓的变化

（1）媒介报道中农民工的 14 个称谓

通过在《人民日报》图文数据库做前期检索发现，从 1980 年到 2010 年的这 30 年报道中，《人民日报》中关于"农民工"的报道称谓涉及 14 个，包括民工、农民工、农民合同工、流动人口、流动人员、暂住人口、暂住人员、外来人口、外来人员、外来工、外来务工人员、打工仔、打工妹、盲流等。作者以这 14 个称谓作为"检索词"，在《人民日报》图文数据库"标题"字段中进行检索，统计各个称谓在标题中出现的总数量，从而分析媒介在农民工报道中使用的称谓变化，具体统计结果如表 3-1 所示：

表 3-1　《人民日报》标题信息中有关"农民工"群体词语称谓分布（单位：篇）

	最早出现（年份）	出现最多两个年份		总词频数
民工	1947	2003（101）	2004（80）	687（1980 年后 433）
农民工	1982	2007（219）	2006（207）	1202
农民合同工	1981	1984（2）	1986（2）	13
流动人口/人员	1980	1995（10）	2004（9）	95
暂住人口/人员	1985	1995（3）	1996（3）	17
外来人口/人员	1994	1997（6）	1999（5）	38
外来工	1997	2004（20）	2005（20）	49
外来务工人员	1999	2002（3）	2004（3）	12
打工仔	1992	1994（8）	1995（8）	48
打工妹	1992	1995（5）	1996（5）	32
盲流	1988	1989（2）		8
三无/"三无"人员				0

注：本表参考了闫志刚的著作《社会建构论视角下的社会问题研究》[①]。

上述统计数据表明，在有关"农民工"的 14 个称谓中，"农民工"和"民工"是使用最多的两个词汇，合计约占总数的 85.8% 左

---

① 闫志刚. 社会建构论视角下的社会问题研究. 北京：中国社会科学出版社，2010.

右；其他的词汇使用较少，并且持续时间较短，合计约占总数的14.2%。下面我们将这14个称谓分作三类，具体分析其使用情况。

其一，"民工"称谓的使用情况

根据对《人民日报》报道标题的主题搜索，所有对农民工这一特定群体的词语中，只有"民工"一词在1980年以前出现过，其他称谓都是在1980年后才出现。在1980年以前，《人民日报》标题中含有"民工"称谓的检索记录有254条，而1980年后的记录则为433条。最早的"民工"一词出现在1947年的《人民日报》的标题报道中，来自陈毅将军在华东人民解放军干部会上作报告时的一段话，陈毅特别提出将"民夫"改为"民工"，因为"'民夫'是统治阶级奴役人民的一种轻贱的旧称呼，与我们劳动人民服务前线的自由劳动的新内容大不相称，应考虑改变"①。这种改变，在当时的话语环境中，体现了人民军队与人民大众的平等同志关系。

改革开放之前，民工群体主要以两种集体形象出现在党报中。解放战争时期，"民工"主要为部队的支前人员。陈毅的讲话中由"民夫"改称的"民工"就是这种支前民工。在一般大众印象中，《淮海战役》电影中肩挑手扛运送物资和满身泥泞修筑军事工程的人民民众就是"民工"。在国家和平建设时期，"民工"则主要指水利建设、公铁路建设等基础工程和建设项目中被政府或集体征用的农村劳动者（一般被称为"建勤民工"）。对《人民日报》在这期间的报道检索可以查询到"支前民工"、"水利民工"、"治水民工"、"治淮民工"等称谓，这些不同的"前缀"也反映了"民工"在此期间的国家建设者角色。

改革开放以后，1983年3月9日《人民日报》出现了第一条符合本书研究界定的"民工"标题新闻信息：

"建筑业劳动制度重大改革，部分民工代替专业施工队伍"

——《人民日报》1983年3月9日）

这里面的"民工"主要就是建筑工程中的"农民合同制临时工人"，这条正面报道的目的是为1984年以来城市用工制度变革进行

---

① 《如何爱护组织民工》.《人民日报》，1947-11-10（2）.

舆论宣传。从此以后建筑民工成为进城民工的主要组成部分，尤其在 1989 年的民工潮、2003 年拖欠农民工工资及民工跳楼讨薪事件中，"民工"这个群体被特别凸显出来。

其二，"农民工"称谓的使用情况

《人民日报》中的"农民工"一词最早出现在 1982 年 1 月 31 日报道的标题信息中：

"干部带头清退自己安排的亲友，安徽十万多农民工返乡务农"
——《人民日报》，1982 年 1 月 31 日

结合上述政策文本分析，这条报道里的"农民工"是指"来自农村的计划外用工"。这里的"农民工"很明显是以一种稍有一些负面的、被计划经济体制排斥的群体形象出现。

就"民工"和"农民工"的主体称谓来说，1980 年以来，无论是政策文本还是媒介话语更多用"民工"而不是"农民工"来指称这个群体。从 1980 年到 2002 年年底，《人民日报》有关"农民工"的标题信息只有 29 条，而"民工"的标题信息有 210 条。一般而言，在强调农村和农民身份特征时，才采用"农民工"表达。2002 年以后"三农"问题得到更多关注，政策文本开始较多采取"农民工"指称，"农民工"成为媒介话语使用的高频词汇。2004 年《人民日报》标题信息检索结果显示"农民工"一词使用第一，超过"民工"一词（2004 年"民工"标题检索数为 78 条，"农民工"标题检索数则达到 132 条）。其后各年中"农民工"称谓均超过"民工"称谓。公众话语从 2005 年开始质疑"农民工"一词的合法性，认为其带有强烈的歧视性色彩。因而，《国务院关于解决我国农民工问题若干意见》于 2006 年发布，专门对使用"农民工"称谓做了说明[①]：

通过政府部门对"农民工"称谓合法性和权威性的赋予，有关

---

① 国务院研究室负责人就《若干意见》答记者问. 新华网, 3-28, http://new9.xinhuanet.com/politics/2006-03/28/content-4354231.htm. 主要内容包括：《若干意见》采用"农民工"称谓，是经过反复研讨斟酌、听取多方面意见后确定的。一是采用农民工称谓，既能包括进城务工的农民，也能包括异地或就地转移到乡镇企业就业的农民；二是农民工是中国工业化、城市化过程中的特殊群体，将在一个相当长的时间内存在；三是这一称谓已约定俗成，比较准确，比较贴切；四是党中央和国务院相关文件中都有过农民工称谓，也有依据。"

讨论告一段落。进入 21 世纪后,"弱势群体"、"新产业工人"、"新市民"则成为农民工群体三个新的指称符号。

其三,关于农民工群体其他称谓的使用

"流动人口"、"外来户"、"暂住人口"等称谓与"民工"称谓在很短的一些特定时期里的政策文本与媒介话语中经常出现交叉。1988 年及以前,"流动人口"、"暂住人口"这些政策概念未与民工群体建立必然联系;而在 1989 年的"民工潮"及以后一段时期内,民工的"流动"特征被强调,同时还出现了"盲流"这一污名化指称;1995 年政府开始全面施行暂住证制度,其政策对象主要是以民工为主体的流动人口,民工作为暂住、外来人口的主体形象被凸显,后来各种地方法规和制度不断强化了这种指称关系。一些学术研究也开始将"民工潮"归结成"现代流民"进行研究。

"打工仔"、"外来妹"是 1991 年由《外来妹》电视剧热播时形成的称谓,由于电视媒介的强大影响力,"打工仔"、"外来妹"这套符号话语形成了较为广泛的媒介话语和公众话语。这些称谓的出现,同时也表明 90 年代民工群体的性别构成和年龄构成发生显著变化,即女性民工和年青民工比例增加,民工群体构成呈现多样化的趋势。此外,《人民日报》标题检索中未发现"三无人员"的称谓,但在相关的全文内容检索中,发现在特定的历史语境下,该称谓与民工有密切的文本关联。例如《人民日报》2001 年 2 月 14 日"关注流动人口犯罪"的报道:

"办证"是一名外来工到达城市后最迫切、最重要的一件事,因为按规定,没有证就找不到工作,就会成为"三无人员",就时刻会被遣送原籍(《人民日报》2001 年 2 月 14 日)。

3.2.2 农民工报道的内容分析:以《人民日报》为例

本书选择《人民日报》作为研究的对象基于以下原因:首先,《人民日报》作为国家机关的党报,及时全面地报道了国家的一些相关政策,我们可以全面地了解在农民工问题上我国媒介的发展进程及我国政府的态度、政策;其次,《人民日报》作为国家级的综合性日报,报道范围比较广泛、报道对象涵盖社会各个层面,其社会影响力也很大；最后，《人民日报》的资料保存完整，《人民日报》全文数据库中收录了从 1946 年至今的报纸，基本上无间断，便于进行历史研究。

为了对 1980～2010 年这 30 年来《人民日报》关于农民工的报道的情况有一个初步了解，本节先要对相关报道的数量及其主题的历史变化以及版次、体裁等方面做一个粗略的勾勒，同时这些变化轨迹也是后文分析的重要基础。

（1）农民工报道的总体趋势

本部分选取《人民日报》图文全文数据库作为研究对象，检索日期从 1980 年 1 月 1 日开始，截止到 2010 年 12 月 31 日结束，历时 30 年。通过前期检索发现，在《人民日报》全文数据库中，有关农民工的称谓主要包括"农民工"和"民工"，并且两者的检索结果完全不同，因此检索关键词设定为"农民工"+"民工"，即包含"农民工"或者"民工"。由于正文中涉及"农民工"或者"民工"的报道数量太多，且一些报道中该词仅仅是一笔带过，并非其报道重点，所以本书在统计数量趋势时不统计正文中包含"农民工"的文章，而是统计在文章标题中使用"农民工"的文章，因为该类文章表明"农民工"已经作为主要关注对象进入媒体视野，比单纯在正文中提及更能够体现媒体关注程度的变化。

通过检索结果显示农民工报道数量呈现逐渐增长的总体趋势，具体检索数据见表 3-2。

从表 3-2 中我们可以很直观地看出 1980 年以来《人民日报》农民工报道在数量上的变化趋势：从 1980 年到 2001 年，《人民日报》农民工的报道总体上呈现缓慢增长状态，其间基本上维持在每年几篇的水平，仅仅在 1989 年出现了一个小高潮，达到了 13 篇，之后又继续下滑。1994 年农民工报道开始进入迅速增长时期，仅 1994 年就有 33 篇，比 1993 年的 11 篇猛增了 3 倍之多，1995 年 29 篇，之后基本上维持在每年十几篇的水平。2002 年报道数量开始激增，达到 36 篇，2003 年 151 篇，2004 年 309 篇，每年均以翻番的速度增长，数量基本上维持在每年 300 篇左右的水平。从这种变化趋势可以看出在 30 年的历史发展时期内，农民工报道数量从少到多，发展速度由慢到快，这种变化正好典型地反映了一种从出现、其间经历起伏、最后逐步稳定的报道发展过程。

表 3-2 "民工"标题检索信息量统计表（单位：篇）

时间	农民工	民工	合计	时间	农民工	民工	合计
1980	1	1	2	1996	0	7	7
1981	0	4	4	1997	2	10	12
1982	1	0	1	1998	3	11	14
1983	1	2	3	1999	2	6	8
1984	0	4	4	2000	0	10	10
1985	1	0	1	2001	1	16	17
1986	1	3	4	2002	9	27	36
1987	0	6	6	2003	50	101	151
1988	1	7	8	2004	197	112	309
1989	1	12	13	2005	168	77	245
1990	0	5	5	2006	251	30	281
1991	0	9	9	2007	251	21	272
1992	0	6	6	2008	142	10	152
1993	1	10	11	2009	137	9	146
1994	1	32	33	2010	111	7	118
1995	2	27	29	合计	1335	582	1917

（2）研究对象的范围和样本的选择

①研究范围的确定

本书研究的时间范围从 1980 年 1 月 1 日开始，截止到 2010 年 12 月 31 日结束，共计 30 年。

②研究样本的选择

通过以"民工"或者"农民工"作为检索关键词在标题字段检索发现：1980 年到 2002 年农民工报道数量比较少，合计为 243 篇。因此，在进行内容分析的时候本书选取此阶段的全部样本作为分析对象。而 2003 年至 2007 年样本数量比较大，每年基本上维持在 200 篇至 300 篇之间，2008 年至 2010 年则维持在每年 100 多篇的水平，因此对 2003 年至 2010 年这一时期的内容分析中,本书采取系统抽样方法。在对报纸进行系统抽样时,我们按照日期排序抽取,同时尽量避免周期重复。经过前期查询,《人民日报》这 8 年的 1 月 1 日在周期上基本没有重复,因此都可以 1 月 1 日作为时间起点。

具体操作方法如下:

对 2003 年:从 1 月 1 日(周三)开始,每 8 天抽一天,共抽到 46 天,通过对这 46 天的检索,收集到 20 个样本。

对 2004 年:从 1 月 1 日(周四)开始,每 8 天抽一天,共抽到 46 天,通过对这 46 天的检索,收集到 43 个样本。

对 2005 年:从 1 月 1 日(周六)开始,每 8 天抽一天,共抽到 46 天,通过对这 46 天的检索,收集到 36 个样本。

对 2006 年:从 1 月 1 日(周日)开始,每 8 天抽一天,共抽到 46 天,通过对这 46 天的检索,收集到 39 个样本。

对 2007 年:从 1 月 1 日(周一)开始,每 8 天抽一天,共抽到 46 天,通过对这 46 天的检索,收集到 37 个样本。

对 2008 年:从 1 月 1 日(周二)开始,每 8 天抽一天,共抽到 46 天,通过对这 46 天的检索,收集到 21 个样本。

对 2009 年:从 1 月 1 日(周四)开始,每 8 天抽一天,共抽到 46 天,通过对这 46 天的检索,收集到 19 个样本。

对 2010 年:从 1 月 1 日(五)开始,每 8 天抽一天,共抽到 46 天,通过对这 46 天的检索,收集到 16 个样本。

因此,2003 年至 2010 年样本合计为 231 个。

通过以上取样,本次研究的样本总数量基本上可以确定:即 474 个样本。

(3)分析类别的确定

在进行前期试验性调查的基础上,确定分析的类别。

按照样本一般特征划分,可以分为报道时间、版次,报道体裁。其中报道选用体裁可分为:消息、通讯、图片、深度报道、评论、读者来信来电、人物访谈、理论文章、政策法规及解读以及其他,共计 10 类。

按照报道题材划分,可以分成 14 类,即民工流动、生活状态、工伤事故、政策法规、民工讨薪、违规行为及犯罪、职业培训、子女教育、春运、社会关系、权益保障、社会救助、优秀人物和工会组织。

（4）资料统计与分析

在进行资料分析的时候，因为1980～2002年为全额统计结果，而2003年至2010年则为抽样统计结果（每8天抽取一份报纸），为了保证分析结果的一致性，本研究在进行有关数据分析的时候，对2003年至2010年的结果按照乘以8进行统计。具体统计结果如下：

①版次分析

根据统计结果，可以对农民工报道的版次进行分析：

表3-3　1980～2010年《人民日报》农民工报道版次统计表（单位：篇）

阶段	版次	1版	2版	3版	4版	5版	6版	7版	8版	9版	10版	11版	12版	13版	14版	15版
1980～1993	数量	19	27	2	3	11	3	3	4	2	3					
1994～2001	数量	28	33	3	4	9	2	0	3	20	8	16	4			
2002～2010	数量	106	220	47	30	232	238	69	52	58	246	58	18	143	134	79
合计		153	280	52	37	252	243	72	59	80	257	74	22	143	134	79
		522				626				433				356		

总体来看，《人民日报》每一个版面上几乎都有农民工报道，其中以第2版、第5版、第6版和第10版数量最多。进行归类统计的结果则是：1～4版出现522篇，5～8版出现626篇，9～12版出现433篇，总体来说分布显得比较均衡。分阶段来看，2版数量始终占据第一，1版、5版、6版和10版的数量在近8年内增幅较大；同时，13～15版是新增的农民工报道版面。

由此可见：农民工报道在《人民日报》各个版面都有分布，说明其报道形式的多样化趋势；1版报道数量逐年增加，从1980年至1993年的19篇增至1994年至2001年的28篇，在2002年以后则激增至106篇，这说明农民工报道的重要性日趋增强。

②体裁分析

表 3-4　1980～2010 年《人民日报》农民工报道体裁统计表（单位：篇）

阶段	体裁	消息	通讯	图片	深度报道	评论	读者来信来电	人物访谈	理论文章	政策法规发布	其他	总数
1980～1993	数量	31	7	2	3	6	4	2	15	6	1	77
	比重%	40.3	9.1	2.6	3.9	7.8	5.2	2.6	19.5	7.8	1.3	100.0
1994～2001	数量	35	13	5	12	22	17	5	16	3	2	130
	比重%	26.9	10.0	3.8	9.2	16.9	13.1	3.8	12.3	2.3	1.5	100.0
2002～2010	数量	849	186	305	49	172	22	12	32	43	39	1710
	比重%	49.6	10.9	17.8	2.9	10.0	1.3	0.7	1.9	2.5	2.3	100.0
合计	数量	915	206	312	64	200	43	19	63	52	42	1917
	比重%	47.7	10.8	16.3	3.3	10.4	2.3	1.0	3.3	2.7	2.2	100.0

　　经过统计发现，《人民日报》在 1980 年到 2010 年的 30 年中，报道体裁类型多样，总数达到 10 种，基本上包括消息、通讯、评论等所有报道体裁。1980 年到 1993 年之间，消息和理论文章所占比例较大，分别达到了 40.3%、19.5%。1994 年至 2001 年间消息依旧占最大比重，达到 26.9%；其次为评论和读者来信来电，分别为 16.9% 和 13.1%。2002 年到 2010 年之间，农民工报道采用体裁最多的是消息、图片和评论，其比例分别为 49.6%、17.8% 和 10.0%。从总体上看，在每个阶段，消息和评论都比较多，说明消息是农民工报道的主导型体裁，且《人民日报》非常注意发表评论，以此来引导公众舆论。第二个阶段与第一个阶段相比，群众来信来电比重增加，这说明第二个阶段《人民日报》开始注重与读者的互动。第三个阶段图片分量增加，说明《人民日报》开始注重报纸对受众的视觉冲击。

③题材分析

根据分析类别统计，《人民日报》农民工报道的题材分析如下：

在 1980 年至 2002 年的农民工报道中，对"民工潮"的报道占主流，达到 63.6%。1994 年至 2001 年之间，对民工流动的报道占据总数的 31.9%，对农村人口进入城市后，与城市和城市市民之间关系的报道占到 20.2%，这两种题材合计占报道总数的 52.1%。同时，也开始出现有关农民工的权益保障、农民工生活状态、政策法规、社会救助的报道。进入 2002 年之后，有关农民工流动的报道数量急剧下降，而农民工权益保障、农民工讨薪、农民工工会组织建设和农民工子女教育的报道比例明显上升，该阶段农民工报道的题材进入稳定状态，表现出以下四个特征：

表 3-5　1980～2010 年《人民日报》农民工报道题材统计表

类别\数量		民工流动	生活状态	工伤事故	政策法规	民工讨薪	违规犯罪	职业培训	子女教育	春运	社会关系	权益保障	社会救助	优秀人物	公会组织
1980～1993	数量	9	1	0	7	0	3	1	0	49	4	0	2	1	0
	比重%	11.7	1.3	0.0	9.1	0.0	3.9	1.3	0.0	63.6	5.2	0.0	2.6	1.3	0.0
1994～2001	数量	41	10	3	8	3	8	7	1	0	26	11	8	3	0
	比重%	31.9	7.8	2.3	6.2	2.3	6.2	5.4	0.8	0.0	20.2	8.5	6.2	2.3	0.0
2002～2010	数量	25	173	13	99	322	25	62	198	37	25	384	186	38	124
	比重%	1.5	10.1	0.8	5.8	18.8	1.5	3.6	11.6	2.2	1.5	22.5	10.9	2.2	7.3
合计	数量	75	184	16	114	325	36	70	199	86	55	395	196	42	124
	比重%	3.9	9.6	0.8	5.9	17.0	1.9	3.7	10.4	4.5	2.9	20.6	10.2	2.2	6.5

一是农民工的权益保障成为报道热点：在 2002 年至 2010 年的报道中，该类报道比例为 22.5%。同时，讨薪报道占到总数的 18.8%，再加上维护农民工权益的工会组织的报道 7.3%，三者共计 48.6%，基本上占所有报道总数的一半。

二是农民工子女教育关注度日益增长：其报道比例由第一时期的 0%，增加为第二个时期的 0.8%，再到第三个时期的 11.6%，上涨了 10 倍之多，体现出了该报对农民工子女教育的关注。

三是各级政府和社会逐渐加强对农民工的关怀和救助：其报道比例三个时期分别为 2.6%、6.2% 和 10.9%，由此可见该报对农民工的关怀和救助越来越重视，也显示出了社会对此的关注度不断加强。

四是对农民工的负面报道内容逐渐减少：《人民日报》对农民工的负面报道多出现于"工伤事故"和"违规犯罪"两类中，这两类的报道均为下降趋势，与第二个时期相比，第三个时期的比例明显下降，"工伤事故"类报道从 2.3% 下降到 0.8%，"违规犯罪"类报道从 6.2% 下降为 1.5%。

从上文内容分析的结果可见，《人民日报》30 年农民工报道呈现出报道数量不断增加、报道内容不断丰富、版面强势不断增强的总体发展趋势。其中，在 1980 年至 1993 年期间，该报农民工报道数量少，总数为 77 篇；报道内容单一，主要集中于"民工潮"及国家的清退政策等；报道位置不够重要，1 版报道数量仅为 19 篇。1994年至 2001 年报道数量缓慢增加，总数为 130 篇；报道内容开始丰富，与第一个时期相比，增加了对农民工生存生活的人文关注；报道开始受到重视，1 版报道数量增加为 28 篇。2002 年以后，农民工报道数量激增，总数达到 1710 篇；报道内容极为丰富，较第二个时期，又增加了农民工权益问题，涉及农民工就业、劳动培训、子女入学、医疗保障、社会保险等各个层面，从制度层面对农民工进行关注；报道已经受到报社高度重视，1 版报道数量增加为 106 篇。

3.3　农民工报道媒介分期标准的确立

本书结合国家对农民工的重要政策出台时间以及媒体对农民工的报道实践，创造性地将农民工报道分为三个媒介时期：1980～1993年的初始期、1994～2001 年的成熟期以及 2002～2001 年的鼎盛期。

3.3.1　有关农民工关键性政策的出台时间

农民工问题说到底是一个国家政策问题，不同时期国家政策对农民的认识决定了该时期农民工的命运，而媒介的报道实践在很大程度上也受制于国家政策的界定，因此本书将国家有关农民工重要政策的出台时间作为农民工报道历史分期的依据之一。根据国家有关农民工政策中具有里程碑式意义的政策出台，本书选取 1981 年、1994 年和 2002 年作为分期的时间节点。

（1）1981～1993 年：对农民工先拒绝后接纳、拒绝与接纳并行的双重政策

在 1980～1993 年的 12 年间，国家对于农民进城务工采取了先拒绝后接纳、拒绝与接纳并行的双重政策，其政策内容主要包括计划外用工的清退以及农民合同工的招用。

在对农民工的清理和清退方面，中共中央、国务院于 1981 年10 月 17 日发布《中共中央、国务院关于广开门路，搞活经济，解

决城镇就业问题的若干决定》①，1981 年 12 月 30 日，国务院再次下发《关于严格控制农村劳动力进城做工和农业人口转为非农业人口的通知》）②，这两个文件中，农村劳动力进城务工被界定为"计划外用工"，因此我国最早的农民工就是指"来自农村的计划外用工"，国家对他们的态度是拒绝的，政策核心是严加控制并予以清退。随着进城务工人数的持续增长，我国于 1989 年首次产生"民工潮"。为了遏制农民工进城，民政部、公安部 1989 年发出《关于进一步做好控制民工盲目外流的通知》，"盲目外流的民工"因其人数众多涉及面广而受到政府、大众传媒以及公众的强烈关注。

城市对农民工的接纳则主要体现在农民合同工的招用上，1984 年 1 月 1 日《中共中央关于一九八四年农村工作的通知》发布③，劳动人事部和城乡建设环保部则于 1984 年发布《国营建筑企业招用农民合同制工人和使用农村建筑队暂行办法》，这些政策为农民进城务工提供了制度化的保证，农民进城务工取得了"农民合同制工人"的身份。由此，这个时期的农民工就是"农民合同制工人"的一个简称。

（2）1994～2001 年：民工流动就业制度的实行

1994 年 11 月 17 日，劳动部发布《农村劳动力跨省流动就业管理暂行规定》，该规定把国家对农民工流动的控制和城市对农村劳动力的需要结合在一起，从而提出了"流动就业"这一新概念。根据这一规定，各级地方政府也结合本地方特点制定跨越本辖区的外来务工人员管理法规。由此，国家层面的民工流动就业和流动人口管理问题以及地方政府的外来务工人员和外来人口管理问题成为这一时期主要的政策议题。这些政策法规虽然旨在限制农村劳动力流动

---

① 该文件明确规定"严格控制农村劳动力流入城镇。对农村多余劳动力，要通过发展多种经营和兴办社队企业，就地适当安置，不使其涌入城镇。要严格控制使用农村劳动力，继续清理来自农村的计划外用工"，来自 http://www.people.com.cn/item/flfgk/gwyfg/1981/L35501198102.html。
②《通知》强调"要采取有效措施，严格控制农村劳动力进城做工和农业人口转为非农业人口"，来自 http://www.people.com.cn/item/flfgk/gwyfg/1981/L35901198106.html。
③ 该规定涉及农民进城的内容包括："一九八四年，各省、自治区、直辖市可选若干集镇进行试点，允许务工、经商、办服务业的农民自理口粮到集镇落户"，来自 http://money.163.com/10/0126/18/5TVO4HML002544P9.html。

就业，但政策本身也表明国家承认了农民在城市流动就业的权利，认可了农民工在城市就业的资格，农民工因而成为城市中一个新的就业群体，这表明我国对农民盲目外流的控制开始转变为对农民流动就业的有序化管理。

在国家这种政策策略下，农民工大量涌入城市，据统计，1994 年我国外出务工农民达到 6000 万，到 1998 年全国已达到一亿人左右。为了加强对农民工的管理，国家建立一套新的城市二元社会政策，来实现城市居民与农民工之间的分类和建构作用，对农民工不断地附加"外来""暂住"等身份标签，成为这一时期政策话语建构的基本策略。

（3）2002～2010 年：保障农民工合法权益

2002 年对于我国农民工是一个至关重要的年份，这一年国家出台数项政策来保障农民工的合法权益，自此农民工得到了国家制度层面的认可。2002 年朱镕基总理在《政府工作报告》中把农民工归入"弱势群体"，提出"对弱势群体给予特殊的就业援助"，农民工也逐渐成为社会苦难与底层的象征。劳动部、社会保障部于 2002 年 4 月 1 日发布《关于开展民工权益保护专项监察活动的紧急通知》，标志着国家开始从政策层面来关注农民工权益保护问题并采取具体的政策行动。2002 年 4 月 13 日，国务院就河北省高碑店市农民工苯中毒事件进行全国通报，劳动和社会保障部据此发出《关于开展民工权益保护专项检查活动的紧急通知》，该通知强调要改善农民工的工作条件，保护农民工的身体健康。

2003 年"孙志刚事件"促使政府废除了实行近 20 年的主要针对农民工群体的《城市流浪乞讨人员收容遣送办法》，年底温家宝总理替农妇熊德明讨薪引发了一次全国性的"清薪风暴"，国务院办公厅于当年 11 月 22 日印发了《关于切实解决建设领域拖欠工程款问题的通知》。2004 中央"一号文件"《中共中央国务院关于促进农民增加收入若干政策的意见》中首次明确提出"进城就业的农村劳动力已经成为产业工人的重要组成部分"。2006 年 3 月 27 日国务院《关于解决农民工问题的若干意见》则是一份推进农民工市民化进程的纲领性文件，就农民工工资、就业、社会保障、户籍管理制度改革和土地承包权益等方面制订了具体措施，有效地维护了农民工权益。

这一时期的国家政策已经认可了农民工的"弱势群体"、"产业工人"的合法地位，对农民工的就业、子女教育以及社会保障等方面都从制度上给予了保障，既显示了国家对农民工关心、保护和关爱的态度，也标志着我国农民工问题正在步入制度化的解决通道。

3.3.2 媒介农民工报道实践：以《人民日报》为例

对我国农民工报道的有关资料收集，《人民日报》是资料保存最全的报纸，其报道历程跨越了农民工从开始流动至今的全部时期，所以在历史分期的划分中，本书以《人民日报》有关农民工报道实践作为分期标准。

（1）《人民日报》最早出现的农民工报道

从源头上看，从"农民工"作为独立表意的词语在中国的媒体上首次出现至今至少已有 30 年的历史。社会学界认为，"农民工"一词首次出现于 1984 年中国社科院教授张雨林在《社会学研究通讯》上发表的一篇文章①，但是根据对《人民日报》图文数据库的检索，早在 1980 年 8 月 19 日《人民日报》中《为什么常州市劳动力显得不够了》的正文部分中就第一次明确运用"农民工"报道称谓，有关报道内容如下：

此外，从严控制征用郊区土地，减少征地农民工进城，大量压缩城市中的计划外农民工。去年一年，共清退计划外农民工 9，000 多人，占全市计划外农民工总数的 65%②。

而《人民日报》中第一条在标题里含有"农民工"的报道则出现于 1982 年 1 月 31 号，即《干部带头清退自己安排的亲友，安徽十万多农民工返乡务农，城乡配合做好思想工作，解决农民工回乡后的困难》，有关报道内容如下：

安徽省通过端正党风、抓各级干部的表率作用，半年时间里就动员了 10.24 万名农民工返乡务农。……

---

① 陆学艺. 农民工称谓解析. 人民日报，2007，4（30）：10.
② 为什么常州市劳动力显得不够了. 人民日报，1980-8-19.

农民工的清退，带来了很多好处。……全省清退 10 万农民工，每年可节约工资支出 7,200 万元，粮食 400 多万斤。同时，还解决了部分待业青年的就业问题。

目前，安徽省委正继续采取措施，决心把清退农民工这项工作抓到底。[①]

鉴于以上发现，本书确定将《人民日报》最早报道农民工的 1980 年作为研究农民工报道分期的起点。

（2）报道数量上的变化趋势

自从《人民日报》1980 年开始报道农民工之后，该报 30 年来就持续不断地对农民工进行报道，其数量呈现逐年递增的趋势，如下表所示：

表 3-6　"农民工"、"民工"标题检索信息量统计表（单位：篇）

时间	农民工	民工	合计	时间	农民工	民工	合计
1980	1	1	2	1996	0	7	7
1981	0	4	4	1997	2	10	12
1982	1	0	1	1998	3	11	14
1983	1	2	3	1999	2	6	8
1984	0	4	4	2000	0	10	10
1985	1	0	1	2001	1	16	17
1986	1	3	4	2002	9	27	36
1987	0	6	6	2003	50	101	151
1988	1	7	8	2004	197	112	309
1989	1	12	13	2005	168	77	245
1990	0	5	5	2006	251	30	281
1991	0	9	9	2007	251	21	272
1992	0	6	6	2008	142	10	152
1993	1	10	11	2009	137	9	146
1994	1	32	33	2010	111	7	118
1995	2	27	29	合计	1335	582	1917

---

① 干部带头清退自己安排的亲友，安徽十万多农民工返乡务农，城乡配合做好思想工作，解决农民工回乡后的困难. 人民日报, 1982-1-31.

从上表中我们可以很直观地看出 1980 年以来《人民日报》农民工报道在数量上的变化趋势：从 1981 年至 1988 年，农民工报道数量较少，基本上维持在每年几篇的水平，1989 年因"民工潮"的出现激增为 13 篇，1990 年又继续回到 5 篇的水平，说明该时期农民工尚不是媒介的重点报道对象。这一时期，农民工报道数量不但少而且发展缓慢，经过 12 年的发展依旧徘徊在每年几篇的水平，这一趋势表现为一种新报道发展的初始期。

1994 年农民工报道数量剧增到 33 篇，之后基本上维持在每年十多篇的数量上，且呈现逐步增加的趋势，到 2001 年已经达到 17 篇，基本上是前一个时期的两倍之多，这种发展趋势显示农民工报道进入成熟期。

进入 2002 年，《人民日报》农民工报道进入直线上升时期，2002 年达到 36 篇；2003 年基本上翻了 5 倍，达到了 151 篇；2004 年再次翻倍，达到 309 篇。从上述数据变化中可以看出，在短短几年中农民工报道进入了快速发展时期，其报道数量从 2001 年的 42 篇猛增到 2007 年的 272 篇，翻了 6 倍之多。在数量激增的同时，其发展速度也非常惊人，基本上以每年翻 1 倍的速度激增，这一趋势显示了农民工报道进入鼎盛期。2008 年至 2010 年，农民工报道数量进入平稳发展期，基本上维持在每年 100 篇以上的水平。

由以上分析可以得出结论，1994 年和 2002 年为农民工报道数量上的分水岭，1994 年之前，农民工报道数量少、发展缓慢，成为农民工报道初始形成期；1994 年至 2001 年，报道数量稳步增长，发展较为平稳，成为农民工报道报道成熟期；2002 年以后，报道数量剧增，发展迅速，成为农民工报道鼎盛期。

（3）1 版报道数量的变化趋势

根据上节对《人民日报》报道的版次分析可以看出，农民工报道几乎在《人民日报》每一个版面上都有分布，其中数量上比较突出的四个版面是：2 版、5 版、6 版和 10 版。在版次变化中，尤其是 1 版数量的增加显示出了《人民日报》对农民工报道的日益重视，如下表所示：

表 3-7　"农民工"、"民工" 1 版标题检索信息量统计表（单位：篇）

年份	农民工	民工	合计	年份	农民工	民工	合计
1980	1	1	2	1996	0	1	1
1981	0	2	2	1997	1	0	1
1982	1	0	1	1998	0	1	1
1983	0	1	1	1999	0	1	1
1984	0	2	2	2000	0	1	1
1985	0	0	0	2001	0	0	0
1986	0	0	0	2002	1	1	2
1987	0	1	1	2003	7	9	16
1988	0	2	2	2004	13	2	15
1989	0	2	2	2005	16	3	19
1990	0	1	1	2006	12	2	14
1991	0	3	3	2007	12	4	16
1992	0	1	1	2008	6	0	6
1993	0	1	1	2009	7	1	8
1994	0	12	12	2010	9	1	10
1995	0	11	11	合计	86	67	153

由上表可见，进城民工议题在《人民日报》第 1 版报道集中于 1994、1995 年和 2003 年及以后。在 1992 年之前的 10 多年中，农民工报道 1 版数量很少，基本上每年只有 1 篇或 2 篇，而 1994 年则猛增到 12 篇，这表明 1994 年农民工议题成为《人民日报》大力报道的重点；1995 年 1 版报道数量为 11 篇。此后因下岗职工成为该报 1997 年至 2002 年的关注热点，农民工报道在 1 版的数量基本维持在 1～2 篇左右，一直到 2003 年。2003 年，头版数量迅速增加至 16 篇，2004 年 15 篇，2005 年则达到 19 篇，2006 年至 2010 年则每年维持在 10 篇以上。

由以上分析可以看出，1994 年和 2003 年是《人民日报》1 版农民工报道的两个时间节点，前者农民工报道 1 版发表数量从无到有且达到一个峰值，后者显示 1 版再次关注农民工议题，此后 1 版报道数量持续增加且相对稳定。

3.4　农民工报道的 3 个时期

我国媒介对于农民工的报道在《人民日报》中最早出现于 1980 年，至今已有 30 余年的历史。结合农民工重要政策的出台时间以及《人民日报》的报道实践，可以分为 3 个时期：1980～1993 年的初始期、1994～2001 年的成熟期以及 2002～2010 年的鼎盛期。

（1）1980～1993 年的农民工报道初始期

20 世纪 80 年代，我国政策上对农民进城基本上还是持限制态度。1980 年，农民工报道开始出现，但是数量不多，大部分以描述事实为主，体裁多见消息等，缺乏深度报道。这个时期媒体对农民工报道的基本内容主要是宣传国家有关政策，在报道政策时与中央精神高度一致。媒介此时的报道视角主要站在政府的立场，对农民工站在从上往下的俯视视角，因报道视角狭窄而未能充分履行媒介的监督职能。因此，媒体此时主要履行的是宣传职能，对农民工进行国家政策宣传，教育农民工遵纪守法。这在一定程度上维系了社会的安定，但是对于农民工在城市所遭受的种种不公正待遇则视而不见，未能真正反映农民工的真实想法，表达他们的权益。

（2）1994～2001 年的农民工报道成熟期

1994 年以后，市场经济改革如火如荼，城市建设需要大量的劳动力，而政策松动也使大量农民工涌进城市。这个时期政府对农民工进城的态度由限制逐渐向默认、引导过渡。1994 年 11 月 17 日，劳动部发布了《农村劳动力跨省流动就业管理暂行规定》，把对民工流动的控制和城市对农村劳动力的需要策略性地结合在一起，第一次提出了"流动就业"这个新概念。该政策表明农民工在城市流动就业的权利得到了国家政策层面的认可。

随之而来，媒介对农民工的报道数量也开始稳步增长。体裁多集中于消息和通讯，主题主要关注农民工生活生存状况，媒介不仅向农民工传达政府的有关政策，教育农民工要遵纪守法，而且开始关注农民工所受到的不公正待遇，反映他们的喜怒哀乐，表达农民工的心声，整个媒介报道框架体现一种悲情主义的框架，表现了对农民工深刻的人文关怀。

（3）2002～2010 年的农民工报道鼎盛期

2002 年以后中国进入城乡统筹时期，全体国民共享改革发展成果。对于农民工的不公正待遇，国家开始从制度层面进行改革，出台了一些系列保护农民工合法权益、促进农民工公正待遇实现的政策。尤其是 2002 年，由劳动部、社会保障部发布的《关于开展民工权益保护专项监察活动的紧急通知》表明保护农民工权益问题开始受到国家政策层面的重视。从此，农民工所遭受到的不公正待遇得到了全社会前所未有的关注。随之而来的是媒介关于农民工的报道数量剧增，报道体裁主要包括消息、图片、通讯和评论。与第二个时期相比，此时媒介对农民工的报道除了人文关怀之外，开始挖掘导致农民工不公正待遇的深层次的制度原因，使政府更多地了解民情，促进政府改革有关不公正政策，推进社会公平的实现。例如，新华社 2003 年报道温家宝总理为农妇熊德明讨薪成为当年农村十大新闻之一，该报道在全国掀起了一股声势强大的"讨薪风暴"，调动了整个社会参与其中，国务院办公厅于当年 11 月 22 日印发了《关于切实解决建设领域拖欠工程款问题的通知》，各地政府部门也纷纷出台政策，严厉打击拖欠农民工工资的行为，保护农民工的合法权益。截至 2007 年，全国各地偿还拖欠工程款 1834 亿元，其中清付农民工工资 330 亿元①。

---

① 讨薪农妇熊德明. 京华时报，2008-03-06，http://www.sina.com.cn.

第4章 报道初始期：生存权诉求中的
媒介报道与传播

在80年代初期，相当一部分"农民"成为后来的"农民工"，最主要的原因是生存问题以及为了更好的发展。在农村实行家庭承包经营以后，生产效率提高，地不够种，劳动力有富余，农村已经不需要那么多劳动力，同时农民又有了自主支配劳动的权利，于是一部分农民就出来打工，当然，他们中的绝大部分是在乡镇企业打工，亦工亦农，离土不离乡。但刚开始，因为他们触动了当时严禁流动的政策壁垒，于是只能成为"清理对象"；但随着改革开放和城市经济的高速发展，城市经济的确需要更多的人去从事二、三产业的工作，尤其是城里人不愿意做的工作，于是，他们渐渐被允许流动，这像打开闸门一样，农民进城务工，发现了一条新的求生出路，片刻间成了一股潮流，潮流背后，出现的若干隐忧，又让人不得不思考，"盲流"便在悄然间一次又一次进入人们的视野。

从总体上看，虽然经历了潮流到盲流的暧昧徘徊，也曾经历了政策的松紧变动，但这一时期，无论是被视为非法流动，还是作为城市劳动的有力补给者，见诸媒介的农民工的整体形象都可以用"生存者"来形容：社会公正对于他们而言，只是需要在城市里获得基本的生存资源。因此，为了解决起码的温饱问题而前赴后继地当起了"农民工"。

同时，在这一时期里，媒介的参与在一定程度上就是政府的参与，政府以媒介作为宣传和教化工具，通过媒介的报道来对公众进行议程设置，主流媒体作为政府喉舌，主要传达党和政府的官方话语，这一时期这种议程设置模式主要体现和表达了党和政府的意志，而很少发出农民工群体自己的声音，对于农民工所遭受的不公正待遇，媒介处于失语状态，仅仅对农民工的生活和生存表现出蔑视或悲悯，表现为该时期农民工报道数量少、报道角度单一，导致了媒介歧视的形成和加剧。

4.1　社会背景及媒介报道的"他人公正"立场

4.1.1　社会背景

自 1978 年开始，我国国家发展战略中心从"以阶级斗争为纲"转向"以经济建设为中心"，国家开始了重大转型。由于特殊的历史环境，我国的经济体制改革首先从农村开始。在改革开放初期，随着家庭联产承包责任制和统分结合的双层经营体制的推行，农业向"建设高产、优质和高效的农业"转变，在创造出大量的农副产品的同时，出现了大量剩余劳动力，开始了农民从农业向非农业、从农村向城市转移的新时代。于是，政府采取了两项大的政策，一是鼓励发展乡镇企业，二是允许农民自理口粮到城镇务工经商。第一次较大规模的"民工潮"现象出现了，并表现出"离土不离乡，进厂不进城"的特点。值得注意的是，在这一时期，尽管"普遍出现了农工结合的局面，大办多种经营和乡镇工业，容纳了剩余劳动力"，但充其量也就"容纳了百分之五十的农村剩余劳动力"[①]，其余的农村剩余劳动力仍是希望进城谋生。

同时，1984 年城市也进入改革发展快速期，城市的经济得到空前发展，尤其是第三产业发展需要大量的劳动力补充。由于城市中第二、第三产业的劳动报酬率远高于农业，因而这种城乡二元结构下的经济改革模式最终驱使农民大量进城，从而为民工潮的形成提供了结构性推力。

4.1.2　政府政策：对城里人的公正与对农民工的不公平

1978 年以后，大批农村劳动力从土地上解放出来，开始进入城市务工致富。但是国家因就业压力在 1979 年至 1983 年的 4 年中严

---

① 邓小平文选. 北京：人民出版社，1994（3）.

格控制农民流动，出台了一系列严格的政策来禁止农民进城。例如1981年10月17日中共中央、国务院下发的《中共中央、国务院关于广开门路，搞活经济，解决城镇就业问题的若干决定》以及1981年国务院下发的《国务院关于严格控制农村劳动力进城做工和业人口转为非农业人口的通知》中都强调要采取有效措施严格控制农村劳动力进城。在国家政策的严格控制下，该时期农民进城人数较少，人员多是富有冒险精神的年轻人以及素来走南闯北的手艺人。据调查，80年代初期外出务工的农民规模较小，总共不超过200万人；这个时期农民自由流动的空间也非常有限，主要到沪、浙、粤等沿海发达地区。

80年代中后期，中国经济发展进入快车道，乡镇企业迅猛发展，吸引了大量的农村剩余劳动力。根据统计，我国乡镇企业在1983年到1988年的6年间就吸纳了6300万的农村劳动力，该时期农村劳动力主要是"就地转移"，以本县和本省范围内转移为主，但是从省外流入的农民工人数开始逐年增多。例如，1988年有30万农民工在广东省东莞县打工，其中近30%来自外省区。同时，中国经济体制改革开始由农村向城市转移，城市体制改革的力度和速度都开始加快，尤其是城市的第三产业迅速发展，需要大量劳动力的补充。国家在此形势下，开始放开有关政策，允许农民进城，例如《中共中央关于一九八四年农村工作的通知》中就"允许务工、经商、办服务业的农民自理口粮到集镇落户"。政策的放开带来了第一次"民工潮"，该阶段全国进城的农民工总数量达到2000多万。

1989年，我国首次遭遇"民工潮"，当时乡镇企业因治理整顿陷入低谷，大量在乡镇企业工作的农民失业，农村的剩余劳动力在短期内迅速增多。当年春节刚过，大批农民就开始离开家乡向广州、上海、北京等地云集。2月19日，在广州火车站滞留的外地民工达万人之多，北京、海口、乌鲁木齐等各大城市火车站也因民工滞留过多而告急。据公安部统计：我国每20人中便有一人在流动，在全国形成了五千万的"流动大军"，该流动大军人数之多几乎导致铁路瘫痪，从而引起了全社会的关注。

面对汹涌而至的民工潮，本来在制度上稍有放开的政策迅速又转入严厉监控。国务院办公厅 1989 年 3 月发出《关于严格控制民工外出的紧急通知》，要求各地政府必须采取有效措施，严格控制民工外出。1989 年 4 月，民政部、公安部颁布《关于进一步做好控制民工盲目外流的通知》。1991 年 2 月，国务院办公厅继续发布《关于劝阻民工盲目去广东的通知》严格要求各地政府从严办理或者暂停办理民工外出务工手续。各地政府也纷纷采取措施，一方面阻止外来民工继续进城，比如劝说农民工"打工不易，勿听传言"；一方面大量清退已经进入城市的农民工。

即便如此，农民工还是大量涌入城市。纵观整个 80 年代，农民工从出现到迅速发展壮大都显现出了前所未有的规模和速度。这十年内农村劳动力的流动与以前在性质上有根本的不同。以前，农村人口招工进城只是针对个别的农民，乡镇企业转移大多也是就地转移。而 80 年代后期"民工潮"的出现则是农民大规模进入城市。从流动导向上说，农村劳动力的流动开始从计划经济下的招工向市场经济下的异地就业过渡。从流动规模上看，如果包括乡外县内部分，1988 年的农村劳动力流动人数为 2600 万人，其中跨省流动的人数为 500 万人；1989 年的农村劳动力流动人数为 3000 万人，其中跨省流动的人数为 700 万人。80 年代政府在对农民工有关政策制定上属于探索阶段，从严格控制到允许流动再到严格限制，政策内容上以关注农民工是否可以进城获得就业机会为重点，而尚未考虑到进城农民工在就业、子女教育、劳动保障等方面的权益。例如在 1985年中央关于农村工作的 1 号文件中就只提出允许农民到城市开店设坊务工经商，对其他有关相关政策未做出明确规定。

由此，从 1980 年到 1993 年，农民工获得的只是进城务工的自由和权利，而且仅仅是就业机会的获得，政策制定者也并不是站在农民工的立场上来考虑，而是站在城市的角度来制定的。一旦城市就业压力大，就不允许农民工进城；城市就业压力有所缓解，城市建设又需要大量劳动力时，就放松政策让农民工进来；一旦城市压力增大，无法消化这么多劳动力时，再次清退农民工。可见，国家决策者在制定农民工政策时是站在维护城市利益的前提下的，对农民工的态度是"为我所用",用不着时就清走。

就业的平等属于起点平等的范畴,当国家政策明确将农民工排斥在就业机会的平等之外时,农民工就无法获得平等的就业权以及相关的社会保障权、就业培训等劳动权利。农民工平等就业权利的缺失导致了他们在城市遭遇到了种种不公平待遇。首先,由于户籍制度的限制,农民工在很长时间内不能进城务工。其次,进城之后,农民工在就业上也遭遇种种限制和歧视。为保障城市人口的就业,许多地方政府都出台了地方性法规限制用人单位使用农民工。因此,农民工被排斥在正常的劳动力市场之外,多从事"脏、苦、差、累"的工作,而收入却远远低于城市工人的平均工资。农民工不仅收入低,而且很少有机会接受职业培训,自身的职业素质也难以提高。因此,国家户籍制度的限制、地方政府的歧视性法规以及农民工自身劳动素质的低下都导致了农民工无法获得公平的就业机会,享受到公平的就业权和劳动权利。

4.1.3 新闻政策:强调政治功能而忽视公民权利

自新中国 1949 年建国到十一届三中全会(1978 年)期间,中国政治经济整体环境的特点是:在经济上实行以公有制为主体、以政府宏观调控为指导思想的高度集中的计划经济模式;在政治上以巩固政权为主要目标,以"阶级斗争为纲"为施政纲领,政治运动贯穿于整个社会发展和全体公民生活的各个方面。这一特点直接影响了中国新闻传媒的地位和角色,决定了这一时期新闻政策的主导思想就是强调政治职能、将新闻传媒的功能定位为单一的政治宣传工具。

80 年代,我国虽然开始实行经济体制市场化改革和对外开放政策,但是媒介媒体作为社会主义公有制制度体系和政府机构的紧密组成部分,并没有市场化,其根本属性仍然是政府上层阶级的意识形态工具,体现了较强的"政治属性",而"经济属性"较弱,因而这一时期我国媒介依旧执行政府治理和公共政策宣传等政治职能,体现着极强的政府议程和政策宣传框架。在"政治意识形态属性"的主导下,我国的媒介政策主要集中在加强媒介的"喉舌"功能,为国家的安定团结进行宣传。

为了强化媒介这一功能，1980 年 2 月，北京新闻学会（即现在的首都新闻学会）成立，胡乔木在会上阐述了邓小平的要求：报刊要成为巩固安定团结、生动活泼的政治局面的思想中心，促进这个政治局面的发展。1980 年 2 月 29 日中国共产党第十一届中央委员会第五次全体会议通过的《关于党内政治生活的若干准则》要求党报不得发表与中央相左的言论[①]。1981 年，中共中央发布的《关于当前报刊新闻广播宣传方针的决定》中指出要对报刊、新闻、广播、电视加强集中统一的领导[②]，《决定》中强调必须无条件地与党中央保持政治上的一致[③]。

80 年代，由于新闻媒介仍然属于政府主管和主办，因而，这期间中国的新闻政策，还是以政治宣传为主，党和政府直接控制新闻媒介活动，因而，新闻媒介以为政党执政目标服务为根本目的，传播内容主要是政治宣传和教育教化，传播话语较为严肃、刻板，信息传播模式也主要是信息自上而下的传达，因而有利于政府的媒介管理和舆论导向。

4.1.4 媒介农民工报道："城里人"立场下的不公正

80 年代初，当农民工从农民阶层中分离出来时，国家并未重视，也没有把他们作为一个新的群体来对待，而只是把他们当做离开农村放弃土地的流动人口。国家的基本理念和指导思想是从政府管理的角度进行行政干预，宗旨是控制其在较小规模内有序流动，避免

---

①《准则》的主要内容为"党的报刊必须无条件地宣传党的路线、方针、政策和政治观点。对于中央已经做出决定的这种有重大政治性的理论和政策问题，党员如有意见，可以经过一定的组织程序提出，但是绝对不允许在报刊、广播的公开宣传中发表同中央的决定相反的言论，也不得在群众中散布与党的路线、方针、政策和决议相反的意见，这是党的纪律"。

②《决定》中明确规定"为了尽快适应进一步实现经济调整、政治安定的需要，中央认为，对报刊、新闻、广播、电视的工作，应该加强集中统一的领导，使它们能够切实坚持党性原则，密切联系群众，发扬实事求是、旗帜鲜明、真实准确、生动活泼的优良作风，为进一步实现经济调整和政治安定做出更大的成绩"（中共中央宣传部新闻局. 中国共产党新闻工作文献选编. 北京：人民出版社，1990：47~48）。

③《决定》中规定"必须严格按照十一届三中全会以来党的路线、方针、政策进行宣传，要认真进行关于坚持四项基本原则的宣传，要大张旗鼓地宣传建设社会主义的高度精神文明，要正确处理表扬和批评的关系，要坚持以表扬为主的方针，一定要坚持为人民服务、为社会主义服务的方向，正确贯彻执行'双百'方针报刊、新闻、广播、电视是党的舆论机关，要加强组织纪律性，必须无条件地同中央保持政治上的一致"（中共中央宣传部新闻局. 中国共产党新闻工作文献选编. 北京：人民出版社，1990：47~48）。

对正常城乡秩序造成较大冲击，因而，这期间农民工的身份和地位均没有得到明确和肯定，导致农民工在十多年内介于合法与非法之间，而相关政策也在控制与放松之间摇摆不定。

由于国家对这个群体的忽视，尤其是农民工身份和地位的暧昧，80年代初期的中国传媒对农民工的相关报道很少，往往是国家有新的管理办法或政策出台，媒体就相应配合开展一些报道。例如，1981年12月30日，国务院发布《国务院关于严格控制农村劳动力进城做工和农业人口转为非农业人口的通知》，强调要严格控制农村人口向城镇的流动和就业。1982年1月31日《人民日报》就发表了一篇关于农民工议题的报道:《干部带头清退自己安排的亲友 安徽十万多农民工返乡务农 城乡配合做好思想工作，解决农民工回乡后的困难》（张春生，周郁夫，《人民日报》1982年1月31日），强调"继续采取措施，决心把清退农民工这项工作抓到底"。

到了80年代中期，国家对农民工在经济建设中的作用有所肯定，因此对农民工进城有所默认和放松。1984年1月1号发布的《中共中央关于一九八四年农村工作的通知》中规定:"一九八四年，各省、自治区、直辖市可选若干集镇进行试点，允许务工、经商、办服务业的农民自理口粮到集镇落户"，从而在某种程度上认可农民工进入城市。在中央文件发布之后，《人民日报》就"应声而动"，在当年组织了一批报道，如《加快了小城镇建设，促进农村经济繁荣 安徽五十七万农民进入集镇务工经商》（6月3日）、《广东民工进城多》（6月18日）、《十万民工进天津》（7月12日），并在10月22日的1版以标题新闻形式刊登《支持有经营能力和技术专长的农民进入集镇经营工商业》。这些报道紧扣中央文件精神，或是报道文件内容，如10月22日以新华社专电的形式于1版报道"国务院10月13日发出《关于农民进入集镇落户问题的通知》，要求各级人民政府积极支持有经营能力和有技术专长的农民进入集镇经营工商业"；或是配合中央文件，对各地农民进城落户的情况进行报道，如"安徽省五十七万多离土不离乡的农民，在三千三百多个小城（集）镇上务工经商，使全省农村经济继续实行联产承包责任制后有了新的发展"；或是对此政策的意义进行肯定，1984 年 10 月 22 日的《支持有经营能力和技术专长的农民进入集镇经营工商业》认为农民工进城务工促进了城乡经济的繁荣①；或是对此政策的成绩进行总结，如 1985 年 4 月 29 日的《全国五十九万多农民进入集镇落户》统计截止到 1984 年年底，全国共有 59.3 万农民工进城入户②。

　　80 年代末及 90 年代初，大量民工涌入城市所形成的"民工潮"，给全国各地的交通运输和城市就业带来巨大压力，因此国家又开始控制农民工入城，相关政策在此期间频频出台。1989 年初，公安部、民政部发布《关于进一步做好控制民工盲目外流的通知》，强调要控制民工盲目流动。为宣传这一政策，《人民日报》在 2 月、3 月、4 月及 5 月份连续推出 8 篇报道来配合国家这一议题的宣传。这 8 篇报道或是描述"民工潮"的严重程度，如《外省数万民工滞留广州》（2 月 20 号）、《十万多民工涌进乌鲁木齐》（3 月 18 日）、《民工潮涌到西北兰州站人满为患》（4 月 4 日）；或是报道政府对此的态度，如《国务院办公厅紧急通知各地严格控制民工外出组织力量做好劝阻、疏运和动员返乡工作》（3 月 6 号）、《北京禁止擅招农民工》（3 月 16 号）、《十万民工涌入海口希望各地予以劝阻》（3 月 4 号）等报道；或是对此现象进行深入的反思，揭示其原因，如《他们为什么涌进城？——北京站前与民工的对话》（3 月 14 号）、《民工浪潮的困扰》（5 月 24 号），这些报道从不同侧面完成了对国家议题的宣传。

　　由以上案例可以发现，在此期间《人民日报》对农民工报道的倾向性基本都是配合国家相关管理政策的倾向性；并且相关议题设置和报道框架也符合国家的态度倾向：国家的政策如果是严控，那

---

　　① 报道的具体内容为"随着我国农村商品生产和商品交换的迅速发展，乡镇工商业蓬勃兴起，越来越多的农民转向集镇务工、经商，他们迫切要求解决迁入集镇落户问题。我国现有县以下集镇近六万个，这些集镇是城乡物资交流和集散的中心，农民进入集镇务工、经商、办服务业，对促进集镇的发展，繁荣城乡经济，具有重要的作用"（支持有经营能力和技术专长的农民进入集镇经营工商业. 人民日报，1984-10-22）。

　　② 报道的具体内容为"截至一九八四年底，中国已有二十个省的十八万户、五十九万三千农民进入集镇落户。这些农民大多数是本地人，他们分别从事工业、商业、建筑业、交通运输业和服务业。从去年十月十三日国务院发出《关于农民进入集镇落户问题的通知》后，各地公安机关便陆续为自带口粮进城落户的农民办理了手续。农民进入城镇大大活跃了城镇经济"（全国五十九万多农民进入集镇落户. 人民日报，1985-4-29）。

么《人民日报》就突出宣传中央政策以及地方政府的监管执行或者突出民工的负面影响；国家的政策如果是较为宽松，那么《人民日报》就突出宣传农民工在经济建设中的作用和成就。在此期间，《人民日报》基本上没有进行自己的媒介议程设置，而是完全按照国家议程来进行宣传，媒介话语和政策话语呈现高度一致的关系。本书对这一时期部分国家政策发布与《人民日报》相关报道做了梳理，也验证了这一关系，详见表 4-1。

通过以上案例的分析，我们可以看到，1978 年到 1991 年间的 13 年里，媒介对农民工的报道基本上是由政府到媒介尔后到公众的单向传播，我们可以把这种传播模式称之为单向传播的模式，即信息的流向起点是政府，经由媒介传递到受众。在这种单向传播模式下，媒介主要充当着"政府的宣传者"的角色，履行着政治教化职能，其自主性和独立性较差。而在此模式的主导下，媒介对政府以及公众对媒介的反馈都很少，传播话语主要体现为政府控制下的一元话语，对于农民工所遭受的不公正待遇则很少提及，基本上处于"失语"状态。

表 4-1　80 年代政府政策发布与《人民日报》报道

政府政策颁发				《人民日报》报道			
主要政策	政策主要内容	政府导向	发布时间	报道时间	报道标题	报道部分内容	媒介导向
《关于广开门路搞活经济解决城镇就业问题的若干决定》	扩大城镇职工就业,减少或清退农民工	负面	1981. 10.17	1981. 12.12	株洲市严格控制农村劳动力进城做工	尽可能安排城镇待业人员做工,对于确需使用农村劳动力的,也从严掌握。…全市清退了 15,00 多农村劳动力。城镇待业人员已大批得到妥善安排	负面报道
关于严格控制农村劳动力进城做工和农业人口转为非农业人口的通知	要采取有效措施,严格控制农村劳动力进城做工和农业人口转为非农业人口	负面	1981. 12.30	1982. 01.31	干部带头清退自己安排的亲友　安徽十万多农民工返乡务农　城乡配合做好思想工作,解决农民工回乡后的困难	农民工的清退,带来了很多好处。全省清退 10 万农民工,每年可节约工资支出 7,00 万元,粮食 400 多万斤。同时还解决了部分待业青年的就业问题。	负面报道

续表

政府政策颁发				《人民日报》报道			
主要政策	政策主要内容	政府导向	发布时间	报道时间	报道标题	报道部分内容	媒介导向
中共中央关于一九八四年农村工作的通知	可选若干集镇进行试点，允许农民自理口粮到集镇落户	正面	1984.01.01	1984.05.05	逐步改革用工制度	在建筑、煤炭等行业改革用工制度，大量起用民工。是开辟农村多余劳动力参加建设的重要途径。关系到如何充分运用农村几亿农民劳动力的问题，具有深远的意义。	正面宣传
《关于进一步活跃农村经济的 10 项政策》	允许农民进城开店设坊，兴办服务业，提供劳务。	正面支持	1985.01.01	1985.07.18	各方收费，进城农民负担重	取消过多收费，减轻农民负担，为农民工进城务工提供良好环境，以促进商品经济发展	正面宣传
《关于城镇暂住人口管理的暂行规定》	健全城市和集镇暂住人口管理制度和暂住证制度	正面	1985.07	1986.07.20	《石家庄促进劳动力合理流动制定开办劳务市场暂行办法》	为了促进劳动力的合理流动，石家庄市制定了开办劳务市场暂行办法。服务范围包括：…为农村富余劳动力、能工巧匠进城做工提供信息……	正面宣传
关于做好劳动就业工作的通知	有效控制、严格管理，防止大量农村劳动力盲目进入城市。	负面	1990.04	1991.03.16	非法劳务市场一瞥	被称为"流动大军"的外地民工又成群结队地带着简单的行李流至北京。建议采取积极措施，抓一抓北京的劳务市场问题。	负面报道
				1991.03.22	农业部就农村剩余劳动力和流动民工发出紧急通知　要求各地做好安置疏导工作	近来部分农村剩余劳动力为了寻找就业机会，集中涌向沿海经济发达地区，给社会带来了一系列问题。减少农村剩余劳动力的大流动。	负面报道
关于劝阻民工盲目去广东的通知	从严或暂停办理民工外出务工手续。就地劝阻	负面	1991.02	1991.02.24	广东劳力供大于求　民工切勿盲目入粤	外省民工达 12 万人，约有 1 万多人是盲目流入的，劝告外省民工迅速返回家园，切莫盲目入粤。	负面报道

4.2 农民工"生存权"求取期间的主流媒体传播

4.2.1 单向线性传播模式的定义

80 年代，我国媒介对农民工的报道呈现一种单向线性传播模式，如下图所示：

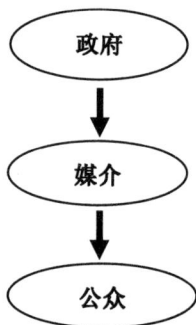

图 4-1 单向线性传播模式示意图

所谓单向线性传播模式就是指信息流向按照政府→媒介→公众的流向进行单向流动。

该模式的核心部分是媒介直接接受政府的领导，按照政府的指令而后进行有关农民工政策的宣传，媒介议程由政府议程所决定，与政府议程高度一致；媒介话语的变化也取决于政策话语的变化，与政策话语保持高度一致，其话语形态表现为政治权力控制下的一元话语，即国家－宣传话语；传播内容主要包括国家有关农民工政策的宣传；传播方式表现为媒介对农民工有关政策的报道呈现单向线性的特点；传播社会效果上表现为媒介对于农民工的不公正待遇处于失语状态。

4.2.2 单向线性传播模式的特征：单向性、不平等性、被动性、弱反馈性

（1）信息流向呈现单向性特点

这个时期，媒介议题由政府议题所决定，一般来说，信息是从政府到媒介再到受众，呈现由上到下的流动方向。在政府与媒介的关系上，信息从政府传递到媒介之后，媒介只是"奉命宣传"，除了

有限的内参之外，基本上对政府信息没有进行反向流动。在媒介与受众的关系方面，对于信息的大量发送使媒介成为专业的传播中心，信息从媒介流向受众，但是除了有限的读者来信之外，信息也很少在受众和媒介之间做反向流动。

（2）传受双方地位的不平等性

单向传播模式中，传受双方处于不平等地位。媒介只能按照政府指令进行信息发布，受众也只能接受媒介的信息传播。媒介与政府之间、媒介与受众之间在传播地位上处于不平等地位。

（3）传播效果的弱反馈性

单向传播模式中，作为传播者的政府，向媒介传递信息；媒介作为下一级传播者，则向广泛存在而且数量庞大的受众传递出大量信息。而作为信息接受者的媒介或者受众，在大多数情况下只能被动接受信息，很少做出反馈（报社内部的内参除外）；同时，传播者和接收者两者之间径渭分明，缺乏有效的反馈机制及反馈渠道，所以即使有少数的反馈信息，也很难传达到传播者那里。

4.3　议程设置：政府议程→媒介议程→公众议程

4.3.1　农民工议题的建构：国家政策单独设置

（1）1980～1988 年：国家政策单独设置，媒介"应声而动"

1980 年至 1988 年，《人民日报》农民工的报道数量非常少，如表 4-2 所示：

表 4-2　"农民工"、"民工"标题检索信息量统计表（单位：篇）

时间	农民工	民工	合计	时间	农民工	民工	合计
1980	1	1	2	1996	0	7	7
1981	0	4	4	1997	2	10	12
1982	1	0	1	1998	3	11	14
1983	1	2	3	1999	2	6	8
1984	0	4	4	2000	0	10	10
1985	1	0	1	2001	1	16	17
1986	1	3	4	2002	9	27	36

时间	农民工	民工	合计	时间	农民工	民工	合计
1987	0	6	6	2003	50	101	151
1988	1	7	8	2004	197	112	309
1989	1	12	13	2005	168	77	245
1990	0	5	5	2006	251	30	281
1991	0	9	9	2007	251	21	272
1992	0	6	6	2008	142	10	152
1993	1	10	11	2009	137	9	146
1994	1	32	33	2010	111	7	118
1995	2	27	29	合计	1335	582	1917

根据统计，1980～1988 年《人民日报》农民报道数量总计仅有 77 篇，该时期农民工报道数量非常少的原因主要是这一时期农民工问题仅仅是政策议题，还没有形成集中的媒介议题。此时，媒介对于农民工的报道大多是"应景之作"，属于政策宣传，且当时农民工数量相对较少，还未得到全社会的关注，所以媒介还未关注该群体。

1980～1988 年，国家虽然出台了大量针对进城农民的政策性文件，但正如上文分析，由于农民工群体在此时并没有得到明确确认，而且在 1989 年民工潮之前民工规模还不是很大，尚未引起政府高度重视，因而也基本没有引起媒介的集中关注，未曾形成集中的媒介议程，从而在媒介话语上也没有得到集中反应。本书通过采用 80 年代的政策词语"计划外用工"和"农民合同制工人（农民合同工）"等通过大众传媒数据库进行检索，所获得的相关信息也很少。

由此可见，1980～1988 年间，由于媒介基本上没有介入对农民工的集中报道，也缺乏有深度的理论评述报道，所以媒介话语的承载容量极为有限。因此，这一时期有关农民工问题仅仅是作为一种政策议题在政策场域中存在着，而未能形成集中而深入的媒介议题。可以说，在 1989 年之前，农民工议题仅仅是由国家政策单独设置，媒介基本上是"应声而动"，没有做出自己的集中反映。

（2）1988～1993 年：政府、媒介同步关注

1989 年政府和传媒不约而同地开始关注民工问题，并且关注的焦点几乎都是"民工流动"问题，因而，从 1989 年开始，关于民工的议题第一次被正式地、广泛地启动了。从统计数据上可以很清楚地看到这一议题启动的突然性，在 1988 年，《人民日报》还只有 1 篇以民工及其流动问题为标题的新闻报道，但到了 1989 年，相应的数字一下子就增加到了 13 篇。这些报道的内容主题主要集中在民工对城市、铁路交通造成的巨大压力和严重问题，在此期间，主流传媒话语也创造出了一些充满时代特征的词语，例如"盲流"、"民工潮"都是在此期间登上了媒体的话语舞台，形象地反映了对民工流动的主观看法和刻板印象。一直到 2003 年 2003 年"孙志刚事件"才终结了"盲流"一词的使用[1]；而直到 2004 年，《人民日报》采用"民工荒"一词并被广泛转播以后[2]，"民工潮"一词才退出公共话语视界。

本书还从"中国资讯行"信息库中进行了检索，发现《人民日报》之外，其他一些主流媒体在同期也非常关注民工流动这一议题。例如，《经济日报》在 1989 年三四月份期间，以"百万民工大流动"为标题进行了一次集中快速的系列主题报道（一共发布 7 篇专题报道）；《瞭望》（新华通讯社主办）作为具有重要影响力的时事周刊，1989 年也对这一议题给予强烈关注，刊发了葛象贤和屈维英采写的深度报道文章《民工潮探源》。1990 年，该作者以此篇文章为基础，公开发表中国第一篇关于民工流动的报告文学《中国民工潮——"盲流"真相录》，对后期的报道和研究产生重大影响[3]。自此，以民工群体为表现形象的文学作品蜂拥呈现，同一时期反映中国民工现象和问题的有重要影响的作品还有朱大路的《盲流梦》[4]、郑念的《潮落、潮涨——民工潮透视》[5]以及杨湛的《汹涌民工潮》[6]等。

① 展宝贞. 有感于"盲流"称谓的消失. 人民日报，2003-04-07.
② 白天亮. "民工荒"的积极意义. 人民日报，2004-9-16.
③ 葛象贤，屈维英. 中国民工潮："盲流"真相录. 北京：中国国际广播出版社，1990.
④ 朱大路. 盲流梦. 上海画报出版社，1991.
⑤ 郑念. 潮落、潮涨——民工潮透视. 北京：中国人民大学出版社，1993.
⑥ 杨湛. 汹涌民工潮. 广州：广州出版社，1993.

总体而言，民工流动问题从 1989 年开始突然成为社会热点，并引发政府高层、新闻媒体与社会各类公众团体的广泛关注，从而完成了民工（农民工）议题的第一次设置。在此议题的提出到全社会参与和关注的全过程中，以《人民日报》为代表的媒介集中报道无疑产生了一定的动员和反映作用。

4.3.2 议程设置流向：政府议程→媒介议程→公众议程

1980～1993 年，媒介在农民工议程设置的流程上遵循着政府议程→媒介议程→公众议程的设置流向，议程设置流向如图 4-2 所示：

图 4-2　初始期议程设置图

如图 4-2 所示，在政府议程→媒介议程→公众议程设置过程中，政府是信息的实际控制者，无论是政府自身的政策、文件、宣传等官方制作的信息，或者是社会事件信息，以及信息的发布和传播渠道，政府都有着垄断性的控制地位，因而，政府在议程设置中充当着"信源"的角色。政府由于拥有庞大和深入的行政分支机构，因而常常能够在公众或媒体之前知悉事件的发生和进程，并通过行政参与来干预或控制事态发展；同时，政府通过对信息的掌控和对媒体的实际性的内在控制，从而主导媒介议程，并通过媒介议程，决定哪些议题可以报道、以什么样的方式报道（即报道框架）等等，从而吸引公众关注，并影响公众的注意力和认知，最终通过媒介议程来设置公众议程，从而实现对公众舆论的引导。

例如，这一时期，基于"维护城市社会治安稳定"这一目标，当时的政府颁发了很多对农民工加强控制、严格管理或者抵制清退的政策文件。为了更好地落实这些政策，政府通过《人民日报》等主流媒体进行政策宣传和舆论引导，广泛宣讲民工对城市、对交通造成的压力，选取地方政府或行政机构对民工的清理、管理中符合中央政策精神的案例进行报道。通过这些媒介报道，影响城市市民甚至民工自身的认知，在全社会形成舆论导向，从而将政府政策的价值理念和主观意志隐秘而间接地施加于公众，从而获得公众和社会的认可、支持并得以顺利、平稳地执行。

4.4　传播内容："农民进城了"与"民工潮"

4.4.1　1980～1988 年农民工报道内容：农民进城打工啦

改革开放之前，我国政策不允许农民进城，所以媒体在这一时期对农民工的报道基本上没有。1978 年改革开放以后，我国在农村推行家庭联产承包责任制，这项重大举措不仅顺利解决了大部分农民的温饱问题，而且从土地上解放了大量农业劳动力，为农民进城打工创造了先决条件。随着国家政策的放开，大量农民进城，并逐渐形成一定的规模，对社会产生的影响越来越大，媒体对农民工的报道也开始出现。

目前，根据对《人民日报》图文数据库检索发现，1982 年《人民日报》的标题信息中第一次出现了"农民工"一词：

"干部带头清退自己安排的亲友，安徽十万多农民工返乡务农"（1982 年 1 月 31 日）

这条报道中的"农民工"主要指的是通过招工进城的"农村合同工"。"民工"第一次出现在《人民日报》标题信息则是在 1983 年 3 月 9 日，"建筑业劳动制度重大改革，部分民工代替专业施工队伍"。（1983 年 3 月 9 日）

从 1982 年农民工报道开始出现到 1988 年，农民工的报道数量都比较少。例如《人民日报》中这几年与本研究主题相关的农民工报道仅有 17 篇，分别如下：

（1）《干部带头清退自己安排的亲友　安徽十万多农民工返乡务农　城乡配合做好思想工作，解决农民工回乡后的困难》（1982 年 1 月 31 日）

（2）《要切实解决大批农民进城做工问题》（1982 年 6 月 23 日）

（3）《农民进城贴"招工广告"》（1982 年 7 月 12 日）

（4）《建筑业劳动制度重大改革，部分民工代替专业施工队伍》（1983年3月9日）

（5）《眉山组织十万民工整治公路》（1984年3月2日）

（6）《广东民工进城多》（1984年6月18日）

（7）《十万民工进天津》（1984年7月12日）

（8）《济南空军派飞机抢运触电民工》（1986年8月12日）

（9）《北京及时抢救误食工业用盐中毒　民工除一人死亡外其余四十八人全部脱险》（1987年3月3日）

（10）《半月内又一批进京民工误食亚硝酸钠　中毒事件一再发生卫生部门呼吁重视》（1987年3月11日）

（11）《为抢救中毒民工做出重大贡献　垂杨柳医院被北京朝阳区表彰》（1987年3月18日）

（12）《欺压民工的储玉明》（1987年11月11日）

（13）《多方集资　民工建勤　国家补助　云南初步形成县乡公路网》（1987年11月26日）

（14）《安徽再起治淮热潮　五百多万民工已陆续奔赴工地》（1987年12月30日）

（15）《湖北省加快防洪建设15万民工齐上阵运土329万立方米加高堤身》（1988年5月4日）

（16）《招聘固定工顶替农民工　南京氮肥厂挖掘厂内劳务潜力》（1988年8月16日）

（17）《13岁的"民工"》（1988年9月2日）

在国家政策设置议程的框架范围内，以《人民日报》为代表的主流媒体配合政府进行政策宣传，通过对上述有限的数据进行内容分析和归纳，我们发现，按照国家政策和意志表达，《人民日报》的宣传内容较为分散，在民工清退、进城工作、国家基础建设、民工事故与关怀等方面均有一些相关报道。此外，从报道内容和报道时间上我们也发现，为配合政府政策宣传的需要，在某些特定阶段，也有相对较为集中的主题内容，例如1997年底至1998年初，3篇报道（均为标题新闻）集中在民工参与国家工程建设上，表明国家认为需要宣传民工在国家建设中发挥了重要作用；而 1986 年底至 1987 年初，4 篇报道（其中 3 篇为标题新闻）集中在农民工事故和治疗上，表明了国家对民工的关怀。

此外，在农民工进城打工这一主题上，《人民日报》也进行了一些较为全面和详细的报道，其对农民工进城工作也遵循了政府的正面框架而采用了正面报道框架：

（1）"在建筑施工中，有计划地使用一部分民工代替专业施工队伍，是建筑业劳动制度的重大改革。"

"近几年来，各地建筑部门陆续通过包工方式，组织民工参加城乡建设，效果显著。"

"国务院领导同志认为，我国农民多，许多工作量都可以包给当地农民，既可以增加农民收入，也可以减少国家负担"（《建筑业劳动制度重大改革，部分民工代替专业施工队伍》，《人民日报》，1983 年 3 月 9 日）

（2）"分散在天津市各个建筑工地的三百多个农村建筑队、十万民工，与国营施工企业签订合同，完成了繁重的建设任务。农村民工建筑队和国营建筑企业结合在一起，扬长避短，发挥各自的优势。"

"现在，农村民工建筑队伍，已经成了天津建筑业一支不可缺少的力量。天津市城乡建设委员会最近确定，允许农村民工建筑队和国营建筑企业、城市集体所有制建筑队一起，参加对建筑项目的投标，以促进互相竞争，加快建筑事业发展步伐"（《十万民工进天津》，《人民日报》，1984 年 7 月 12 日）

由上可见，在农民工报道开始出现的 6 年间，农民工报道不仅数量少，而且报道视角狭窄，议题单一，主要集中于"农民进城打工了"、"农民民工建筑队"这样的报道主题。而且这些报道仅仅是报道了现象，常常用标题新闻、短消息这样的方式进行消息的告知，很少深入探讨某一具体问题。

4.4.2 1989 年媒介农民工报道的内容：民工潮

1989 年的"民工潮"中，近 5000 万农民工涌入城市，几乎导致铁路系统瘫痪。媒体对此迅速反应，各大媒体纷纷推出诸如"十万民工涌入海口、希望各地予以劝阻"（《人民日报》1989 年 3 月 4 日）等表现"民工潮"的报道。

《人民日报》关于农民工的报道在数量上也达到了一个小高潮，1988 年之前每年基本上只有几篇而已，1989 年激增为 13 篇，随后又开始降为 5 篇左右的水平，一直到 1994 年才再次升至 33 篇。

在对"民工潮"的报道上，《人民日报》的报道内容主要集中于描述"民工潮"现象、探究其背后原因、配合政策对农民工进行劝阻宣传。

（1）对"民工潮"现象的描述

《人民日报》通过对各地"民工潮"现象连续而集中的报道，凸显了"民工潮"问题的沉重现状、紧迫性和重要性。例如 1989 年2 月 20 号的报道《外省数万民工滞留广州》、1989 年 3 月 4 号的报道《十万民工涌入海口、希望各地予以劝阻》、1989 年 3 月 8 日的报道《呼市火车站的双向流动》、1989 年 4 月 4 号的报道《民工潮涌向西北，兰州站人满为患》等报道在标题上就以"民工潮"、"数万"、"十万"、"潮涌"、"人满为患"等词不断强调问题的严重性。图 4-3 是 1989 年第一次民工春运，人民日报第 1 版上刊载的一张北京火车站混乱不堪情形的图片。在春节过后的 2 月、3 月、4 月《人民日报》连续推出报道，形成了一轮报道的高潮，引起社会持续广泛的关注。

图 4-3　1989 年春运期间北京火车站的民工潮

如图 4-3 所示，1989《人民日报》对民工潮现象描述为："4 月
1 日，兰州车站广场被云集的人流吞没。到处是污黑、疲倦的面容，
席地而卧的躯体和肮脏的行李。站台上所有西去的列车都受到冲击。
常常是，许多人冲上去，被推下来；再上去，再被推下来。除了列
车员外，车上的乘客也参加了"保卫列车"的"战斗"。上午 11 时
30 分，西安开往乌鲁木齐的 143 次列车驶入兰州站，所有车门无法
打开，车厢内每个角落都塞满了人。"①

（2）针对"民工潮"的舆论宣传

《人民日报》通过消息、通讯、调查与评论等体裁对"民工潮"
进行一些探讨和较为深入的报道，并通过预设的报道框架来进行政
策宣传和舆论导向。

1989 年初在"民工潮"、"春运"对交通和城市的大规模压力乍
一出现时，对于这种突发、大规模的群体事件，出于社会稳定的目
的，政府和媒介并不愿意看到此类问题发生，因而态度一开始是非
常坚决反对的，体现在媒介报道的内容上，主要是对民工进城的限
制和清退，目的是行政手段上干预和化解"民工潮"。因而，这方面
的报道非常集中，如《十万民工涌入海口希望各地予以劝阻》（《人
民日报》1989 年 3 月 4 日）、《国务院办公厅紧急通知各地严格控制
民工外出组织力量做好劝阻、疏运和动员返乡工作》（《人民日报》
1989 年 3 月 6 日）。

1989 年 3 月 16 日刊发了《北京禁止擅招农民工》②，禁止北京
市招用农民工，已经招用的立即清退。5 月 14 日《人民日报》第 4 版
上报道："市府已准备整顿外地民工队伍，今年计划压缩 20 万人。"

而当年的"民工潮"逐渐消退后，政府对"民工潮"所带来的
问题开始进行理性的思考：民工潮为什么会发生？民工进城对城市
有什么影响？如何处理进城民工与市民的关系？如何解决农村剩余

---

① 张述圣，阎晓明，孙健. 民工潮涌向西北，兰州站人满为患. 人民日报，1989-04-04。
② 具体报道内容为："北京市劳动局近日发出紧急通知，禁止北京市区域内的各部门、
各单位以及私营企业、个体工商户和乡镇企业未经市劳动局批准到外省市招用农民工，也不
允许擅自招用流入北京的外地农民，已经招用的应立即清退。据介绍，北京市政府已经决定
在今年压缩和清退外地务工农民 20 到 25 万，清退工作已开始。"

劳动力问题？政府有关部门的一些人员和传媒的一些记者编辑继续关注并力图从根源和机制上研究民工潮。因而，《人民日报》从1989年春开始刊登多样化主题的调查或评论性文章，表明政府和媒介对农民流动的认识逐渐提高和深化，政府的态度和媒介的评价倾向发生了很大变化。

例如，对农民工流入城市的经济动因进行探讨，在《他们为什么涌进城？——北京站前与民工的对话》（《人民日报》1989年3月14日）报道中，记者王清宪通过现场访谈和问答的方式做了探寻：

问：你们为什么不在家种地，而这么多人出来做工？

胡国良（安徽临泉县）：我家5口人，就我一个壮劳力。去年秋天旱得没收成，全年打下的粮食不够吃，你说不出来咋办？

问：你们要是在家不出来，不能想点儿别的办法吗？比如搞些家庭副业什么的。

刘征春（湖北襄阳县）：搞副业需要钱哩？像我们这些人，连粮食还不够吃，哪儿还有搞副业的钱？

问：你们不能贷款？

王长江（河南新蔡县）：贷款？谁贷给我们。银行、信用社怕我们借了还不起，不愿借给我们钱。

问：你们那儿的乡镇企业多吗？

安振华（安徽临泉县）：我们那地方交通不方便，又不靠大城市，还穷，有的乡一个企业也没有。

谭双喜（河南安阳）：我们那儿倒是有乡镇企业，有的企业没有流动资金，厂停工，人放了假；也有的干了一年半载不挣钱，关门了。

问：在家里面不好过，可出来好过吗？

姜怀德（安徽临泉县）：说什么好过不好过呢，多少挣点钱就行。①

《人民日报》也从机制上对农民工流入城市的制度因素和市场机制进行了分析，并对农村剩余劳动力的转移和出路进行了探索：

---

① 王清宪. 他们为什么涌进城？——北京站前与民工的对话. 人民日报, 1989-03-14.

"农村劳动力的流动,不仅为城市建设和沿海外向型经济发展提供了大量劳务,而且在我国劳动用工制度的改革方面率先引入了市场竞争机制。"

"大量农村劳动力流动,难免有一部分带有一定盲目性。但从总体看是有一定规律性的,他们的流动是在商品经济机制诱导下的社会经济行为。"①

此外,对农民工进城带来的问题以及城市如何应对"民工潮"等问题《人民日报》也较为关注：

"目前,广州、北京、上海、杭州等大中城市先后涌入了大量民工,我区也不例外。大批民工纷纷进城,给城市的社会治安带来了不少问题。"

"民工大流动是我国近年来出现的,公安部门一时拿不出切实可行的治安管理办法,基层公安机关苦于治安工作任务繁重,警力严重不足,无法有效地管理游动不定的、众多的外来民工。"

"呼吁有关部门组织公安、劳动、工商、建筑、计划生育等部门,成立专门管理班子,规定外来民工一律凭原籍有关部门发给的身份、生育等证件,办理务工、居住等手续。任何单位或个人应凭有关证件雇佣民工,并负责日常管理工作。"②

"目前,大批农村剩余劳动力涌进城镇、工矿企事业单位。在我们这个矿区,也来了不少农民工。这对于搞活农村经济有着不可低估的作用。然而,使用民工带来的一些问题也不应忽视"、"滋长了矿区职工的惰性"、"偷盗情况严重"、"超生严重。"③

农民工的流动不仅影响城市,而且由于农民工的离开,对农村同样也有重要影响：

我们调查县里的6个村庄,共有男劳力2267个,其中外出务工经商的达685人,许多人家因此无人种地,特别是偏远山区,程度

---

① 郭永利. 为民工鸣个不平. 人民日报, 1989-03-25.
② 宋舟雄. 民工浪潮的困扰. 人民日报, 1989-05-23.
③ 程先和. 使用民工带来的问题. 人民日报, 1991-05-13.

不同地存在着弃耕现象。如交通不便的周家山、十字河两个村庄，因大量劳动力外流，已弃耕土地 500 亩。目前，这 6 个村庄常年种地的农民 80%为 50 岁以上的中、老年人。大量青年农民的外流，影响掌握农业生产知识和技能方面的传、帮、带工作，致使村里的种田把式越来越少。外出的 685 名劳力中，初高中毕业生有 629 人，他们学到的科学文化知识没有在广阔的天地里发挥和应用，不利农业科学技术的推广。由于劳动力的大量外流，还给农村党的建设、计划生育、公益事业建设、农田基本建设等工作带来了困难。①

这一时期对民工的报道主要以片断为主，对农民进城务工的现象进行简单描述，并对某些主题进行了一些较为详细的分析，形成了一些观点也给出了一些建议。虽然还较为简单，缺乏深入研究也缺乏系统性，但对于基本舆论的建构是比较成功的，激发人们理性地、多元化地、深入地去思考农民进城问题，从而在中国农民工公平地位的实践发展中迈出了重要的第一步。

4.5 媒介话语：一元国家—宣传话语

80 年代，单向线性传播模式下，以《人民日报》为代表的机关报是农民工报道的主要媒介，这个时期媒介对农民工报道的话语强调维护国家利益，话语表现为权力控制下的一元国家—宣传话语。

4.5.1 话语性质

1980 年至 1993 年，在媒介话语的范畴中，"国家话语"就是指涉代表国家权力层的宣传，与之相联系的概念是"官方"。在"一元国家—宣传话语"的体系下，关于农民工报道的媒介话语由政策话语直接决定，然后与政策话语一起影响公众话语，即农民工媒介话语直接发端于国家政策的宣传报道，媒介话语与政策导向变化之间的联系是直接化的。

---

① 张锡斌. 薛志英. 民工外流需要管理. 人民日报 1991-06-03.

在权力高位控制下的 80 年代，以《人民日报》为代表的机关报直接处于国家宣传部门的领导下，报道什么，不报道什么以及如何报道完全由各级宣传部门来决定,而宣传部则直属于各级党委部门。如图 4-4 所示：

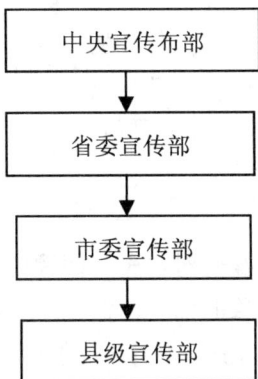

```
┌─────────────────────┐
│     中央宣传布部      │
└─────────────────────┘
          ↓
┌─────────────────────┐
│     省委宣传部        │
└─────────────────────┘
          ↓
┌─────────────────────┐
│     市委宣传部        │
└─────────────────────┘
          ↓
┌─────────────────────┐
│     县级宣传部        │
└─────────────────────┘
```

图 4-4　中国宣传部门机构设置图

1980 年至 1993 年，媒介话语的把关人是各级主管宣传部门的领导人，其话语主体代表上层权力，在层层权力部门的把关下，一元国家—宣传话语表现为国家直接控制下的强制性话语，媒介要按照官方指令（业界戏称为"规定动作"）来进行报道，"负面"信息往往被规避或经过话语修饰才能播报。

由此，在当时国家维护稳定的政策导向下，媒介在对农民工不公正待遇的报道中，始终处于一种旁观者的地位，仅仅是做了政府的"应声虫"，充当了政府的"宣传工具"。

4.5.2　话语表现形式

1980 年至 1993 年，媒介话语的表现形式较为单一，虽然囊括了消息、通讯、评论、读者来信来电等多种体裁，但是主要以短消息来主导媒介呈现。据笔者对《人民日报》体裁的统计中，该时期消息占《人民日报》总报道体裁种类的 40.3%，其他体裁，例如深度报道只占 3.9%。如表 4-2 所示：

表 4-3　1980～2010 年《人民日报》农民工报道体裁统计表（单位：篇）

阶段	体裁	消息	通讯	图片	深度报道	评论	读者来信来电	人物访谈	理论文章	政策法规发布	其他	总数
1980～1993	数量	31	7	2	3	6	4	2	15	6	1	77
	比重%	40.3	9.1	2.6	3.9	7.8	5.2	2.6	19.5	7.8	1.3	100.0
1994～2001	数量	35	13	5	12	22	17	5	16	3	2	130
	比重%	26.9	10.0	3.8	9.2	16.9	13.1	3.8	12.3	2.3	1.5	100.0
2002～2010	数量	849	186	305	49	172	22	12	32	43	39	1710
	比重%	49.6	10.9	17.8	2.9	10.0	1.3	0.7	1.9	2.5	2.3	100.0
合计	数量	915	206	312	64	200	43	19	63	52	42	1917
	比重%	47.7	10.8	16.3	3.3	10.4	2.3	1.0	3.3	2.7	2.2	100.0

　　短消息过多表现出媒介对农民工问题的社会认知只是停留在浅层面，大多只是对于现象的描述，例如 1989 年"民工潮"的 13 篇报道中有 11 篇都是消息，其中 3 月 8 日的《呼市火车站的双向流动》、4 月 4 日的《民工潮涌到西北兰州站人满为患》等报道从各个方面描述了"民工潮"的严重程度。

　　80 年代《人民日报》上关于农民工的报道体裁中，通讯、深度报道加在一起仅有 13%，表明该时期媒介对于"农民工进城"和"民工潮"后的深层社会原因未曾深入挖掘，对于农民工流动的社会影响和制度设计等探讨不够。该时期媒介话语类型的单一表现出了媒介对社会环境的变化监视力度不够，媒介只是履行了宣传的职能，对信息的传播功能、对政府的监督功能等方面存在缺失。

4.6　传播社会效果：媒介歧视从形成到加剧

4.6.1　媒介之刻板印象：盲流

　　刻板印象（stereotypes），是指选择及建构概括化的符号，将社会族群或某群体中的个别成员予以类别化的做法。在传播学领域内，学者们对于刻板印象的研究普遍集中在媒介对人们形成刻板印象所起的作用上。由于媒介是人们认识其他社会群体的主要途径，对于人们头脑中关于特定人群的刻板印象的形成来说，媒介起着非常重要的作用。

按照霸权分析的观点来看，作为权力阶层推广其意识形态重要工具之一的大众媒介是实现社会控制的有力武器。大众媒介的再现反映了社会的权力结构和主控阶级的意识形态，通过对某些社会群体的再现，塑造或强化了媒介受众的刻板印象，从而维持了社会现行权利结构和利益格局。

农民工是中国特有的一个群体，产生于 20 世纪 80 年代，是一个全新的独一无二的"中国制造"，对于这个群体的刻板印象则是前所未有的，因而，这个时期是媒介对农民工群体刻板印象进行全新建构的时期。在此期间，政府对农民工这一新事物还没有充分认识和理解，认为这一群体是盲目进入城市、对城市造成干涉和影响的，因而，由官方做出定论，并在《人民日报》等媒介上进行传播，从而形成了对农民工的刻板印象——"盲流"。

最早在 1952 年，当时很多农民进入城市找工作，使城市失业人口增加受到影响。当年 11 月 26 日，中央人民政府内务部社会司在《人民日报》发表文章《应劝阻农民盲目向城市流动》，这是政府首次通过媒介对农民工形象界定为"盲流"。到了 80 年代，市场经济迅速发展，大量农民涌入城市，在工作机会、公共交通、日常生活等方面，与城市居民产生冲突。从 1998 年到 1993 年期间，《人民日报》刊发了约十多篇有关"盲流"的报道，从而使"盲流"这个概念重新流行。

"对盲目流动的民工也应加以引导和控制"

——（《旅游客流剧增　车站列车爆满　暑期每天约 70 万人站着乘车　铁道部呼吁刹住公费旅游、会议，劝阻民工盲流》，《人民日报》1988 年 8 月 13 日）

"'盲流'，仿佛是瓶子里放出来的妖魔一样，困扰着中国，几十万寻找工作的男男女女的洪流涌进广州、流向新疆、奔向东北，也有不少来到北京。不同的乡音汇进了这股洪流，引起了一系列的连锁反应和社会问题。本来就紧张的铁路运输更是不堪重负，列车之拥挤使人想起'史无前例''大串联'的'盛况'"。

——（《"盲流"，一个信号》，《人民日报》1989 年 3 月 22 日）

"春节过后，大批外省民工盲目涌来广东。连日来滞留在广州火车站广场一带的外省民工数以万计。因为找不到工作，处境困难。"

——（《外省数万民工滞留广州》，《人民日报》1989 年 2 月 20 日）

《人民日报》对"盲流"是持负面观点的，虽然在 90 年代开始也强调要正确看待"盲流"问题，但是通过它所呈现的报道和信息，"盲流"一词最终形成了对农民工的一种负面的"刻板印象"。

4.6.2　媒介歧视的形成和加剧

从 1980 年到 1993 年的 13 年间，农民工报道数量极少，仅有 77 篇，且报道角度单一。媒介的主要功能还是作为政府的喉舌，是政府的宣传工具。对农民工的报道只是"奉命宣传"而已，宣传的主要内容是国家有关政策，包括对农民工的种种限制和清理，是站在城市人的立场，站在"以国家利益为重"的角度来要求农民工的。对于农民工在清退过程中所遭受的不公正待遇基本上没有提及。在对"民工潮"的大规模宣传中，也只是站在城市的角度进行宣传，如何维护国家稳定，如何维护城市社会治安。同时，由于历史环境所限，农民工群体长期封闭于农村，自身的教育水平较低、获取信息的方式和来源也仅限于老乡、朋友之间的口口相传，因而既缺乏对大众媒介的认知和了解，更缺少充分利用媒介表达自己看法和意见的能力。因此，他们往往仅仅是媒介报道的对象，而不可能去参与、去影响大众传媒，最终成为"沉默的大多数"，甚至成为媒介的"弃民"。

由此，对于农民工的媒介排斥形成。到 1993 年，农民工大量涌入城市引起了城市管理的混乱，媒介便归咎于农民工，对于农民工的歧视性报道数量因此大增，使用了最具有歧视性的称呼"盲流"，使媒介对于农民工的排斥一直处于加剧的趋势之中。

第 5 章 报道成熟期：发展权诉求中的媒介报道与传播

自 1992 年以来，我国经济步入了快速发展的轨道，从控制盲目流动到鼓励、引导和实行宏观调控下的有序新型城乡关系，改革城镇户籍制度，形成城乡人口有序流动的机制，取消对农村劳动力进入城镇就业的不合理限制，从而引导农村富余劳动力在城乡地区间有序流动，开始实施以就业证卡管理为中心的农村劳动力跨地区流动的就业制度，并对小城镇的户籍管理制度进行了改革。而 1993 年下半年以后，人们对农民流动就业的认识逐步深化，评价倾向发生重要转变。在这一转变中发挥了关键作用的重要人物之一是资深经济学家杜润生，他曾不止一次地指出，以民工潮为表现形式的农民跨区域流动就业是中国农民继家庭联产承包责任制和乡镇企业之后的又一个伟大创造。

这一时期，媒介中的"农民工"大多已经解决"温饱"等生存问题，开始随着经济发展的步伐踏上自身发展的道路。无论从哪个角度而言，"发展"主题已经成为这一时期农民工追求的社会权利。发展职业水平、提高职业技能、倡导职业行为、维护职业权益，这些议题逐渐地高频率地出现在媒体上。最终，经济的发展促进农民工自身的发展，他们走进城市的行为已经真正被合法化，从事职业劳动，并进而定位成"产业工人"的重要组成部分，并且日益成为产业工人的主体。

同时，在这一时期里，媒介报道议程设置拥有了一定的自主权，开始突破完全由政策议程来决定的框架，自主地来设置媒介议程；

报道内容从"以国家利益为重"的政策宣传转变为"以人为本"的人文关怀；媒介话语由高高在上的一元国家话语转变为市场经济引导下的精英话语和大众话语，表现为社会精英层面对农民工命运的担忧以及大众层面对农民工生活的同情和理解；在传播的社会效果上，媒介虽然依旧站在城市的角度来报道农民工，但是已经开始关注农民工的生活和发展状况。媒介歧视有所缓解，对于农民工的不公正待遇，媒介由第一时期的失语转为此时的主动呼吁。总之，这一时期媒介在推进农民工的不公正待遇方面已经由被动走向主动，开始履行媒介的监督职能，对农民工的公正待遇进行了呼吁，但是，由于这种呼吁和关怀仅仅是表现了一种悲情主义的人文关怀，并没有触及制度层面，未能从根源上来解决农民工的不公正待遇问题。

5.1 社会背景及媒介对农民工"发展权"的报道与传播

5.1.1 社会背景：政治上求稳，经济上求发展

20 世纪 80 年代并没有从制度上对农民流动问题进行处理，维持社会正常秩序的行政管理手段与经济紧缩的客观背景抑制了 90 年代初农民工的流动。1992 年邓小平"南巡讲话"，提出"发展才是硬道理"，将"发展与改革"的话语提升到一个前所未有的高度。中国的社会主义市场经济建设大规模展开，引进外资和加快改革成为主旋律，经济发展中的城市"房地产建设"、"开发区建设"、"外资项目引进"等需要大规模的廉价劳动力，因而 90 年代中期再一次形成大规模的农民工流动。

这一时期社会结构也发生了一些新的变化，孙立平教授提出了"断裂的社会"这一概念[①]。"断裂的社会"源于社会发展与经济增长的断裂，突出表现在社会结构中社会基层的断裂，例如城乡二元体制的断裂等。90 年中期进入城市的农民正处于被城市接纳又被城市排斥的两难困境中。具体表现如下：

---

① 孙立平. 转型与断裂：改革以来中国社会结构的变迁. 北京：清华大学出版，2004.

（1）农民工既在体制内，又在体制外

农民工参与城市的城市建设和经济发展进程，同时自身也已成为城市各种法律规章制度的执行对象，因而已经成为体制内的人群；然而，由于缺乏合法的城市居民身份（即"户口"），他们无法享受体制内的各种社会保障甚至法律保护，似乎是体制外的、是局外人。

（2）农民工创造财富，但是缺乏财富

工业经济和城市发展在这一时期取得了举世瞩目的成就，其中数量巨大而成本低廉的农民工提供了世界上最好的劳动力供给的支持。农民工以自己的辛勤劳动为国家发展和社会进步创造了巨大财富，然而，由于分配制度的不公正，农民工自身只获得极少的财富，大量的财富向少数城市精英阶层和强势群体集中，从而使得社会两级分化日趋严重，农民工等弱势群体相对财富占有量日趋降低，自身日益成为社会的底层群体。

（3）农民工既在城市中，又在城市外

由于政策的不连续性以及不定周期内的反复变化（见第 2 章），很多农民工受政策鼓励来到城市，进入工厂、工地，他们的职业技能已经发生改变，并且往往自己放弃或被剥夺了土地（城市建设中的"征地"影响了很多农民的职业选择），因此，当政策对他们进行"清退"、"遣返"时，他们已经再也无法回到自己的土地上了。因而，他们成为"失业"的城市农民工，在城市中找不到自己的根，却又离不开城市，常常聚集成"城中村"等边缘群体社区。

1994 年以后，政治层面的"稳定"话语（可集中概括为"稳定压倒一切"）与经济层面的"发展"（可概括为"发展是硬道理"）话语成为贯穿意识形态的基本话语。这两套话语具有一定的合理性，但是在实践中也出现了一些偏差：稳定不求和谐，发展不求公正。无论是"稳定"也好，还是"发展"也好，其出发点都是城市，以城市和市民作为利益主体。因而，这套话语施加于农民工群体上，就出现了拖欠工资、收容遣返等现象，从而造成不仅进城农民、甚至整个 90 年代的"三农"（农业、农村、农民）都处于一种边缘化状态。

5.1.2 政府政策

1994 年 11 月 7 日，劳动部发布《农村劳动力跨省流动就业管理暂行规定》，将城市对农村劳动力的需要与对民工流动的管理控制进行有机地结合，提出了"流动就业"的模式。该规定虽然主旨仍然在于对农村流动劳动力的管理和控制，却也从制度层面上确认农民有流动就业即从农村进入城市工作的权利，但是其农民身份不能改变，因而就形成了一个具有中国特色的群体：农民工。这个群体没有城市户籍，仍然属于农民户口，但是不从事农业而是在城市从事工业或第三产业。这项政策的意义在于国家政策由对控制农民向外流动，转向为对农民有序流动就业的有效管理。

农民的流动范围和就业领域得到确认和扩大，从而不断冲击着以往历史上制定的城乡二元社会结构制度。因此，在新的时期内，政府也一直在尝试建立一套新的城乡二元社会制度，以便适应新形式下的问题处理。因此，"暂住"、"收容"、"三无"、"外来"等表述成为政策话语和主流媒介话语的重要内容。

在这种政策背景下，农民工一方面大量涌入城市，1994 年我国外出务工农民达到 6000 万，到 1998 年全国已达到 1 亿人左右；另一方面，进城的农民工依旧遭受就业、教育等各方面的不公正待遇。

5.1.3 新闻政策：市场经济的引入与舆论监督的兴起

90 年代，随着市场经济体制的引入，我国媒介从"党国同构"的纯粹政治权力中脱离出来，其政治功能有所弱化，信息传播职能和经济属性开始凸显。

媒介在发挥舆论引导、信息服务、经济功能和教化功能的同时，开始对政府进行监督，在推动社会民主与文明进程中发挥日益重要的作用。这一时期我国新闻政策从以严控为主的单一政治职能时期向以放松管制为主的多种职能合作时期转变。主要的新闻政策集中于以下三方面：

（1）市场体制的引入

这一时期，媒介既是"事业"单位，又要企业化管理，一方面要做好舆论引导工作，另一方面也要创造经济效益。为了实现这一目标，各级新闻单位也纷纷引进竞争机制，就人事制度、财务制度、管理制度等进行改革，并且开始组建大型媒介集团。1996 年 2 月，中国大陆首家报业集团《广州日报》报业集团成立。1999 年 6 月，全国成立了第一家广播电视集团，即无锡广播电视集团。1999 年 9 月 17 日，国务院办公厅转发了信息产业部国家广播电影电视总局《关于加强广播电视有线网络建设管理意见的通知》，规定"在省、自治区、直辖市组建包括广播电台和电视台在内的广播电视集团"。2001 年 8 月，中共中央办公厅发布了《关于深化新闻出版广播影视业改革的若干意见》，明确指出："积极推进集团化建设，把集团做大做强。在现有试点基础上，组建若干大型报业集团、出版集团、发行集团、广电集团"。报业集团和广电集团的组建，突显了新闻媒体的产业化发展方向，也是我国新闻改革取得成效的一个显著特征。

（2）媒体产业改革的深化

1997 年，在中共十五大之后开展的国家机构改革中，原来的广播电影电视部撤消，并被纳入信息产业部，大众传播的产业性质进一步明确。产业改革的主要标志是集团化建设。因而，媒体产业改革的集团化方向是大方向，是应对国际媒体挑战，进一步加强舆论引导力量的重大举措。

（3）舆论引导的重视和舆论监督的加强

1995 年 1 月，中共中央办公厅发布了《关于进一步做好新闻舆论工作的若干意见》，意见指出：新闻舆论工作的根本任务，是以正确的舆论引导人，为改革开放和社会主义现代化建设创造良好的舆论环境。坚持以国家利益为重，自觉遵守宣传纪律。意见提出要坚持和完善新闻阅评制度、新闻调研制度、新闻通气会制度、形势报告会制度、新闻发布会制度、谈话制度。1996 年 9 月，江泽民视察人民日报时，提出了舆论导向"祸福论"。"以正确的舆论引导人"

成为新闻工作的头等大事。

90年代中期以后，新闻媒体的舆论监督作用越来越大：一是许多电台、电视台开设了专门节目，报纸开辟专栏，加强舆论监督，如中央电视台的《焦点访谈》节目，其三分之一的节目内容是批评报道，积极推进各级政府工作；二是各种大案要案、贪污腐败事件、特大事故、灾情的报道更为迅速、及时，如成克杰案、胡长青案、厦门走私案等都在媒体上得到公开、深入的报道，不仅使社会公众享有更充分的知情权，也敦促社会和政府完善机制。

综上所述，我国1992年以后的新闻政策呈现以下特点：新闻宣传在政治上必须同党中央保持一致；正确发挥新闻舆论在当代社会生活中的导向作用；增强新闻宣传的党性，遵守新闻宣传纪律；新闻报道必须坚持以正面宣传为主的方针；维护新闻的真实性原则，讲求和提高新闻时效；发挥新闻舆论的监督作用，积极搞好批评报道；坚持新闻改革；新闻媒体要处理好社会效益和经济效益的关系，力求两者的统一等。

在以上政策的作用下，我国的媒介在履行宣传职能的同时，一方面开始进行产业化经营，追求经济效益；另一方面开始监督政府，反映人民呼声。媒介的自主性和独立性开始增强，表现在信息传播模式上，信息呈现一种双向流动的特点，媒介在接受政府信息的同时也对政府信息进行反馈，媒介在对受众传递大量信息的同时也接受受众的反馈。这样的传播特点，一方面利于政府的政策传达，另一方面也为民意的表达创立了有效渠道。

5.1.4　媒介农民工报道状况：关注农民工发展权

这一时期，经过十几年的改革开放和经济发展，市场经济的观念已经深入人心，同样也对中国媒介产生重大影响。市场观念的渗透和经济效益的追逐，使得它开始正视受众、关注公众并研究公众，从而通过满足公众对信息的需求来实现媒介价值。可以说，在这个阶段，中国新闻媒介的传播模式彻底放弃了文革前的苏联模式，开始向西方新闻自由主义转向，以市场化和受众需求为导向，从而真正意义上开始了新闻报道回归新闻本位的历程。

　　因而，这一时期的农民工报道模式也发生了改变，这一改变是从1993～1994年期间中国声势浩大的"春运"和新的民工潮开始的。

　　1994年，"春运"带来的运力紧缺使得席卷全国的农民工流动问题再次凸显。这一时期，由于信息技术的带动和新闻报道政策的变化，中国新闻媒体自身的种类、规模、报道模式等也得到了巨大发展，各种主流媒体和大众传播媒体互相配合，从而使得议题的传播体现多元化模式。

　　春运本质上主要是流动的民工潮在极有限的时空条件下大规模聚集所造成的诸多问题，可以说是基于1989年的民工潮而来。《人民日报》在此次"春运"报道中已经突破了前一时期的"应声而动"的被动状态，而是开始"主动"介入农民工的议程设置，开始向上对政府，向下对公众同时传递信息，具体报道如下表所示：

表5-1　1994年《人民日报》中民工潮报道分析表

传播主题	日期	报道标题	主旨内容	传播方向
宣传地方政府的疏导组织工作	1994年1月31日	（1）河南有计划疏导民工潮全省三百万外出民工有二百多万纳入各种形式的组织	有效疏导	向下（宣传）
	1994年2月17日	（2）湖北疏导"民工潮"有良方 出省民工半数由劳动部门组织输送	有效疏导	
	1994年2月20日	（3）精心组织有序吸纳上海妥善疏导"民工潮"	疏导和吸纳	
	1994年2月26日	（4）莲花两万多民工不赶"民工潮"	有效疏导	
分析和建议	1994年4月17日	（1）重视"民工潮"续篇	分析和建议	向上（民情传达和建议）
	1994年4月17日	（2）专家就引导"民工潮"提出建议：积极疏导协调增加就业机会	建议	
	1994年4月18日	（3）"民工潮"十项对策建议	建议	

春运最早是政府议题，1993 年政府对于春运问题有所认识但是并不充分，在早期，政府的思路是集中运力、临时疏导为主。因此政府的思路，反映在主流媒体上，就是主要宣传各地政府如何有效组织有效疏导、铁道公路等交通部门如何加班加点增加运力等等，《人民日报》作为政府宣传的主流媒体，在 1994 年 1 月 31 日～2 月 26 日短短一个月内刊发了 4 篇文章，分别宣传河南、湖北、上海、江西等四地的组织疏导工作（详见表 5-1），通过媒介的宣传，使得民众形成政府工作是卓有成效的、"春运""民工潮"已经得到了政府有效疏导和解决的积极正面印象。

然而，对于春运，民工和民众也有自己的"议题"，从 1993 年、1994 年开始，买票难，回家难，成为民工和大众最为关注的话题，民众或责骂、或抱怨、或烦恼、或忧愁，民众通过各种渠道表示自己的不满或愤怒；基于此种情况，各类"专家学者"、"社会精英"通过大众媒体、各级政府官员行政机构通过主流媒体纷纷发表意见，或评现象、或谈看法、或谈管理、或谈疏通。随着舆论的形成和扩大，部分公众议题得到政府关注，最终权力阶层介入，将此纳入政府议程，研究和制定、发布政策。《人民日报》在此时又作为民情传达的主流媒体，例如，在 1994 年春运结束后，《人民日报》开始对春运和民工潮进行深入分析和讨论，并形成多项对策、建议（详见表 5-1），形成媒介意见，呈送政府权力层参考决策。从 1994 年开始，政府有关民工的政策法规大量出台，某种程度上可以说这些政策法规与媒介关于这次"民工潮"的报道有密切关系，从表 5-1 中可以看出，《人民日报》在 1994 年春运前后的报道主题明显有两个阶段，对应两个主题：其一是为政府宣传；其二是为公众民情传达。类似的还有保障劳动者合法权益、民工教育与培训等其他主题的报道，也验证了《人民日报》这一传播特点（详见表 5-2）。

表 5-2　《人民日报》保障劳动者权益与民工教育与培训报道分析表

传播主题		报道日期	报道标题	报道内容	传播方向
保障劳动者（民工）合法权益	宣传政府政策的管理措施和工作办法	2000.01.24	城乡，谁离得了谁？！	民工凭着自己的辛勤劳动和奉献，正与现代都市融为一体。城市需要农民，迎接农民	向下（宣传）
	反映民工在城市遭遇打击个案与调查	2000.06.12	帮农民就是帮自己	几个民工外出看夜景碰上了巡夜的，没带身份证，给抓到一个建筑工地筛了半个月沙子，然后被遣返回原籍。	向上（民情传达和建议）
	反映民工在城市遭遇打击个案与调查	2000.01.24	农民：需要什么样的环境	老乡进城，好多规矩都不懂。有关人员如果多做些耐心的解释，而不总是"不由分说"地采取简单粗暴的办法，漂泊异乡的人们心头会温暖得多。至于那些蔑视人格尊严、违法敲诈的人，是应当受到谴责和制裁的。	向上（民情传达和建议）
民工培训与教育	反映民生活需求	1996.01.13	民工夜校谁来办	民工渴望了解城市、融入城市，需要知识也需要尊重，但城市并没有为民工准备课堂。提高他们的素质，已是当务之急。	向上（民情传达和建议）
	宣传法规、政策和地方执行的正面案例	1997.08.12	农民工进院校	95%的农民打工仔与内部职工一样掌握了 2 项至 3 项施工技术	向下（宣传政策法规、落实情况）

在以上这些报道中，《人民日报》农民工报道的信息流向分为两个：一是继续向下传达国家的有关政策，二是开始向上反映来自农民工群体的呼声。与第一个时期信息仅仅从政府→媒介→公众相比，增加了从公众→媒介→政府的新流向，我们将之归纳为"双向并行传播模式"。

5.2 "发展权"求取期的主流媒介报道与传播

5.2.1 双向并行传播模式的定义

1994 年至 2001 年，我国媒介对农民工的报道呈现一种双向并行传播模式，如下图所示：

图 5-1 双向并行传播模式示意图

所谓双向并行传播模式，就是信息在政府、媒介以及农民三者之间双向流动。

该模式的核心部分是媒介在宏观上接受政府的领导，但是开始具有相对的独立性，对农民工的报道不完全遵循政府的指令，媒介在政府议程的框架内开始独立设置传播议程，与政府议程出现一定程度的分离；媒介话语呈现为精英话语与大众话语的共存，媒介话语的变化与政策话语的变化相互交织、同步发展，话语形态表现为从政治权力高位控制向低位管理过渡的多元话语的萌芽；传播内容主要包括对农民工生存、生活状态的关注和思考；传播方式上表现为信息在媒介与政府、媒介与受众之间双向流动的特点；传播效果上表现为媒介对农民工不公正待遇的人文关怀。

5.2.2 双向并行传播模式的特征

（1）信息流向上呈现双向性特点

双向并行传播模式下，信息在政府和媒介、媒介和受众之间主要的有两个方向的流动，一是信息由政府经由媒介流向公众，一是信息由公众经由媒介流向政府，这两种方向并行不悖，彼此之间有一定的相关性，但更主要的是表现出较强的独立性。

（2）受众地位开始提高

双向并行传播模式中，受众地位开始提高。媒介在政府管理下进行信息发布的同时开始对政府某些政策进行监督批评；受众在接受媒介信息的同时也对媒介进行建议和评价。

（3）传播效果上反馈性开始增强

双向并行传播模式中，媒介对政府的反馈、受众对媒介的反馈都开始增强，政府以及媒介在传播渠道上建立了必要的反馈机制。

5.3　议程设置新流向：媒介议程→公众议程→政府议程

在议程设置流向上，初始期所遵循的"政府议程→媒介议程→公众议程"设置流向依旧存在，并在很多报道中，尤其是在对国家有关政策的宣传及其相关实施过程的报道中依旧发挥着主要作用。随着政府管理职能由直接控制向服务管理的转变以及媒介地位的提高和媒介独立性的出现，媒介议程设置并非完全按照政府议程的要求来完成，而是开始独立思考，开始关注农民工的生活生存状况，由此引导舆论对于农民工的认识由被动接纳到人文关怀过渡，并由此在一定程度上影响政府议程。

5.3.1　农民工的议题建构：由国家政策单独设置向媒介动员、政策出台过渡

1989 年的"民工潮"主要是作为"一种现象"或"一个热点事件"被视作孤立的个案受到媒介呈现，然而，随着"民工潮"在 1989 年之后的暂时平复，现象和问题似乎得到解决，媒介对此议题的关注和热情迅速跌落。根据 Anderson（1983 年）提出的激活扩散理论（Spreading threshold）的假定[①]，如果没有额外的或附加的"激活源"，那么，一个"媒介事件"的活化程度将随着时间而衰退；最终，如果没有更多和持续的激活（activation），该事件的活化程度将回到休眠状态。类似地，"民工问题"的议题在 1989 年后，也逐渐进入"休眠状态"，而新的"激活源"则一直等到了 1994 年的"春运"。

---

① JR Anderson. Retrieval of information from long-term memory. Science, 1983. sciencemag.org.

表 5-3 "民工"标题检索信息量统计表(单位:篇)

时间	农民工	民工	合计	时间	农民工	民工	合计
1980	1	1	2	1996	0	7	7
1981	0	4	4	1997	2	10	12
1982	1	0	1	1998	3	11	14
1983	1	2	3	1999	2	6	8
1984	0	4	4	2000	0	10	10
1985	1	0	1	2001	1	16	17
1986	1	3	4	2002	9	27	36
1987	0	6	6	2003	50	101	151
1988	1	7	8	2004	197	112	309
1989	1	12	13	2005	168	77	245
1990	0	5	5	2006	251	30	281
1991	0	9	9	2007	251	21	272
1992	0	6	6	2008	142	10	152
1993	1	10	11	2009	137	9	146
1994	1	32	33	2010	111	7	118
1995	2	27	29	合计	1335	582	1917

通过表 5-3 可以看到,《人民日报》关于民工报道的信息总数 1993 年还只有 11 条,而 1994 年则增加到 33 条,增加了 2 倍,表明"民工"开始成为媒介关注的焦点议题。1994～1996 年期间以《人民日报》为代表的官方媒体对"民工"问题议题的介入,在相当意义上是由于 1994 年"春运"问题作为"激活源"得以激活的。《人民日报》1995 年 3 月 12 日主题报道"为了两千万民工有序流动"对这个过程进行了具体报道:

(1994 年"春运"从 1 月 21 日开始到 3 月 21 日结束)

"春运"结束刚 10 天,铁道部就向国务院领导同志送上了一份长达 6000 字的专题报告和一盘录像带,主题是:民工潮对铁路运输造成巨大压力,铁路已经不堪重负,必须及早研究对策。

领导同志看到的是:

　　——南方各个铁路局的车站全部旅客爆满，特别是成都、重庆、贵阳、郑州、武昌、广州等上百个站，日积压旅客近万人到数万人，列车上更是普遍严重超员，一节硬座车定员 108 人，但大多数超员 100%以上，最高的超员 300%，挤了 447 人……

　　——一些不法分子趁机作案，刑事、盗窃案件明显上升。其中重大、特大案件分别比上年同期上升 24%、27.7%……

　　——由于列车大量超员，胳臂粗的转向架弹簧被压死的情况共发生了 900 多次（压死弹簧的车辆如果开出，在弯道上容易倾覆）。不少列车还发生车钩差超限现象（钩差超限会导致列车脱钩）。

　　朱镕基副总理看了录像带以后，心情沉重地感叹：惨不忍睹！"铁路受累，旅客受罪"的现状再也不能继续下去了。

　　1994 年 8 月，在北戴河，江泽民、李鹏、朱镕基、邹家华等领导同志，又一次分别听取了铁道部部长韩杼滨关于 1995 年"春运"准备工作的汇报。

　　1994 年 11 月 25 日，国务院召开 1995 年"春运"期间组织民工有序流动工作会议。国务院决定采取五项措施……

　　这五条措施，集行政、经济、思想教育功能于一体，不仅有合理的限制、必要的规范，而且更多的是对广大民工的体贴、爱护和关心。

　　1994 年"春运"带来的运力紧缺使得席卷全国的农民工流动问题再次凸显。由于信息技术的带动和新闻报道政策的变化，中国新闻媒体自身的种类、规模、报道模式等等也得到了巨大发展，从而使得这一媒介议题得到更为广泛、更为深入、更为全面的传播。此时，不仅民工潮这一特定议题得以再次激活，更为重要的是，关注民工群体的"政策"议题在这一时期也得以首次启动。自 1994 年始，各种关注民工主题的政策法规相继出台，这些政策法规的出台很大程度上源于媒介的这次集中报道。

　　《人民日报》在 1994 年和 1995 年两年期间内，结合新的政策和框架导向，重点强调"民工"议题，带动媒介发动一场关注"民工"舆论宣传和政策导向的专题活动。1996 年开始，由于中国经济体制改革深入、国企工人下岗失业问题开始成为社会关注焦点,《人民日报》的议题开始离开"民工",转向"下岗"。本书对《人民日报》第一版(头版版面),以"民工"和"下岗"作为检索词进行标题检索,得到如表 5-4 所示数据:

表 5-4 《人民日报》1 版"民工"+"农民工"和"下岗"标题检索分布

年份	1992	1993	1994	1995	1996	1997	1998	1999	2000	2001	2002	2003
民工/农民工	1	1	12	11	1	1	1	1	1	—	2	16
下岗	—	—	—	—	4	19	64	32	6	2	18	8

《人民日报》作为中国政府官方报纸,头版(第 1 版)版面位置的重要性不言而喻。因此,《人民日报》头版的布局及框构,版面上相应议题往往可以表明政府的注意力所在。通过表 5-4,可以看到,"民工"议题分别在 1994～1995 年中在 1 版发表较多;而城市职工"下岗"问题则在 1996～1999 年集中登上《人民日报》头版。这也同时表明,2003 年"民工"问题在新的事件下被再次激活。

5.3.2 议程设置新流向:媒介议程→公众议程→政府议程

1994 年以后,媒介在农民工议程设置上除了依旧遵循初始期的政府议程→媒介议程→公众议程的设置流向之外,还出现了媒介议程→公众议程→政府议程的设置流向。两种议程设置模式交互影响,共同为农民工的报道发挥作用,前者功能逐渐弱化,比重逐渐减少,继续为国家有关政策的宣传而服务;后者的比重逐渐增加,媒介作为精英和大众的代表,开始发挥主动性,主动介入有关农民工议题的建构,并且独立引导公众舆论,在一定程度上影响政府议程的设置。如图 5-2 所示:

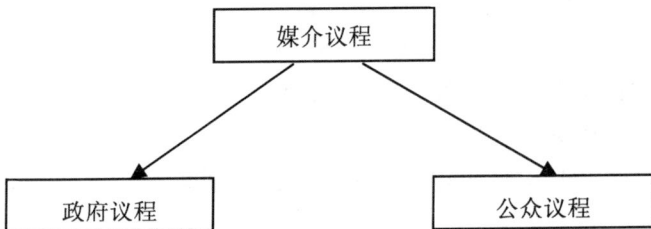

图 5-2 成熟期主要议程设置流程图

自 1994 年以来，媒介开始兼重"国计"、"民生"，一方面，媒介充当政府议程的传达者，表现为对国家事务的行政职能；另一方面，由于精英媒体的涌现和发展，媒体开始转变为社会议程的设计者，凸显为对社会事务的服务职能。这个时期，媒体逐渐承担着越来越多的社会责任，宣传和报道社会生活中"真、善、美"的事物，揭露"假、丑、恶"的东西，从而更大程度地推动社会的进步，为此，媒体不仅积极争取社会问题的报道主动权，还力图争取更高层面的政治话语权。

例如，《人民日报》等主流媒体的议程设置在 1994 年以后开始发生转向，从前一时期的"奉命宣传"转向到深入影响政府决策、引领舆论导向，这种转向在同时期农民工问题的议程设置上很好地表现出来。此时，《人民日报》在构建农民工报道议题的过程中，改变了以前只按照政府指令进行被动宣传的状态，开始主动介入农民工的议题建构，通过大量报道，不仅展现了国家政策对农民工的逐渐放开过程，政府对农民工的关爱和保护，城市对农民工的逐渐接纳过程，而且将农民工在流动中的无奈和艰辛、政策的限制与歧视以及城市的拒绝和冷漠真实地展现在受众面前，从而引导公众对于农民工的真实生活状况形成全面的认识，也引起政府部门的重视，进而影响某些政府议程的设置。

如果说以《人民日报》为代表的主流媒体的议程设置主要是宏观层面，即基于国家政策和行政组织视角考虑；那么以《南方周末》为重要代表的精英媒体在农民工议题的设置上则明显是微观化的，精英媒体更多的是对社会生活的各种细节、对社会规范和公共道德、国民个体的心理和行为的观察、思考和探索。精英媒体数量众多、分布广泛，它们各具特色，从各种角度、各个维度对国民社会生活的方方面面进行报道和研究。《南方周末》在农民工议题的设置上非常注重批判性报道，通过深度揭露农民工面临的生存生活问题，对造成农民工困境现状的环境背景进行深入追查和强烈批判。例如，《南方周末》对农村"空巢现象"和"留守儿童"等展开深度访谈调查，向公众公开展示了农民工离家去打工后其家庭的生存生活现状，所造成的社会问题和社会影响，从而提出一个新的议题：农民工家庭关注。农民工支撑起改革开放以来中国经济的快速巨大发展，然而隐藏在背后的是千千万万个农民工家庭的奉献，这些家庭所遭受的各种压力甚至超过农民工本身。《南方周末》的受众庞大，并且在意识流和价值观等方面有相似点，因而，能够很快就此议题产生共鸣，短时间内就形成社会舆论，从而一方面形成"民意"，成为公众议题，吸纳其他社会群体等公众力量而形成更为广泛、更为强大的舆论场；另一方面，形成"政意"，通过对主流媒体施加影响，最终导致政府的介入和关注。通过这样的流程，《南方周末》等精英媒体实现了自身的话语权，提高了自身的影响力和媒介地位。

5.4 传播内容：对农民工生存生活状况的人文关怀

在 1980 年至 1993 年的农民工报道初始期中，媒介涉及主题较为局限和集中，1994 年以来，各类媒体的发展进入繁荣时期，相应议题涉及领域逐渐宽泛，议题内容也逐渐深入化、多角度、全维度发展。随着政治体制改革和市场经济快速发展的背景，人们的社会权益和家庭生活等议题持续得到关注和深化。

5.4.1 《人民日报》的报道内容

根据在《人民日报》全文数据库中的检索发现，在此时期农民工报道的主题主要集中于"坚持探索下去"和围绕是否"清退农民工"所作的讨论。不同时期报道侧重点也不同，关于"坚持探索下去"的报道主要集中于 1994 年至 1998 年，"清退农民工是否可以请来下岗工"的讨论主要集中于 1999 年至 2001 年间。

（1）1994～1998 年：坚持探索下去

《人民日报》针对农民工的议题最早发轫于其 1994 年 1 月 26 日第 2 版版面上的一篇理论文章《坚持探索下去》。该文章指出存在化解和疏导"民工潮"任务的省市，如果能够"主动地从培育农村劳动力市场方面下力气，采取切实有效的措施进行引导和调节"，那么，"民工潮"将能得到消解，并"逐步转化为推动国民经济发展的一支有生力量"。该文章还基本确定了农民工议题的长期框架，"这是非常有现实意义和历史意义的探索，应当坚持下去，不断取得进步。"

　　《人民日报》对农民工的早期报道主要是对现象的描述。正如上文所述，"春运"事件报道就是一次典型的现象呈现。随着农民工的更大范围内的流动以及农民工群体规模在各大城市的持续扩大，农民工的生存形态、生活状况等内容逐渐被关注和报道。因此，《人民日报》不仅在宏观层面上对政府议程的政策进行宣传和报道，也逐渐渗透进入农民工的微观生活层面，很多报道都展现了农民工个体在城市生活中的各种困境、诸多迷惑尤其是所遭遇的不公正待遇，例如，《人民日报》1994 年 2 月 13 日第 2 版的一篇报道《一位民工投书本报吐露心声》中描述了民工们在城市中身份低下、工作低等、生活低劣的状况。1995 年 5 月 4 日第 3 版的一篇报道《从打工妹到特等劳模》中告诉公众民工中间同样也有很多优秀的人物；1996 年 2 月 7 日第 10 版的一篇报道《关心农民合同工》告诉公众他们也是社会主义建设的一分子，他们并不是"盲流"，他们也是活生生的人，同样需要社会来关心和支持；1998 年 12 月 16 日的文章《农民工因工伤残雇佣方有责抚恤》告诉公众他们的合法权益同样受到法律保护。这期间，《人民日报》也描述了农民工在城市生活工作的诸多方面，但是总体来说篇幅短小，报道较为零散，主题分布广泛但不系统。

　　此外，《人民日报》对农民工的理论研究在这期间也较为突出，1994 年到 1998 年期间关于农民工的理论探索方面的文章就有 12 篇，从而在农民工问题上引领了一次"理论探索"的浪潮。这 12 篇文章主要为：

　　《坚持探索下去》（1994 年 1 月 26 日，2 版）

　　《让有序从源头开始》（1995 年 1 月 14，4 版）

　　《流动人口激增的理论思考及其政策选择》（1995 年 1 月 26 日，9 版）

　　《关于农村劳动力剩余和基本对策问题》（1995 年 1 月 28 日，2 版）

　　《实现农村剩余劳动力转移有序化的条件和对策》（1994 年 4 月

6 日，9 版）

《农民流动与政府管理》（1995 年 7 月 10 日，10 版）

《农民工与现代意识》（1995 年 8 月 3 日，10 版）

《切实解决农村剩余劳动力就业问题》（1995 年 12 月 7 日，9 版）

《劳动力的流动和素质》（19996 年 10 月 3 日，10 版）

《近年来社会流动研究述评》（1998 年 2 月 14 日，5 版）

《农民工与中国城市化道路》（1998 年 2 月 18 日，11 版）

《重视民工违法犯罪问题》（1998 年 6 月 17 日，10 版）

这些理论研究方面的文章可以说是基于前一阶段农民工现象问题描述的深化和理论总结（从议程设置上来看，这也存在显然的逻辑先后关系，在这一期间，1994 年农民工现象的表述文章达到最高为 99 篇，而 1995 年理论研究的文章达到最高为 7 篇）。通过各种农民工问题的宏观和微观不同视角的理论探索，对农民工的流动带来的城市发展、就业、社会保障、法规政策、人口素质等等议题进行了集中论述，从而最终提供解释并强力支持继之而来的政府管理的一系列相关政策和措施的出台和执行。

（2）1999～2001 年：清走农民工是否就能请来下岗工

1997 年席卷东南亚的经济危机，严重波及到我国的市场经济改革，最为突出的是我国的出口贸易和乡镇中小企业面临更为严峻的市场环境，而国有企业也因之加强改革力度和加快改革进度，伴随国企改革带来的大量的下岗工人的规模迅速扩大，仅仅 1999 年和 2000 年就有失业或下岗的职工大约 1800 万人。这些下岗职工自然主要也是在城市内部"消化"再就业，因而，国家政策的焦点在此期间向"下岗工人"倾斜，1998 年 6 月中共中央、国务院发布《关于切实做好国有企业下岗职工基本生活保障和再就业工作的通知》，明确强调了国有企业下岗职工"基本生活保障"和"再就业"在当前工作的重要性，并把这一工作纳入政绩考核内容。由此造成很多城市的地方政府为了推行这一考核内容，使用行政政策对非本地户籍的外地农民工的就业行业和就业领域进行歧视性管制，从而"保护市民"，清退农民工。

　　然而，《人民日报》特别地指出，即使在忽略工作权利平等的这一基本前提，仅仅就行为效果而言，清走农民工就能请来下岗工吗？为此，《人民日报》就该议题进行了一系列的主题报道。《人民日报》1999 年 4 月 19 日第 9 版的一篇文章《重庆"棒棒""打"不着下岗工　粗笨脏重的活，农民都包揽了》突出农民工对城市发展的重要作用以及农民工被清退后导致的消极后果，力图理清和强调农民工和下岗工在就业问题上的互为补充关系。《人民日报》199 年 4 月 19 日第 9 版的另一篇报道《城里人就业目光下移　武汉农民工再辟新路》、1999 年 4 月 19 日第 9 版的《限制清退农民工利小弊大　再就业要城乡统筹》以及在 2000 年 8 月的人物专访《环卫妈妈》等报道从不同角度分析了这一现象，认为城市劳动力的下岗与再就业问题的解决关键在于经济结构调整和国有企业改制，而不是清退农民工；相反地，农民工的流入能够有效弥补城市就业的市场空隙和服务类目，尤其在低成本和苦、脏、累、险等工种上，农民工能够提供各种基础产品或附加服务，从而扩大和拓展就业面，繁荣了市场经济并促进了市场需求的全方位满足。在阐释清楚农民工进城的有益性和就业的非替代性后，《人民日报》在相关后续报道中同时呼吁城市应当积极接纳农民工并为农民工提供良好生存生活工作环境，例如1999 年 6 月 17 日第 11 版的《城门向农民敞开——访中国社会科学院人口所所长蔡防博士》、2001 年 6 月 18 日第 9 版的《为农民进城提供宽松环境》等相关报道都呼吁要从制度上消除障碍、保障农民工合法打工权利。

　　总体而言，作为政府政策下达和民情舆论上传的主流媒体，《人民日报》从实例、事件以及理论等进行多层次、高深度、多领域的报道和讨论，较为真实地反映了农民工议题的现状、原因、问题、对策，体现了作为重要媒体的社会责任感和人文精神；此外，在《人民日报》主流媒体的议程框架下，带动了各类媒体对农民工议题的持续观察和深度讨论，也较好地表现了一个主流媒体的舆论领袖作用。

　　（3）《人民日报》报道特点

　　该时期，《人民日报》对于农民工的报道体现了深入、全面以及

人文关怀的特点:

①不但报道农民工现象,而且深入挖掘造成现象的原因

例如在关于"坚持探索下去"、"清走农民工是否就能请来下岗工"等议题的报道中,不但描述现象,而且就现象背后的深层原因进行挖掘,全面分析"民工潮"产生、发展的社会结构性原因。

②报道议题全面,涉及民工生活的方方面面

与前一时期媒介仅仅配合政策进行报道的情况不同,《人民日报》对农民工的报道也逐渐广泛而深入。根据第 3 章统计数据,这一时期报道的主题主要集中在两个方面,一方面民工流动报道,大约占对农民工报道总量的 31.8%,另一方面是关于农村进城打工人员与原城市居民之间社会关系的报道,这一部分约有 20.2%;此外,相关报道的广泛性也很明显,关于农民工的工作权益、社会保障、生活状况、公共安全、法律救助等等的报道到涉及农民工在城市生活的方方面面。

③报道凸显人文关怀

1994 年以后,《人民日报》在报道农民工生存生活状态时,改变了以往"高高在上"的政府宣传者的说教形象,而是开始对农民工进行"和风细雨"式的关怀。报道深入农民工生活的各方面,展现他们在城市打工的不易,遭受到的歧视以及城市人的逐渐接纳。在这些充满感性的报道中,表现出了一个媒体应尽的社会责任和对农民工民工群体的人文关怀。但是,对于造成农民工不公正待遇的根本问题,诸如户籍制度等的不公正,报道则鲜有提及,这显示了媒介报道还没有从更深的制度化层次进行考虑。

5.4.2 精英媒介代表《南方周末》的报道内容

作为对主流媒体的有力补充,精英媒体是中国媒介体系的重要组成部分。《南方周末》是其中重要的具有广泛影响力的代表性媒体,号称要实现"让无力者有力,让悲观者前行"。早在 1992 年邓小平南巡并发表重要讲话后,《南方周末》以其所处的特定时空背景,从一开始就非常关注农民工议题,从农民工的产生、成长、发展到壮大,从被社会忽视转向政府支持和社会接纳,《南方周末》进行了长

期的观察，并对许多热点问题甚至是敏感信息进行深入调查和公开报道。同时，在不同的报道时期，《南方周末》相关报道立场体现出长期的一致性，明确表现出对农民工群体的人文关怀。

（1）《南方周末》农民工报道阶段

①1993～1995 年感性报道阶段

这期间《南方周末》对农民工议题的报道主要基于感性报道框架。在内容文字上，记者态度鲜明，立场明确，各种记录文字使用多种文体，通过对细节的聚焦和放大，通过极具"煽动性"的标题，使用大量的副词、形容词以及动词，各种情感无论是愤怒、同情、感动、震惊等等跃然纸上，在报道结束时常常还进行审判性的主观评论，作者爱憎喜忧的倾向性非常明显，对受众富有极强的感染力。同时，在版面设计上，编辑的设计也非常配合这种情感渲染：版面主要采用黑白色调，大幅黑色照片，配以突显的白色文字对图片解说，大号的黑色标题配以全局版面的对开式设计，从而更加调动了读者的情绪和想象力。

这种感性报道框架的手法在此期间非常突出。例如，1995 年 10 月 20 日头版头条的报道《打工孕妇遭毒打，<劳动法>为谁撑腰？》对任承龙等不法分子的行径进行了有力鞭挞；1995 年 5 月 23 日的头版头条报道《民工不是包身工》里面直接警告"民工不是包身工，《宪法》上说，你们也是国家的主人"；1995 年 3 月 31 日头版头条文章《千万把我当人看》也明确强调"广东现有上千万来自全国各地打工者，他们为广东经济的发展与繁荣做出了不可磨灭的贡献，他们受国家法律和政策保障的各项权益不容漠视和侵害。打工者并非谁家的奴隶，他们同样是国家的主人"。

以情感为框架的报道方式一段时间内得到受众青睐，《南方周末》的媒体道德审判权也得到了受众的基本认可。然而，过于感性化和情绪化的报道，也会严重影响新闻报道的客观性，《南方周末》在这一时期末逐渐意识到这一点，因而也开始转向更为理性的报道框架。

②1996～2001 年的理性报道阶段

1996 年以来，《南方周末》的报道方式逐渐稳重而成熟化，在各种主题报道中，记者的评述和个人观点逐渐淡化退出，取而代之的是新增加入专家和权威的意见观点，记者的个人观点和立场通过经筛选加工后的专家意见表现出来。因此，虽然记者的意见表述变得间接，但是其影响力则变得更大。例如《南方周末》1996 年 6 月的一篇报道《采石场？集中营！》中这样的描述采石场农民工

"只见几十个民工正顶着烈日在深坑里采石，几个身着黑衫的打手模样的人手持铁棍在一旁虎视眈眈地监视。……（被解救后）有人当场便脱下身上褴褛的衣衫，露出遍体旧疤新痕，嚎啕大哭起来，其中 8 个民工更是长跪不起，声泪俱下……几乎每天都要被打，工头打他时，尚嫌他站着打起来太辛苦，每次都要他跪在地上方便工头踢他的头和胸部。"

而在报道结束时，则是很平淡的纪实性的描述：

"采石场的恶性事件在广东各地一再发生，已不是一个不成新闻的新闻。龙头镇第三采石场被公安机关扫荡后，镇里某领导这样向派出所打招呼：抓几个人便可以了，不要搞得太大，影响石场正常营业。"

从报道内容可见，虽然作者的倾向性还是较为明显，但是已经有了很大的变化。整篇文章中不再使用有强烈情感色彩的形容词或副词，而是用蒙太奇的手法把事件现场的关键点突显出来，尤其是结尾处，作者不再大声疾呼，而是利用"地方某些官员的话语行径"自然而然地揭露隐藏在这整个事件中的深层次原因，让读者自己去裁定、去思考。这表明《南方周末》的报道框架和手法已转向理性。在理性框架报道模式下，理性平和的文字代替了嫉恶如仇的激情表露，表明媒介只是"端出"现实，让人们自己去"加工"。在这种呈现事实的表述中，农民工的眼睛代替了记者的眼睛，专家的话语代替了记者的话语，因而，理性框架报道模式下的《南方周末》的社会影响力更大了。

（2）《南方周末》农民工报道内容分析

关于《南方周末》的 1994 年至 2001 年的报道数量及媒介定性，李星在其硕士论文中选取了 79 份样本（1993～2001 年）进行了分析，她从农民工的角度出发将有关报道分为正面报道和负面报道，其详细统计数据如下表：

表 5-5　1993～2001 年《南方周末》农民工报道统计表

年份	全面相关稿件数量	负面报道		正面报道	
1993	7	3	43%	4	57%
1994	8	6	75%	2	25%
1995	12	7	58%	5	42%
1996	12	8	67%	4	33%
1997	12	10	83%	2	17%
2000	16	14	88%	2	12%
2001	12	12	100%	0	0%

数据来源：李星.《南方周末》视阈下的农民工. 华中师范大学硕士学位论文，2009.

从上表中我们可以清晰地看出，《南方周末》在农民工这个群体的报道中，负面报道比例很大，从 1993 年开始逐步上升，一直到 2001 年，全部为负面报道。在这些负面报道中，农民工以弱者、受害者的面目出现，是被欺凌、压抑的对象，他（她）在事故中死亡或受伤，求职遇到挫折，上当受骗，或者被盗、被抢、被雇主侮辱，或者为生活所迫到处流浪、无家可归……

报道中的农民工总是一副愁眉苦脸的模样，经过了媒体大力的推广和放大，这一刻板形象几乎成了他们的标签，虽然这也是他们真实的一面，但媒体中这样一个单薄平面的形象并不是他们的全部，这一部分被放大，甚至有些夸张、扭曲，本来立体生动的群体在报纸上变成了单面人。远远的我们可以看见这群人是悲苦的，整个群体都是灰色的，笼罩着一层哀苦的情绪，这就是媒体呈现给我们的镜像。在这些报道中，有关农民工议题的具体数据如表 5-6 所示：

表 5-6　《南方周末》农民工议题统计表

年份	生活困难	遭受歧视	子女上学	欠薪	矿难	受害者	犯罪行为	理想与贡献	专家意见	其他
1989	——	1	——	——	——	——	——	——	——	——
1993	——	2	——	——	——	1	——	——	2	2
1994	3	——	——	——	——	2	1	——	——	2
1995	1	3	1	——	——	2	——	1	2	2
1996	3	1	——	——	——	——	——	1	——	3
1997	5	1	1	——	——	2	——	1	1	1
2000	5	2	——	——	5	——	——	1	1	1
2001	5	——	2	——	4	——	——	——	1	1
2002	5	5	——	1	——	——	2	1	5	1

数据来源：李星.《南方周末》视阈下的农民工. 华中师范大学硕士学位论文, 2009.

从表 5-6 可以看出,《南方周末》农民工报道的议题内容, 对于这个群体的描述基本上都是从以下这些方面来进行的: 他们生活艰辛难以维系, 被城市歧视, 受到迫害也无力还击, 血汗钱总是拿不到, 连孩子的生活学习权利也得不到基本保障, 这就是媒体告诉我们的农民工。这种镜头在《南方周末》中是以特写方式出现, 不过,《南方周末》展示农民工群体弱势凄惨的境遇并不是为了哗众取宠, 揭示的目的是为了引起社会的关注, 以期最终得以解决。

《南方周末》中用了相当多的篇幅来报道精英阶层对这个群体的关注, 从上面的数据可以发现, 每年报道中的"政策专家意见"都占有相当比重, 这些负面的报道一定程度上都起到了相当的警示作用。面对这样一个受到很多不公平待遇而且没有什么保障的特殊重要群体, 尽量展示出他们的凄惨处境, 以期望得到社会的关注, 引起有影响力的专家重视、读者的思考, 通过他们的力量来帮助解决和改善农民工群体的困境, 这也是目前为止比较有效的解决方式。由此可见,《南方周末》在对农民工的报道中, 以精英的视角来关注农民工的悲惨生活，对于农民工表现出了深刻的人文关怀。

5.5　媒介新话语：精英话语和大众话语

在双向并行传播模式下，以《人民日报》为代表的机关报和都市报、电视共同介入对农民工的报道，这个时期媒介对农民工报道的话语从国家一元话语为主向市场经济影响下的多元话语过渡。原来的国家话语为了更好地为受众所接受，也在积极地改变话语表现方式，从以"国家利益为重"开始向"以人为本"过渡，从"高高在上"的"灌输式"宣传向"和风细雨"的引导式关怀过渡。在一元话语发生改变的同时，还出现了精英话语和大众话语。精英话语和大众话语彼此影响，共同体现了农民工报道悲情主义框架下的人文关怀。

5.5.1　话语性质

90 年代，媒介开始介入农民工的议题建构过程，主动性增强，可以说媒介话语的变化在一定程度上促进了政策议题的变化，此时期主要的话语类型除了官方话语之外，还出现了精英话语和大众话语。

（1）精英话语

媒介具有一定自主性的"深度—精英话语"的主体不是公众，而是与权力决策层关联着的社会精英，其话语特征"向下"则主要表现为对社会大众的传道解惑，"向上"则是对权力机构提供证据，通常意义上可以理解为"公众话语"与"国家话语"之间的中间层。

90 年代随着市场经济改革的深入和人们思想的逐渐转变，中国的"精英"阶层在此期间的规模扩张很快，与此同时，80 年代中后期，中国报纸媒介开始了一波全国性的"深度报道浪潮"，其目标受众即为日益扩大的精英阶层。媒介的这次"深度报道浪潮"打破了传统体制中一元国家-宣传话语完全垄断的格局，在社会生活的各个微观层面的话语表达上首次获得自主话语权（有限的），不再一定需要"统一口径"，不再只能"天下太平"，而是以更为理性思辨的思维态度来探究复杂而生动的背景真实，因而，某种意义上可以说，深度报道（以及后续的"调查性报道"）的浪潮表明媒介视角开始投向社会现实，开始转向"精英-理性思辨话语"，它成为中国媒介话语结构转型发展时期的一个重要"拐点"。

同以往传统的媒介相比，精英话语有着很多新的特点：

①不再预作价值判定。对于议题内的事物，放弃"光明与阴暗"、非此即彼两极分化的价值界定，主张应当首先全面、完整地对事物进行考察，考察后再进行判断。

②不再"单面"或过度筛选信息。传统媒介由于宣传或其他的需要，目的性和价值取向非常强，因而通常会选择符合其目标和价值取向的局部或片面材料并屏蔽其他信息。新的话语模式主张放弃目的导向，而以一种客观的、研究的态度去记录、报导和探究事实本来面目，不作价值筛选。

③不再轻易对事物进行盖棺定论。放弃以往就事论事，孤立、静态化地描述事物的方式，而是认为任何事物都是处在一个还在发展过程中的"动态阶段"，并且事物与事物之间存在很多关联关系，应当以一种"动态"、"联系"、"系统"的科学观来观察事物。

④不再"指导式"讲话。放弃了以往"以上对下"的单向指示甚至"命令"的说教话语，而是采用一种与受众平等沟通、相互交流、探讨的态度来描述事物。

80年代末90年代初，正处我国改革开放的初期特定阶段，社会转型、新旧体制改革、中外思想碰撞等等给人们带来了很多矛盾和困惑，这成为深度报道和精英话语为受众所广泛接受的历史时代背景，在此特定背景环境中，报纸媒介因为触及各方关注的社会热点和焦点议题，并以其"精英话语"为受众"答疑解惑"，因此"几乎无一例外地在读者中激起了强烈的、或比较强烈的反响……编辑部往往收到大量的读者来信——这些来信还往往是持不同观点的、从事不同的职业与居不同区域的读者写的，可见这类报道在读者中的覆盖面相当大，所引起的各方面的兴趣已远远超过了它本身的范围"①。

进入 90 年代，深度报道逐渐发展成包括报纸、期刊以及广播电视等诸多媒介中的"高级话语"。早期报纸及新闻周刊中的佼佼者，包括《南方周末》、《中国青年报》、《中国新闻周刊》等吸引了一大批固定的读者群；而 90 年代中期电视媒介也陆续进入深度话语领域，《焦点访谈》、《新闻调查》等电视媒体的深度话语类频道借助于电视媒体的优越性迅速加强了自己的社会影响力，形成一个个核心品牌栏目，获得了众多稳定的受众群体。

（2）大众话语

与官方话语和精英话语不同，与"大众话语"相联系的则是民众，即传播内容指向大众所关注的社会市井新闻、时尚、娱乐等，受众定位则以"市民"为主。

①媒介"大众话语"的初期形态："晚报热"

中国报纸媒介"大众话语"形态最早出现于 20 世纪 70 年代末期，其最终形成则以 20 世纪 80 年代～90 年代初期蓬勃兴起的"晚报热"为标志。1979 年至 1991 年间，中国各类晚报达 51 种；而1992 年邓小平南巡后，晚报产生又产生一个高潮，到 1993 年底各类晚报总数已有 104 种；而且发展势头有增无减。《中国晚报学》（上海，2001 年）中对中国晚报热的原因有如下的总结分析：

一是城市化进程带来的推动力。中国持续进行的城市化进程使得城市化人口迅速增加，而城市化的带来的一种变革就是人们不再关注刻板、统一的宣传报道，而需要更多的通俗性的读物。

二是信息需求多样化带来的推动力。中国居民的社会化程度日益加深，使得人们产生更为多样化的信息需求，人们要求获得更为广泛的政治、经济、文化、娱乐等信息。

三是经济发展使得报纸的可得性大为增强。改革开放以来，人们的收入得到了大幅度提高，在满足了基本的生存生活方面的衣食住行需要之后，人们有更多的可支配收入用来满足自身的文娱需求，

---

① 云芳，丁丙昌. 新闻文体大趋势——"全息摄影"下. 中国记者，1988（2）：27.

对于报纸的费用普通家庭和个人已经能够充足支付。

四是经济动力的追逐也是重要的推动力。晚报通常集中在人口稠密的城市，容易达到较大规模的发行量，因此，能够迅速达成社会影响，覆盖服务区域，因而在广告、增值服务等方面可以获得较为丰厚的经济利益。

就晚报发展的市场需求本质而论，晚报的兴盛很大程度上是由于党报宣传和垄断经营的一元报业模式，使得"大众话语"处于真空地段。因此，一旦放开，表现"大众话语"的晚报便得到空前发展，从而使得"大众话语"迅速发展，并与"国家-宣传话语"并立形成媒介二元话语结构。

②党报"大众话语"的市场尝试："副刊扩版潮"

20世纪80年代后期开始，中国各类党报的话语模式已经无法满足社会大众的需求，而在人口稠密的大中城市，"晚报"发展迅猛，并已对垄断性运营的党报造成巨大冲击，使其发行量急剧跌落。例如，1980年2月《羊城晚报》印行，当年《广州日报》发行量立刻下滑，而到1981年则比1979年下滑了39%。同样的情况在各地上演，全国各地的党报发行量在晚报的冲击下一路下跌。因而，党报开始了扩版副刊的想法。1987年年初，《广州日报》最先尝试，由4版扩至8版（增加副刊），当年发行量即有增加。到90年代初，全国性的党报也开始了"副刊扩展潮"，到1994年年底就约有150多家报纸扩版增刊。①党报增刊的"副刊"吸收了晚报的一些优点，也开始了一些市场化的倾向，内容报道上也注重文化娱乐性、休闲性、通俗化，甚至也开始商业化，通过代印、广告发布等方式获取经济利益。

③"大众话语"唱主角："都市报浪潮"改变报业结构

中国党报的扩刊增刊是一种市场化的尝试，这种方向对中国党报而言，使得党报的定位变得模糊和混淆，进而影响到自身的公信力和影响力，最终可能会对其主要承载的一元国家话语产生不利影

---

① 胡兴荣. 大报纸时代——党报改革80年. 广东：南方日报出版社，2005.

响。然而，对于"公众话语"的发展来看，它却提供了一种新的发展方向。20 世纪 90 年代中后期，"都市报"开始出现，通过主打"社会新闻"，将社会百态和百姓身边的生活以更为通俗化的"大众话语"传播给市民。"都市报"在很短的时间内便覆盖至中国主要城市，中国报业整体结构也为此发生重大变革。新生态的都市报和早期的晚报一起，构建了广泛和通畅的"大众话语"媒介平台，并与后期的电视"民生新闻"栏目等，一起开创了新的"大众传播时代"。

　　最早以都市报命名的报纸是 1993 年 8 月由贵州日报社创办的《贵州都市报》和 1994 年 1 月由陕西日报社创办的《三秦都市报》。但是 1995 年元旦创刊的《华西都市报》却是第一家大获成功的都市报。《华西都市报》对受众的市民身份进行了重新定位和细分，将各种特色内容和话语进行整合为"都市大众话语"，广泛推广"敲门发行"，扩展"新闻策划"（这一概念和操作模式在理论界一直争论颇多尚未有定论），并引入和实施现代化企业运作机制，建立了媒介运营企业的现代企业管理制度，从而在都市报的发行和盈利上取得变革性的进展。

　　都市报浪潮影响深远，它直接导致早期的晚报进行"都市报化"，包括转型为"早报"以及进行企业化管理和市场化运作等。都市报的浪潮及其"大众话语"使得中国的"大众传播时代"开始形成和繁荣。到 2005 年末，中国各类晚报、都市报约有 285 种，除了总数量略低于党报之外，其他出版发行指标均高于其他各类报纸，在发行量和社会的覆盖面等指标上早已遥遥领先，在"大众话语"方面的主导地位已经牢牢树立，并且在民生自费市场和企业广告市场上也是成就斐然。

5.5.2　话语表现形式

　　（1）主流媒体《人民日报》深度报道与读者互动的增加

　　在精英话语和大众话语的冲击下，《人民日报》的农民工报道也发生了很大的变化，表现为议题的建构理念从"国家利益优先"向"以人为本"转变；新闻文本凸显方式从以"导向"为原则转变为以"导向"为目标，以"贴近"为原则；符号表达从"居高临下"式到

"和风细雨"式转变。在这种转变的趋势下，《人民日报》的一元国家-宣传话语逐步改变报道理念，开始关注农民工的合法权益；精英话语的分量增强，表现为深度调查报道、专家访谈等体裁的增多，如表5-7所示，1994年至2001年深度报道的数量达到12篇，比例为9.2%，较前一时期上升了6.0%；代表大众话语的读者来信数量则增加为17篇，比例达到13.1%，较前一时期增加了7.9%。

表5-7　1980～2010年《人民日报》农民工报道体裁统计表（单位：篇）

阶段	体裁	消息	通讯	图片	深度报道	评论	读者来信来电	人物访谈	理论文章	政策法规发布	其他	总数
1980～1993	数量	31	7	2	3	6	4	2	15	6	1	77
	比重%	40.3	9.1	2.6	3.9	7.8	5.2	2.6	19.5	7.8	1.3	100.0
1994～2001	数量	35	13	5	12	22	17	5	16	3	2	130
	比重%	26.9	10.0	3.8	9.2	16.9	13.1	3.8	12.3	2.3	1.5	100.0
2002～2010	数量	849	186	305	49	172	22	12	32	43	39	1710
	比重%	49.6	10.9	17.8	2.9	10.0	1.3	0.7	1.9	2.5	2.3	100.0
合计	数量	915	206	312	64	200	43	19	63	52	42	1917
	比重%	47.7	10.8	16.3	3.3	10.4	2.3	1.0	3.3	2.7	2.2	100.0

（2）精英媒介《南方周末》新闻、评论的双重深入

《南方周末》对其受众的定位是"有思想、有责任、占有社会资源、影响中国的发展"的一类人（唐星宇，2004），因此，其主体诉求就是追求报道的深度和思想性，要把自身经营成为主流深度媒体。事实上，正如在它的广告词"深入成就深度"所言，深度报道是《南方周末》在20世纪末战略转型的主要方向，也是它在21世纪继续赢得媒介市场的核心竞争力。

在关于农民工的主题讨论中，《南方周末》深度报道做得卓有成效，它不仅在新闻报道及跟踪调查方面做的非常深入，在新闻评论方面也很有深度。它的读者在接受深度报道的信息的时候，往往被启发进入深度思考，调动读者积极与报纸中的思想进行交流和互动，这对形成读者忠诚也是非常有价值的。

有统计数据表明，《南方周末》关于农民工的报道中有三分之一

以上的都是深度报道，《南方周末》的版面从 4 版、8 版到 20 版直至 32 版，扩充的是版面，本质上是在加强报道的深度，使得每一篇报道都更深入更丰富，每一个事件几乎都要占据两三个整版版面。例如，农民工子女在城市里上学的问题一直是媒介关注热点之一，《南方周末》对此也是不遗余力，其对"农民工子女上学"这一议题的报道是一组系列报道，《关注外来工孩子就学》一篇报道就用了 2 版、3 版、4 版 3 个重要的大版面来进行报道，此外，这组报道有外来工孩子"我要读书"的呼声（见报道《学校解散了，我们去哪里?》）；有长期的跟踪报道（《一个学校的 71 天》）；有社会学家的理论评析（《民工子女入学体现社会公正》）；也有解决的措施和方法的探讨（《厦门个案：流动儿童就学的解决之道》）。无论是哪一篇报道，《南方周末》都对事情的来龙去脉做了深入的探究。它并不是简单地描述新闻事件，而是把隐藏在事件表象后面的真实而全面的事实告知读者。而最重要的是，它希望引导读者思考和参与，从而更好地解决农民工的不公正待遇。这些就是《南方周末》深度报道的运营模式，很好地体现了《南方周末》的人文精神。

（3）大众化媒介都市报民生新闻的兴盛

农民工的流向一般是从农村到首都再到省会等大城市，而城市中的主要媒介则是都市报。都市报作为大众话语的代表性媒介，其关于农民工的报道更加贴近农民工的真实生活。农民工在城市社会日常生活中的方方面面、琐琐碎碎的事情，就像万花筒般呈现在市民面前，市民们可以感觉到这些事情就发生在身边，非常熟悉，很是亲切，因而关注度也非常高。

例如，武汉作为中部的重要城市，截止到 2007 年 12 月，进入市区的农民工大约在 100 万人左右，而武汉的《楚天都市报》和《武汉晚报》是较为典型的都市报媒体，近年来对农民工的报道数量非常多，有效地沟通了城市市民与农民工之间的沟通。根据对《楚天都市报》和《武汉晚报》2007 年的农民工报道统计可见：农民工报道议题非常丰富。具体如下表：

表 5-8　《楚天都市报》和《武汉晚报》2007 年农民工报道议题统计表

			报纸类别		总计
			楚天都市报	武汉晚报	
内容主题	劳资关系和劳动纠纷	出现次数（次）	82	56	138
		占比（%）	12.5	9.9	11.3
	劳动就业和技能培训	出现次数（次）	24	26	50
		占比（%）	3.7	4.6	4.1
	灾难事故和生活变故	出现次数（次）	97	90	187
		占比（%）	14.8	16.0	15.3
	成就建设和先进事迹	出现次数（次）	88	49	137
		占比（%）	13.4	8.7	11.2
	日常生活和个人情感	出现次数（次）	71	91	162
		占比（%）	10.8	16.1	13.3
	农民工子女相关主题	出现次数（次）	62	39	101
		占比（%）	9.5	6.9	8.3
	农民工"春运"主题	出现次数（次）	4	12	16
		占比（%）	6	2.1	1.3
	社会犯罪和矛盾冲突	出现次数（次）	21	34	55
		占比（%）	3.2	6.0	4.5
	工伤维权和社会保障	出现次数（次）	140	139	279
		占比（%）	21.4	24.6	22.9
	民间关爱和他人帮扶	出现次数（次）	58	17	75
		占比（%）	8.9	3.0	6.2
	其他	出现次数（次）	8	11	19
		占比（%）	1.2	2.0	1.6
总计		出现次数（次）	655	564	1219
		占比（%）	100.0	100.0	100.0

注：数据来源：龙智慧. 我国都市类报纸中农民工形象的建构. 华中师范大学硕士学位论文，2009.

表 5-8 中数据表明，"社会保障及工伤维权"议题是这两种都市报有关农民工报道的最主要的内容，占农民工报道总数的 22.9%，达到 279 篇；其次，农民工的"灾难事故和生活变故"类议题和"日常生活和个人情感"类议题以及"劳资关系和劳动纠纷"类议题也是报道的热点，每一类报道的比例都超过 10%。此外，"民间关爱

和他人帮扶"、"劳动就业和技能培训"与"社会犯罪和矛盾冲突"等都有少量报道。从统计数据中也可看出，都市报在农民工的报道上，更加"以人为本"，倾向于从"人"的立场来选题和报道，例如非常关注农民工的权利、保障、事故等等（这也是农民工关注的重要问题），而较少关注主流媒体所关注的春运等议题，这体现出都市报的人文关怀精神。

5.6　传播社会效果：媒介歧视从加剧走向缓和

1994 年以后，媒介从经济发展的角度认识到了农民工的表面价值，因而歧视性报道大大减少。此时媒介开始重视农民工报道，报道的数量开始增长，报道的类型也持续增加，在报道主题上除了关注国家层面对农民工的态度，宣传有关农民工的政策，也开始关注农民工的生存生活状况，关注农民工作为个人、作为群体在融入城市过程中所遭受的不公正待遇，从而表现了媒介对于农民工的人文关怀。但是另一方面，因为市场经济的冲击以及媒介刻板印象的影响，尤其是 1998 年以后，由于城市就业压力增大等原因，农民工的经济价值被冲淡，歧视性报道有所回升，主要表现在农民工媒介形象和报道用语上。但是就总体趋势来说，与第一个时期相比，此时的媒介歧视开始从加剧走向缓和。

5.6.1　农民工媒介形象：越轨者与被拯救者

（1）越轨者

1994 年以前的某些农民工报道中，农民工被再现成城市文明的破坏者或对立者。要么滑稽荒唐、愚蠢无知、感性冲动、缺乏教养、心理变态，要么违法犯罪，偷盗、抢劫、杀人、暴力、强奸、卖淫、赌博、敲诈，无恶不作，这种再现是对农民工负面品质的一种间接批判，媒体显示出维护社会秩序的强大力量。但是媒体没有深入思考农民工为什么走上犯罪的道路，更没有反思优势社会群体在农民工犯罪的问题上扮演了怎样的角色。从某种意义上，他们是被推向犯罪的边缘。

农民工的传媒形象深刻反映了他们的媒介身份，在大众传媒眼中，他们不是与公务员、老板等群体一样的平等受众，而是需要媒介帮助、批评、鼓励、拯救的对象，是传播场域中可有可无的边缘人。

（2）被拯救者

从 1994 年到 2001 年，农民工被媒介塑造成为主流群体之外的"你们"而存在，他们被认为是弱势的、病态的群体，所有媒体关注的焦点集中在农民工的讨薪欠薪难题、农民工权益保障、政府部门有关农民工问题的会议和政策、社会治安和刑事案件等相关议题，不难看出，报道中农民工被打上"无力"、"无能"、"需要扶助"等弱势形象的烙印，被定位在"需要拯救"的刻板印象中。

1998 年有研究者曾对"人民网"有关农民工的 62 篇报道进行了内容分析，发现报道主题大多集中在"民工讨薪"问题上，消息来源多来自于官方和意见领袖，报道类型以评论为主，报道立场倾向于负面，多以同情的语气叙述，反映出城市人的优越感。

5.6.2 报道用语：灰色

有研究表明，通过对《南方都市报》、《中国新闻周刊》和《北京晚报》等报纸媒介中关于农民工议题的事件报道中的关键词进行整理和统计，发现最常出现的是"生活困难"、"值得同情"、"脏兮兮"等词；同时，农民工的媒介形象也常常与"抢劫诈骗"、"偷盗"、"打人杀人"等事件联系，如表 5-9 所示

表 5-9　媒体报道农民工事件所使用的词汇

文章用词	出现次数（次）	频率（%）
脏兮兮	8	25.81
茫然、绝望	3	9.68
生活困难	10	32.26
冷漠	2	6.45
值得同情	8	25.81

注：数据来源：汤晓羽. 大众传播媒介与城市农民工. 南京师范大学硕士学位论文，2005.

从上表中发现，这些媒介在进行农民工议题报导时，用词更多的是消极、负面的词汇，此外，如表 5-10 所示，媒介中的农民工的形象还经常与很多恶劣事件相联系，从而，这些报道框架使得人们对农民工形成了消极的刻板印象。

表 5-10 多与农民工形象相联系的词语

主题	杀人伤人	抢劫诈骗	绑架偷盗	盗墓	愚昧无知	涉黄	素质低下
数量	4	10	4	1	4	1	3

注：数据来源：汤晓羽. 大众传播媒介与城市农民工. 南京师范大学硕士学位论文，2005.

5.6.3 媒介歧视从加剧走向缓解

与第一个时期相比，媒介对农民工的不公正待遇从完全失语到开始关注，主动地介入对农民工不公正待遇状况的描述，动员社会各界对此进行广泛探讨，追寻造成不公正待遇的根本原因。报道深入农民工生活的方方面面，全面展示这个群体在城市化进程中所遭遇的命运，包括他们的喜怒哀乐，他们的痛苦和抗争以及他们对于命运的无奈。

在 1994 年以后的报道中，媒介对农民工的排斥从加剧慢慢走向缓解，显现了一种良性发展趋势。媒介在关注农民工生存生活状况时虽然表现了深刻的人文关怀，但是这种关怀的视角是从高往下的，不管是官方媒体对农民工的"俯身"关照，还是精英媒体为农民工的"呐喊"，以及大众媒体对农民工的"同情"，都是站在城市人的角度，以一种居高临下的态度展现强者对于弱者的同情和关爱。所以，媒介报道中农民工往往是以受害者的形象出现，他们被建构为次要的被动的角色，自身的努力和价值并未得到有力地呈现。这些报道在彰显人文关怀的同时也隐含着对农民工价值的否定，只不过相对于"盲流"等侮辱性的称呼，这种否定显得更为隐蔽而已。

第 6 章　报道鼎盛期：融入权诉求中的媒介报道与传播

户籍制度松动和户籍制度改革，体现了对社会不公正的调整。2008 年 2 月 27 日，中共中央政治局常委、国务院总理温家宝接受了中国政府网和新华网的联合采访，并与网友进行了在线交流。温家宝表示政府今后要推进户籍制度改革，让农民工融入城市。并且，相关政策也已在一些地方开始试点和实行。

与国家政策相呼应，"农民工"群体身份逐渐发生着转变。在这种情势下，一方面，政策开始松动，"新市民"不断涌现，从《人民日报》上可见一斑；而另一方面，更多的农民工在寻求"融入"城市的道路上发现种种问题。当前，我国农村正处于转型期，一个非常大的问题是很多农民，特别是"80 后"、"90 后"农民外出后，既不能在城市落户，又不愿回农村务农。到城里打工，然后回到小城镇居住和生活，既符合他们的进城愿望，也符合他们的收入水平。这些困惑也在《人民日报》上得到体现，对于这些"融入者"来说，他们希望得到"国家公民"待遇，希望在宪法框架下真的实现"生而平等"，希望能够真正融入他们为之辛勤工作和努力服务的城市和社会中。尽管在现在的不少城市里，户口制度逐渐松动，他们的身份渐渐发生着转换，但身份转换并不能从根本上解决如何融入城市的问题，实现职业身份的转换才能真正打破界线。文化层次相对较高、知识视野也相对较宽的二代农民工，已经努力尝试着改变自己的职业身份，譬如创业、深造，但同时，城市也应该敞开胸怀，包容他们身上的独特性，文化的、精神的，包括他们的希望和理想，创造新的和谐的生活环境，不仅是城市的，而且是农村的。而媒体，尤其是主流媒体，在其中同样扮演重要角色。

同时，在这一时期内，农民工所遭受到的不公正待遇得到了全社会前所未有的关注。随之而来的是媒介关于农民工的报道数量剧增，报道体裁主要包括消息、图片、通讯和评论。与第二个时期相比，此时媒介农民工报道在"权益"的框架内进行，传播模式上以媒介为中心，组织调动社会各个部门，例如有关政府组织、民间团体、工会组织等共同致力于改善为农民工的不公正待遇，并希望"接纳"农民工的"融入"，成为"新市民"，也成为"我们"；在议程设置上，媒介自主设置议程与公众设置媒介议程并行，极大地宣扬了民意；传播内容主要包括对农民工的权益的关注；媒介话语呈现为公共话语与草根话语的兴起，媒介话语的变化与政策话语的变化开始分离，对某些政策话语进行批判性的解读和建构；在传播的社会影响上，媒介对农民工的形象塑造转为在"我们"的框架内建构，媒介歧视逐渐走向消解。

6.1 社会背景及媒介对农民工"融入权"的报道与传播

6.1.1 社会背景

中国是传统的农业大国，受传统"以农养工"、"以乡补城"因素的影响，农业产业化迟缓、城乡差距拉大、农民增收困难，这已经成为制约我国全面小康社会建设进程的重要问题。尤其是 20 世纪 90 年代中期城市的一系列体制改革是在追求效率优先的基本策略下进行的。在改革中，教育、医疗不断产业化、市场化，乃至公共行政部门也不断利益化，这种改革是以公平的丧失为代价的。伴随着国民生产总值连年的高速增长，反映贫富差距的基尼系数不断扩大；伴随着精英阶层和各种强势集团的形成，以农民工为代表的底层社会群体也开始出现。20 世纪 90 年代中后期对效率优先的关注，在 21 世纪初期因社会不公正问题而凸显出来。

为了解决这一发展问题，2002 年以来，党和国家执政理念发生了一些显著的变化，其标志是一系列新的政治意识形态话语的提出，例如"和谐"和"公正"等。在这种发展理念下，国家开始倾向农村和农业，提出"工业反哺农业、城市支持农村，统筹城乡发展，共享改革发展成果"的方针，自此我国进入"城乡统筹发展"时期。尤其是 2007 年，中共中央国务院《关于积极发展现代农业扎实推进社会主义新农村建设的若干意见》正式公布。这是时隔 18 年后中央连续第四年把农业和农村问题作为中央一号文件下发，充分体现了"三农"问题作为全党工作重中之重的战略意义。

这一时期国家将农民工状况与和谐社会建设目标相联系，看到的是农民工在城市"公平正义、诚信友爱"的缺失下造成的不和谐情形。此时农民工所遭受的不公平待遇主要表现为国民待遇的缺失和公民权利的缺失。由于新时期农民工平等就业权利、居住自由、公平教育和社会保障等问题只有基于公正、公平原则和理念才能够实现，因此，我国把农民工置于公正问题框架下分析，着力解决造成农民工不公正待遇的根本的制度性问题。

6.1.2 政府农民工政策

2002 年始，关于"三农"问题依然是焦点问题，"维权"话语取代了"维稳"话语，新的执政理念和政策方针对此依然关注，和谐社会观念、新农村建设方针以及执政为民思想开始成为主流，因而，关于农民工这一特定群体的诸多问题也有了新的变化。

为保障农民工的合法权益，从根本上解决农民工的不公正待遇，政府取消了一些不合理的政策，并且制定了一系列新的政策。根据政策制定进程，主要包括八个方面：

（1）解除农民工就业流动的不利限制。劳动和社会保障部在 2005 年宣布废止 1994 年的《农村劳动力跨省流动就业管理规定》，解除了农民工省际流动的一道束缚；在此基础上，许多省市也取消或重新修正了原来限制农民工流动的法规条文。

（2）整治清理乱收费行为。2001 年元月国家计委和财政部联合发布《全面清理整顿外出或外来务工人员收费的通知》，其中要求取消 12 项收费项目。

（3）开展农民工权益保护专项检查。2002 年，基于河北省农民工苯中毒事件，劳动和社会保障部发布《关于开展民工权益保护专项检查活动的紧急通知》，要求定期或不定期检查农民工权益保护情况。

（4）开展清欠农民工薪资专项活动。以2003年"总理讨薪"事件为契机，开展了全国性的处理清欠农民工薪资专项活动。

（5）废止收容遣送条例。2003年的孙志刚事件引发全国人民关注，掀起对收容遣送制度的强烈质疑甚至于要启动违宪调查，最终废止了这一侵犯外来民工人权的条例。

（6）"春风行动"和"阳光工程"："春风行动"主要包括为农民工提供就业服务和指导的一系列项目；"阳光工程"主要包括为农民工提供就业培训的一系列项目和支持。

（7）提升农民工的产业地位。2004年，中共中央在《关于促进农民增收若干政策的意见》中，明确将进城工作的农民界定为"产业工人的重要组成部分"，从而从地位上对农民工予以肯定。

（8）国务院相关专项政策。2006年国务院发布《国务院关于解决农民工问题若干意见》，将农民工问题提升至国家最高行政机构议事日程的高度。

在这样的政策背景下，农民工进城务工人数继续稳定增长。随着农民工人数的迅速增长以及媒介环境的变化，媒介在农民工的不公正待遇上也起到了越来越大的作用。首先，通过大量报道，在全社会营造了关注农民工合法权益、维护社会公平的舆论氛围；其次，公共新闻和网络媒介的兴起，使媒介具备了"草根"特色，公众议程可以通过媒介议程来影响政策议程，从而从制度层面促进了解决农民工不公正待遇的进程。

6.1.3　新闻政策

进入21世纪，具有同传统媒体明显不同特征的互联网络媒体和移动通信媒体已经成长为具有强大影响力的媒体，因而，这一时期的新闻政策发生了很多重大变化：

指导思想上继续深入。2002年初，胡锦涛总书记在全国宣传部长会议上强调要统一思想，并指出新闻媒体要坚持新闻工作的党性原则，坚持团结稳定鼓劲、正面宣传为主的方针，牢牢把握正确的舆论导向。中共中央宣传部、国家广播电影电视总局、国家新闻出版总署 2005 年 3 月发布《关于新闻采编人员从业管理的规定（试行）》，强调新闻采编人员要"坚持以马克思列宁主义、毛泽东思想、邓小平理论和'三个代表'重要思想为指导"，要有"大局意识和责任意识"、要坚持"正面宣传为主的方针，把握正确舆论导向"，并强调新闻从业人员的职业操守和道德。

2008 年初，新闻出版总署连续颁发《关于进一步规范报社记者站管理的通知》、《新闻出版业"十一五"发展规划》、《关于保障新闻采编人员合法采访权利的通知》3 个文件，强调了"要对记者采取严格管理"、"要保障记者合法采访权利"、"要加强新闻报道队伍建设"3 个方面的规定。

2008 年 5 月 1 日，《中华人民共和国政府信息公开条例》正式实施，从而在信息开放方面有了纲领性的文件。主要对人民的知情权作了明确保障的规定，为新闻传播业的繁荣和发展提供了新的政策支持。其主要意义在于：一是降低了新闻媒体获取政府新闻的难度；二是提供了新闻媒体报道政府信息的法律保障。

新闻发布制度成为政府信息公开的重要渠道。从 2003 年"非典"疫情的新闻报道开始，新闻发布制度逐渐建立和完善。2006 年，国务院办公厅下发 19 号文件，就进一步改进和加强政府新闻发布制度提出要求。以新闻发言人模式为代表的新闻发布制度持续得到发展和改进，并成为政府和媒体公共关系框架的一个重要组成部分。

加强了对突发事件的媒介信息管理。在《政府信息公开条例》中明确要求政府应当主动公开"需要社会公众广泛知晓或者参与的政府信息"。此外《突发事件应对法》中明确要求政府应当及时、准确发布有关突发事件发展动态及应急处理工作的有关信息，应当对媒体报道突发事件的权益给予充分保证。同时，媒体应当重视和改进重大突发事件报道模式，便于政府信息的传达和正常社会秩序的维护。

以网络和移动通讯为代表的新兴媒体也得到了中国政府高层以

及中国新闻管理机关的高度关注。2008 年胡锦涛总书记在《人民日报》报社与人民网网友进行网络交流，这是党和国家最高领导人首次在网络上与公众直接沟通。随后在《人民日报》60 年庆典的讲话中，胡锦涛强调"互联网已成为思想文化信息的集散地和社会舆论的放大器，我们要充分认识以互联网为代表的新兴媒体的社会影响力，高度重视互联网的建设、运用、管理，努力使互联网成为传播社会主义先进文化的前沿阵地、提供公共文化服务的有效平台、促进人们精神生活健康发展的广阔空间"。这表明政府高层已经将网络提升为一种战略性媒体的高度。同年，在北京奥运会上，首次允许互联网、手机等新兴媒体作为独立转播机构与传统媒体一起列入奥运会的转播体系。2008 年奥运会，搜狐、新浪等网站均获得采访证，表明互联网媒体取得采访权，从而突破了 2005 年的《互联网新闻信息服务管理规定》的禁止性规定，表明网络媒体的地位得到确认和提升，网络媒体的发展和管理日益受到重视。

　　政府对于新媒体的管理主要表现在两大方面：其一是鼓励发展新媒体和跨媒体经营，《新闻闻出版业"十一五"发展规划》中明确提出大力发展以数字化内容、数字化生产和网络化传播为主要特征的新媒体，鼓励传统新闻媒体开展跨媒体经营；其二是加强对视听载体和视频的管理。2007 年 12 月，中国政府分别颁布的《广电总局关于加强车载、楼宇等公共视听载体管理的通知》、《互联网试听节目服务管理规定》、2009 年 8 月广电总局发布《关于加强以电视机为接收终端的互联网视听节目服务管理有关问题的通知》等文件中对各类互联网络的信息传播行为进行了规定。

　　社会的发展进步与网络为代表的信息技术对中国新闻媒体带来了巨大的发展新机遇，同时也带来了巨大挑战，中国的新闻政策也正在与时俱进，从而为新闻媒体事业的发展和国家的稳定繁荣提供推动力。

6.1.4　媒介报道新特征与中心互动传播模式的提出

　　进入 21 世纪，由于媒介技术的迅猛发展，互联网络等新媒介带来的多种新、旧媒介之间的矛盾、交锋、调和与融合，中国媒介的新闻报道理念和传播模式逐渐发生转变并最终形成重大变革，表现出与上世纪不同的鲜明特征。

2003 年，孙志刚案的报道是一例在新的社会背景下成功发挥网络媒介的舆论力量的报道，通过报道推动传统媒介跟进，最终形成强大的媒介舆论场，从而引发全社会的关注和参与，最终导致以农民工为主要对象的收容遣送制度的终结。

孙志刚死亡后的几天内，他的朋友和同学在一些论坛和社区上发布了一些信息。《南方都市报》的记者陈峰当时就是从西祠胡同网站桃花坞版面上看到一则关于孙志刚死于广州收容所的简短留言，而决定进行深度探访，从而就有了 2003 年 4 月 25 日,《南方都市报》上《被收容者孙志刚之死》的封面新闻，此新闻刊出当天上午新浪网等网站全文转载，得到成千上万的评论和跟帖，"孙志刚案"由报纸媒体地方性新闻升级为网络媒体全国性新闻，瞬间成为全国关注的焦点。舆论浪潮的直接效果是引起广大群众和有关部门的关注。《中国青年报》《北京青年报》等媒体开始跟进此案报道，《南方都市报》继续推出后续报道，追踪此案。在网络上，新华网、人民网等带有官方性质的网络媒体也开始关注并参与讨论此案。此外，国外媒体也开始关注此案，例如，6 月 11 日新加坡"联合早报网"上发表评论《互联网上的登闻鼓声》，也报道了孙志刚案。5 月 16 日和 5 月 23 日，三位青年法学博士和五位法学专家以中国公民的名义，就孙志刚案上书全国人大，要求对收容遣送制度进行"违宪审查"，这代表了社会精英的参与。5 月 30 日,《人民日报·华东新闻》发表时评《孙志刚案还能走多远？》，党报开始评论此案。期间,《人民日报》对自 6 月 5 日开始公审到 6 月 27 日广东高院作出终审判决进行了连续报道：《孙志刚被故意伤害致死案开庭》(《人民日报》，2003 年 6 月 6 日)、《孙志刚被故意伤害致死案一审宣判》(《人民日报》，2003 年 6 月 10 日)、《孙志刚被故意伤害致死案终审》(《人民日报》，2003 年 6 月 28 日)。最终，孙志刚案导致了国家行政管理政策的进入：2003 年 6 月 20 日国务院总理温家宝签署国务院第 381 号令颁布《城市生活无着的流浪乞讨人员救助管理办法》，同年

8 月 1 日该法案宣布生效，原收容遣返制度同时废止。对此，《人民日报》在其海外版上发表《文明的脚步》(《人民日报海外版》，2003 年 7 月 2 日)、《中国正式废止收容遣送制度》(《人民日报海外版》，2003 年 8 月 2 日) 向国外表明中国法制建设的进展。2003 年年底，《人民日报》又对孙志刚案进行了总结 (《2003，人们不会忘记的人》，《人民日报》，2003 年 12 月 31 日)，同时也对政府管理和法制建设提出了更高的呼声《革除制度性的弊端，关注普通人的权利——让法治体现人文关怀》(《人民日报》，2003 年 12 月 10 日)。自此，在各级各类媒体在不同时点不同空间的参与和关注下，广大民意被调动、采纳，反映和引领了政府政策的改革。

2007 年，"山西黑砖窑"拐骗迫害农民工事件则是一起非常典型的多媒介融合传播事件，该事件短期内引起广泛关注和巨大的情感互动。这次事件中多种媒体（网络、报纸、电视等）同时发声、多种民工群体（被解救民工、被拐骗童工的亲人、其他民工）发出控诉、多种社会力量（网民、工会、知识界专家学者、人权组织）表达观点、多级政府（中央政府、省级与地方政府等）施行行政管理行为，这些不同的群体在事件中形成良好的互动关系和积极的舆论导向。这次事件构成了一次完整的舆论推动和监督政府解决民工问题、化解公共危机的经典案例。

在此事件的媒介报道中，信息传播的过程是：网民在网上发帖率先提出议题，然后通过互联网与传统媒介以及公众广为传播，都市报进行细节挖掘，电视台追踪报道，党报和国家电视台发声严厉批评地方政府，意见领袖慷慨陈辞，形成了新闻聚焦效应和浩大的公众舆论。其中，河南大河论坛上发表《罪恶的"黑人"之路！孩子被卖山西黑砖窑 400 位父亲泣血呼救》，是"黑砖窑"事件公认的导火索。然而，如果没有河南电视台"都市频道"连续跟踪报道，就不会有河南近千名家长山西"黑砖窑"的大规模寻访；没有凯迪网、天涯网等转载呼救帖，以及《山西晚报》的实地调查和图片证实，就不会有全国性的群情激愤；没有《人民日报》和中央电视台的跟进报道和严正谴责，也难以形成对地方政府的巨大压力，督促地方政府落实中央领导批示、迅速解决问题。在中央的重视和舆论的关注之下，山西"黑砖窑事件"在半个月内迅速解决，山西运城、晋城、临汾 3 市共解救被拐骗农民工、童工 374 名。

  这一时期，还有很多关于农民工的政策和管理条例在一些重大事件发生前后得以出台的，有利于农民工权益的保障和实现。从类似"黑砖窑事件"、"富士康民工跳楼事件"、"孙志刚事件"、"总理讨薪事件""农民工卧底维权事件"等事件中的媒介表现来看，均表现为不同媒体形成一个个中心，不同群体围绕这一个个中心进行信息的互动传播和交流，并且这种互动是彼此影响和动态变化的。总体而言，中国媒介的新闻传播模式正在逐步走向"中心互动"的传播模式，即社会各个群体，包括政府、公众及其他社会组织均能通过媒介来进行信息的扩散和整合。

6.2　媒介农民工报道与传播新特征：关注农民工融入权

6.2.1　中心互动传播模式的定义

  2002 年以来，我国媒介对农民工的报道出现了一种新的传播模式，即中心互动传播模式，如下图所示：

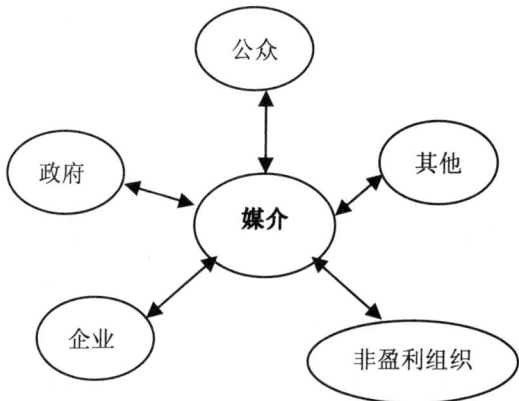

图 6-1　中心互动模式示意图

  所谓中心互动模式，就是信息以媒介为中心，向政府、农民、企业及其他社会群体或者组织之间进行互动性传播。

　　该模式的核心部分是媒介独立性增强，社会以媒介为中心来整合信息；在与政策议程的关系上，媒介在不违背国家法律的框架内独立设置传播议程，与政府议程相互影响，甚至一定程度上引导并决定某些政府议程的设置；在与公众议程的关系上，媒介与公众议程互动性增强，彼此影响，互为主体，媒介在引导公众议程的同时也被公众议程所决定；媒介话语呈现为民生话语与草根话语的兴起，媒介话语的变化与政策话语的变化开始分离，对某些政策话语进行批判性的解读和建构，话语形态表现为多元话语的兴盛；传播内容主要包括对农民工的权益的关注；传播形式上表现为信息以媒介为中心，向社会其他群体呈放射性扩散；传播效果上表现为对农民工的不公正待遇从制度上进行分析，促进新制度的出台，从而在根本上保证农民工公正待遇的实现。

6.2.2　中心互动传播模式的特征

　　（1）信息流向呈现多向性特点

　　中心互动传播模式下，信息由媒介为中心，向政府、受众等各种社会群体扩散性传递，呈现出一种多元的传递方向。

　　与双向并行模式相比，媒介的地位开始趋于中心化。双向并行模式中，作为连接政府和公众的一种介质，媒介具有一定的独立性、在有限的范围内来影响政府议程。而在中心互动模式中，作为信息社会中传递和整合信息的专业部门，其独立性更强、地位渐趋中心化，不仅影响政府议程，而且引领甚至决定某些政府议程。

　　（2）传受双方地位的相对平等性

　　中心互动传播模式中，传受双方地位趋于平等，媒介在法律许可的范围下履行对政府的监督职能；受众在接受媒介信息的同时也决定媒介的传播内容，传受双方相互对应、平等和互动交流。

　　与双向并行模式相比，媒介的平等性更强。双向并行模式中，媒介具有了一定的平等性，对政府某些行为具有一定的监督作用。而在中心互动传播模式中，媒介平等性更强，舆论监督功能日趋完善，对公共事务和政府部门进行相对全面的监督。

　　而受众的地位也较前一时期有所提高，在双向并行模式中，来自民间的信息只有极少部分符合媒介报道政策的才有可能通过各类媒体（尤其是主流媒体）得到政府上层关注，大部分真实信息到了媒介即止，很少有关乎农民工的实质性呼声的信息通过媒体进入官方议程。而在中心互动阶段，民工等弱势群体能够通过网络媒介发出自己的呼声，通过各类媒体的转载和放大，大部分信息能进入政府决策层，例如胡锦涛在人民网的微博，以及各地政府部门的网络议政与信息公开等都成为受众表达自己意见的渠道。

（3）传播方式的互动性

中心互动传播模式中，媒介与政府、受众及其他社会团体之间的互动性很强，以媒介作为结点，各方信息互动交流，政府、媒介在传播渠道上建立了必要的反馈机制。

与双向并行传播模式相比，中心互动传播模式具有更强的互动性。双向并行阶段也有互动，即信息的反馈回流，但互动频率小且强度不大，在对有关事件的解决力度上也较小；而中心互动通常是媒介、政府、公众三者之间的多次互动，且强度较大，各方或交流、或交锋，推动事件不断动态发展并最终得以解决。

6.3 议程设置新流向：公众议程→媒介议程→政府议程

6.3.1 农民工权益议题的建构

（1）权益问题与流动议题的比较

前面的章节里我们主要是讨论了媒介对农民工群体关注的程度及其变化趋势。然而，一旦关于农民工的议题完成了议程设置，使得社会的关注点被吸引和集中在农民工议题上以后，我们应当更深入的去探讨媒介是如何关注农民工议题的。因为，根据框架理论，对于农民工议题，同样的事件可以以不同甚至截然相反的形式被建构，也就是说，关注农民工可能是出于人文关怀，也可能是出于管理和控制的需要。

从 2002 年开始，对于农民工问题，国家政策话语的性质和框架发生了重大转变，从而也直接影响到媒介话语框架的改变。以《人民日报》为例，其关于农民工问题的媒介话语框架于 2002 年前后发生了明显的转变。下文中我们将根据大众传媒框架理论和研究方法，对《人民日报》2002 年前后的媒介议题的建构情况进行专门考察。为了更清楚地看到议题的变化，我们将时间范围扩展到每个时间节点的前后两年，具体情况见表 6-1：

表 6-1　《人民日报》有关民工"流动"议题和"权益"议题设置情况

时间（年）	2000	2001	2002	2003	2004
总记录数（条）	10	17	36	151	309
其中：流动	8	9	6	23	32
权益	1	4	20	112	228
其他	1	6	10	16	59

通过前面的章节我们知道，《人民日报》在 1989 年、1994 年两次集中的关于农民工议题的议程均先从农民工的流动问题启动的。而 2002 年则源于拖欠农民工工资等农民工权益问题。2001 年关于农民工权益的报道已开始作为个案和事件见诸一些重要版面，从 2002 年开始，关于农民工权益的报道已经成为媒介报道的焦点，而流动性问题报道则呈下降趋势。从表 6-1 可以清楚地发现这一变化：2002 年前的两年内，"流动"是媒介主要议题，2000 年 8 篇，占 80%；2001 年 9 篇，也超过 50%。而 2002 年开始，"权益"问题报道数量，上升，从 2001 年的 4 篇增加为 20 篇，占当年报道总数的 60% 左右；2003、2004 年分别为 112 篇、228 篇，均占当年报道总数的 70% 以上。

（2）权益议题的框架分析

就具体报道上来讲，《人民日报》2002 年 1 月就开始关注农民工权益问题，2002 年 1 月 9 日《人民日报》刊出《关注民工合法权益》文章，表明国家政策的重点所在。该篇文章以新华社名义发出，配以黑白图片和黑体标题予以强调，如下：

《人民日报》第十二版民主与监督 2002 年 01 月 09 日

民工问题一直都是一个沉重的话题：民工苦，民工累，民工为我们城市的飞速发展做出了巨大的贡献。刚刚迈入 2002 年，民工群体面临的诸多新问题需要社会各方关注……

框架可以界定为一种集中的组织思路，通过筛选、凸显、过滤、扩展和精心处理等方式，借助标题、导论、引文以及语序的体现，对新闻内容做出具体报道的手法。新闻媒介框架基于高夫曼的象征互动视角和心理学层面的预期理论视角发展而来，并由瑟尔斯最先明确提出,瑟尔斯认为新闻媒介倾向于以各种不同的方法构造议题。新闻框架影响了受众如何思考，影响受众如何处理和储存信息，将受众的注意力引导至事实的某些方面以至同时忽视了其他方面。

在农民工问题上，2002 年以来《人民日报》的报道框架发生了明显转变，因而深刻地影响到受众的信息处理框架。

例如，在民工问题报道的"标题"上，2001 年和 2002 年的框架就有明显变化，表 6-2 为 2001 年和 2002 年有关"民工"行为报道的标题信息检索结果。

表 6-2 2001 年、2002 年民工行为报道标题

时期	标题	报道框架主题
2001 年	一起民工犯罪案的透视（2001.2.9）	民工与犯罪
	关注流动人口犯罪（2001.2.9）	
2002 年	善待民工就是尊重劳动（2002.12.8）	民工与美德
	从一个民工救人说起	

从表 6-2 中可以看到，2001 年有关民工行为的报道，仅仅从标题上，读者很容易将民工与犯罪关联起来,从而对民工产生负面框架；而 2002 年关于民工报道的标题则让读者更容易对民工产生正面框架。此外，无论是"民工犯罪"还是"民工救人"都是真实的事实（客观上来讲，无论是"犯罪"还是"救人"，不仅民工群体存在，其它任何群体都会存在这样的事实），然而在何时、选择何种事实进行何种角度的报道，却是媒体利用其话语权进行的一种社会建构过程。

再例如，即便是对民工流动问题的报道，通过不同的话语框架，也会传递重点不同的信息，从而影响读者对信息的解读和关注的重心偏向。如表 6-3 所示：

表 6-3 2001 年、2002 年民工出行报道

时期	标题	报道框架主题
2001 年	合肥：车站又现民工潮（2001.1.31）	车站处理民工潮
	阜阳站精心疏导民工潮涌而不乱（2001.2.9）	
2002 年	心系出行民工（发扬好传统温暖送万家）（2002.2.19）	民工人文关怀视角
	春运：如何让民工回得起家（2002.3.21）	
	公路客运票价疯涨民工学生不堪重负（2002.3.21）	

从表 6-3 中可以看到，2001 年对民工潮的报道主要限于车站如何处理民工潮的框架，从标题上读者获得的信息仅仅是一种现象的陈述以及对车站工作的正面评价，而在 2002 年的报道中，更多的是基于民工的角度考虑，体现了对民工进行人文关怀的一种情感倾向的框架。

以上是对"民工"议题的检索和讨论，而在数据库检索中，"农民工"和"民工"的检索结果是互相独立的。本书还通过《人民日报》数字检索系统，以"农民工"为关键词进行标题搜索，发现在2000 和 2001 连续两年，《人民日报》中没有一篇相关报道，但 2002年仅一年就有 7 篇主题报道。从标题和内容上分析，这 7 篇基本都是关于农民工的社会地位界定和关注农民工生活工作问题这两大议题的。这 7 篇的篇目如下：

①农民工也是城市财富的创造者（观点）（《人民日报》2002 年2 月 11 日）

②不要歧视农民工（经济时评）（《人民日报》2002 年 5 月 24 日）

③农民进城务工有三盼（《人民日报》2002 年 6 月 3 日）

④夜访农民工（《人民日报》2002 年 6 月 3 日）

⑤我们该怎样看待农民工问题（《人民日报》2002 年 6 月 13 日）

⑥说出了农民工心里话（编读往来）（《人民日报》2002 年 6 月17 日）

⑦切实解决农民工子女就学问题(《人民日报》2002 年 8 月 17 日)

通过对这些报道进行内容主旨分析，我们可以《人民日报》对农民工议题的报道框架特征。

关于农民工社会地位的界定是 2002 年《人民日报》议程关注的一大焦点，在上面检索出的 7 篇文章中，有 4 篇（第 1 篇、第 2 篇、第 5 篇、第 6 篇）是关于农民工身份地位的界定和确认的，而且，从内容上分析，基本的报道框架均是正面的，即明确确认农民工的存在合法、合理、合情。更深入地，我们可以从作者身份所代表的机构来看，第 1 篇的作者身份是国家发改委中国小城镇改革发展中心主任李铁；第 5 篇的作者身份是农业部副部长韩长赋。这两篇报道可以说基本能够代表对农民工地位确定的官方框架。

第 1 篇：尽管农民工像候鸟一样迁徙，但是城市一旦缺少了他们，就缺少了生气。对农民工进城公平对待，是当前各级政府解决农民工问题的指导思想和基本原则。从城市来看，改革开放以来，城市生活的重大变化，城市面貌的巨变，城市公共设施的改善，城市创造的国民生产总值的增加，所有这些城里人引以自豪的事情，都离不开农民工的贡献。（国家发改委中国小城镇改革发展中心主任李铁）

第 5 篇：农民进城务工经商是转移农村富余劳动力、增加农民收入的重要途径。农民进城务工经商是加入世贸组织后发挥我国劳动力成本低的优势，增强我国工农业产品国际竞争力的必然选择。农民进城务工经商是发展城市第三产业、提高城市居民生活质量的客观需要。我们要按照"三个代表"重要思想的要求，从国民经济和社会发展全局的高度，从维护农民利益，促进农村长远发展的角度，正确看待农民工问题。（农业部副部长　韩长赋）

政府官员对农民工在城市建设中的作用以及农民工的地位从理性分析上给予了正面确认。而《人民日报》的记者也对农民工身份地位从情感角度给予了确认和认可，并且通过报道——读者来信反馈这样一种互动的方式建构了对农民工的正面认可的情感框架。

第 2 篇：民工现象是我国人多地少的国情决定的，是改革开放以后随着工业化、城市化的发展而出现的必然现象。站在农民的角度说，进城打工也是农民摆脱贫困、增加收入的有效途径。……同样，城里人的生活、城市的发展也越来越离不开农民工。（《人民日报》高级编辑　夏珺）

第 6 篇：人民日报 5 月 24 日第五版刊登夏珺同志的文章《不要歧视农民工》，作为打工族的我读后已是眼泪潸潸，因为它道出了我们每一位进城农民工的心声。《不要歧视农民工》一文，说出了我们的心里话。我们非常感谢作者和《人民日报》对农民兄弟的关心，让我们在他乡感到温暖，感到融融春意。（江苏盐城二建集团北京公司　蔡爱军）

由此通过政府、主流媒介、农民工代表这三个主体对农民工地位的确认和认可，建立了积极的、正面的农民工形象框架，引导了读者的正面认知和判断，最终完成了一次完整的基于传媒的农民工媒介形象建构。

基于对农民工正面地位的确认，国家、媒介和社会逐渐普遍认可进城农民工也有合法权益，也需要维护自身利益。在这样的框架前提下，农民工的权益保护、解决农民工生活生存面临的问题才会被认为是政府的一种行政职责，是媒介的一种责任行为，因而才会被提上议程，并被赋以正面框架从维护农民工权益维度来重新探索农民工问题解决之道。

《人民日报》2002 年的另外三篇标题报道（第 3 篇、第 4 篇、第 7 篇）是对农民工生活工作的关注。"农民进城务工有三盼"（第 3 篇）和"夜访农民工"（第 4 篇），是《人民日报》记者的调查和访谈，"切实解决农民工子女就学问题"（第 7 篇）是记者对一次农民工问题解决的全国性会议的会议报道。《人民日报》的编辑或记者，他们通过调查、访谈、评论报道，站在把关人和"意见领袖"的高度，从维护农民工合法权益的正面框架入手，将关注焦点集中于农民工群体生存生活问题的方方面面，包括工资偏低与工资被拖欠，劳动时间长工作环境差，缺乏安全和社会保障以及培训、子女上学、生活居住等。通过对农民工群体的实地实情的取景、聚焦、回放，让真实情况呈现于社会公众面前。从而完成了一次对问题情境和目标群体的传媒建构：农民工被普遍歧视、农民工应当得到社会同情。

总体而言，在 1980 年到 2001 年间，《人民日报》主要是站在城市、市民的立场上来进行农民工报道的，这种立场首先就决定了媒体会从城市利益和市民价值观来设置议程和选择报道框架，因而，进城农民工被视为外来者以及许多城市问题的责任者，从而导致社会和公众对农民工的消极和负面刻板印象的形成和加剧。但是，从 2002 年开始，国家发展观开始由"效率优先，兼顾公平"转向"更加注重社会公平"，因而政府治理理念也逐渐转向公平、公正与和谐，公民权利得到高度重视，农民工权益也得到国家和社会的确认，在这种新环境下，媒体尤其是主流媒体也开始逐渐转向大国民观念，站在全体国民立场（而不仅仅是市民立场），更加关注民生权利，农民工不再被视为问题的责任者，相反，作为实质上的受害者和不公正的指向对象，农民、农村以及农业等问题也就得到媒体的更多关注。

6.3.2 议程设置新流向：公众议程→媒介议程→政府议程

（1）网络引发议程设置新流向

我国网络迅速发展，1997 年初，全国的互联网使用者不过区区 62 万人；截至 2010 年 12 月底，中国网民总数达到 4.5 亿人，互联网普及率达 33.9%，超过 30%的世界平均普及率[①]。

2000 年前，由于网民数量低于 1000 万，真正意义上的网络媒体还没有形成。随着网民在 2001 年突破 2500 万，情况开始发生变化。2002 年，当网民超过 4500 万时，网络舆论急遽升温。2003 年，当网民达到 7000 万时，网络舆论风起云涌，"黄碟"案、刘涌案、黄静案、宝马案、日本人珠海买春案、京沪高铁案、孙志刚案在虚拟空间掀起一波波巨大的舆论浪潮。无怪乎这一年后来被人称作"网络舆论年"。[②]此后，互联网成为公众传递信息、表达意见、评论时

---

① http://www.chinanews.com/gn/2010/12-30/2757105.shtml.
② 张玉洪. 前不见古人的波澜壮阔：2003 年中国网络事件述评. http://www.usc.cuhk.Edu. hk/wk.Wzdetails.asp？.

政、释放情绪的一个主要渠道。对比传统媒体，互联网带来的最大改变在于每个人都可能是潜在的信息发布者。通过互联网，公众能够更快获取和传递信息、表达意见、针砭时政、发泄情感，个体的话语权得到很高的提升，每个人都可能成为议程的设置者。其次，网络媒体是一种"弱控制"的新型媒体，由于其信息的海量和信息流动的多向性，传播信息的权力开始部分向受众转移，而传统大众传媒对信息的强力控制在互联网中则难以做到。与此同时，受众的主动性也大大超越传统媒体，他们可以是信息的接受者，亦可以主动发布各种信息成为传播者，从而形成传播者与受众的角色互动。这就在根本上重新建构了一种新的传受关系，也从而奠定了网络时代公众自我设置议程的基础①。

互联网和移动通讯网络的快速发展以及网络媒体所具备的公共性、开放性、多向性、互动性、超时空性等特征，对公众议程的设置流向也带来重大变革。在报纸、电视、广播等传统媒体一统天下的时代，媒介议程基本上是由数量有限的媒介组织进行设置的，政府或其它组织可以较为便利地通过控制或影响媒介组织来制定或者影响议程设置。但在大众网络时代，大众个体能够利用各种终端（电脑、手机等）发布信息和设置议程，并且通过类似病毒传播的方式，将他们的个人议程上升进入公众议程和传统媒介议程，并随着影响力的加大，最终影响政府议程。

例如，在山西"黑砖窑事件"事件中，网络就起到了巨大的推动作用。早在 1997 年，《华西都市报》就曾报道 43 名四川中江县农民被骗到山西太谷县的黑砖窑，限制人身自由并强制劳动；1998 年湖南省人大代表陈建教曾从山西黑煤窑中解救了大约 150 名被困农民工；2000 年《工人日报》也报道过山西省清徐县一些企业的"奴工事件"；2003 年《华商报》也多次报道西安少年被拐骗到山西永济市黑砖窑导致砍脚惨剧的事件。但是由于没有其他媒体的跟进和配合，未能形成"媒体合力与集群"效应，未能解决"黑砖窑"事

---

① 梅潇，王丽. 网络公众自我议程设置. 新闻爱好者（理论版），2007（2）：20.

件。2007 年"黑砖窑"事件大爆发，河南民工家长集体发出求救的呼声是事件曝光和政府着手解决问题的最初推动力，然而，他们的呼声如果没有得到更广范围的天涯社区、凯迪网等网络社区的传播、没有 7000 多万网民的推波助澜，这个事件也许会像以前一样很快风平浪静。幸运的是，借助网络的威力，这个事件导致舆论哗然，形成强大而持续的民意压力，并最终推动政府在短期内迅速解决。

除了像"黑砖窑"案这样的"焦点事件"外，在多数情况下，舆论影响公众议程的设置，进而影响正式议程的设置是一个较长的过程。对比最近几年提上公众议程的话题与政府政策的调整，包括三农问题、农民工问题、户籍改革问题、义务教育问题、公共卫生问题、医疗保障问题等，我们可以看到两者之间存在一条清晰的脉络，即舆论对原有政策的批评一般都比政策调整要早 3 至 5 年，前者对后者的推动作用毋庸置疑①。

最初，公众舆论对农民工不公正待遇关注的重点在于某些具体权力部门的不作为以及具体政策的不公正，随着改革的深入发展以及大众公民意识的觉醒，人们逐渐认识到了关于农民工的具体政策之所以出现偏差，原因在于中央政府所采取的"效率优先"的整体政策取向。在中央政府的倡导下，地方政府则为了追求 GDP 高增长率而不惜一切代价。于是，近年来在网络和传统媒体上，我们看到对这种政策导向的普遍质疑和强烈抨击。面对舆论压力，中央决策层不得不做出回应。为了缓解批评，2002 年年底召开的中共十六大试图重新解释"效率优先，兼顾公平"的含意，使用了"初次分配效率优先、再次分配注重公平"的提法。②但贫富悬殊的残酷现实告诉人们，初次分配中的不公平问题（如老板、经理与普通职工之间的收入差距）同样需要重视，单靠财税等再分配杠杆来调节是远

---

① 李异平. 论媒体维护农民权益的多元化意义：以《南方周末》为例. http://www.Chinareform. Org.cn/cgi-bin/BBS_Read_new.asp?Topic_ID=3091.

② "效率优先，兼顾公平"最初是由周为民、卢中原牵头的"社会公平与社会保障制度改革研究"课题组提出来的，其主报告以"效率优先，兼顾公平：通向繁荣的权衡"为题发表于《经济研究》1986 年第 2 期。1993 年，中共十四届三中全会通过的《中共中央关于建立社会主义市场经济体制若干问题的决定》正式使用了"效率优先，兼顾公平"的提法。十五大坚持了这个提法。

远不够的①。2003 年 10 月，党的十六届三中全会虽然仍在沿用"效率优先，兼顾公平"的提法，但其已被"以人为本"的"科学发展观"大大冲淡。到 2004 年，十六届四中全会干脆放弃了"效率优先，兼顾公平"的提法②。2005 年底，中共十六届五中全会通过的《关于制定国民经济和社会发展第十一个五年规划的建议》又进了一步，提出未来中国要"更加注重社会公平，使全体人民共享改革发展成果"③。从"发展是硬道理"、"先富论"、盲目追求 GDP 增长，到"以人为本"、"共同富裕"、"构建社会主义和谐社会"，是个历史性的跨越。没有民众对"改革"的质疑反思，没有新兴与传统媒体对公共政策的激烈辩论，没有社会要求重新定位中国改革的强烈呼声，政策导向出现如此巨大的转折是难以想象的④。

　　通过以上论述可知，网络媒介的出现和繁荣主要是带来了社会大众尤其是草根群体进行表达的空间和路径，对于在传统媒体模式下几无话语权的普通公众特别是处于社会中下层的群体来说作用尤为明显。通过互联网络或者移动通讯终端，公众能够通过博客（微博）、社区、论坛、短信等多种方式来满足自己的信息传播需要和欲望，让自己的意见和观点也能够有一定机会公开发表，并在通过网络的筛选和分拣后，得到广泛传播，在进入媒介传播循环体系以后，成为传统媒体的议题甚而遍布整个传播空间。农民工广泛分布于社会各个角落，而草根阶层的生活环境往往和农民工最为贴近，因此，草根阶层最能感受农民工生存生活的各种情境（进城农民工很多自身也是草根阶层，也早已学会使用互联网络），通过文字、图片、视频等方式进行编排和剪辑后传播至互联网络，并被互联网络媒体和网络转播者进一步编辑后，得以覆盖更多网络空间，最终形成舆论焦点和公众议题，并将传统媒体也席卷进来，形成全媒体关注的议

　　① 刘国光. 把"效率优先"放到该讲的地方去. 经济参考报，2005-10-15.
　　② 中国共产党第十六届中央委员会第四次全体会议公报. http://news.Xinhuanet.com/newscenter/2004-09/19/content_1995366.htm.
　　③ http://news.Xinhuanet.com/politics/2005-10/18/content_3640318.htm.
　　④ 吴金勇、商思林. 重思改革. 商务周刊，2005（22）；仲伟志. 2005 中国改革交锋录. 经济观察报，2005-10-10；赵瀚之. 改革年演变成为质疑改革年：2005 进进退退话改革. 赢周刊，2005-12-12.

程事件，最后促进政府就公众所关注的问题做出回应，从而在议程设置上呈现公众议程→媒介议程→政府议程的设置流向。

（2）媒介融合强化议程设置功能

网络传播的力量虽然强大，但存在很大局限性，如果没有与其他多种媒体同时发力、彼此呼应，力量发挥也会薄弱。每一类媒体都有自己的舆论空间，既有显著优势，也有明显缺陷：地方媒体直接触及社会基层，但产生影响效果较小，主要是局部性的；中央媒体影响大，但与基层呼应的信息管道相对不够畅通；网络媒体行动迅速，形式自由，但信息面过于分散，且权威性不够；传统媒体行动谨慎，但一旦参与传播，影响群体更为广泛。因此，如果仅仅依靠一家媒体、一种媒体，舆论监督的力量往往比较单薄，难以形成足够强大和广泛的舆论压力。这也可以解释为什么在 2007 年的山西"黑砖窑"事件之前，过去很多媒体陆续有过关于黑砖窑、关于奴工的报道，但始终未解决问题的关键所在。2007 年"黑砖窑"事件大爆发，河南民工家长集体发出求救的呼声是事件曝光和政府着手解决问题的最初推动力，然而，他们的呼声虽然得到天涯社区、凯迪网络社区的广泛传播，但是如果没有电视台和晚报传统媒体的广泛参与，没有后期官方媒体尤其是中央重要媒体的强大干预，任何一个环节的缺失，都可能使这次事件同以往一样"无疾而终"。

正如上文所述，"黑砖窑"事件得以爆发的关键在于多种媒介总动员和整合传播，媒介发挥效用的动力机制可以表现为信息由一个个媒介的"传播中心"（例如网络媒介：天涯、凯迪网，传统媒介：《人民日报》、《南方周末》、《山西晚报》，河南电视台都市频道等）向不同群体扩散。总体而言，这次完整而成功的媒介传播过程有如下一些特征：

其一，由于多种媒体的彼此交叉报道和互动影响，使得各个媒介的热情和参与度得到空前的表现。

传统媒体中，报纸类媒介以《人民日报》为例，《人民日报》对该事件的新闻报道数量是其历史中在较短时间内最多的（共 17 条，南丹矿难发生及两三年后的报道才达到 19 条），同时，人民日报评论的网络转载率是历次事件中最高的、公众反映最好的（列入监测的门户网站和网络社区均予转载，而且均给予正面评价）。电视类媒介以河南电视台都市频道为例，从 5 月 9 日该台记者接到未成年人失踪的第一条新闻线索，截至 6 月 11 日，一个月内记者三次赴山西省，连续进行 21 期专题报道，这也是电视报道中非常罕见的。

网络媒体中，有代表性的是凯迪社区和天涯杂谈。在凯迪社区，约一个月内的平均回复数 30.0，平均浏览数高达 1662，远高于其他事件（重庆钉子户事件平均跟帖 9.2，平均浏览数 262）。而在天涯杂谈，在呼救贴发出后的 6 天内，获得 58 万次点击和 3000 多篇回帖，成为天涯社区史上最热的帖子之一（数据来自艾瑞调查网）。

其二，中央政府与民意和媒体的良性互动，可以抵消现行社会官僚行政管理的低效率和一些人为阻碍，促进解决公众最为急迫、最为关注的问题。

很多河南的父母亲根据河南电视台的记者采访和报道信息，前往山西“黑砖窑”，去寻找被拐骗强迫劳动的未成年人，未能得到当地政府特别是公安部门的支持，不得不向媒体呼救。经过电视台、互联网、都市报、体制内媒体的跟进报道和严厉的批评话语，引起全国舆论的集中关注，从而进入中央政府议程，中央政治局领导做出批示并安排中央工作组进驻山西督查，国务院常务会议上温家宝总理对“黑煤窑”事件的事件进行定性，对于中央政府这次工作的议程安排，全国舆论高度认同和肯定。正如《南方都市报》所言：新闻报道和评论、民众情绪及诉求，还有官方态度及行动，正是这三者的互动促成事件不断向前向深入发展。

其三，不同媒体媒介议程设置均衡，较为全面和平衡地反映中央政府、地方政府、知识界学者、非官方组织、网民和公众的意见，一方面促进事件迅速解决，另一方面也较好调解缓和了公众的激烈情绪。

其中，人民日报、人民网等中央级媒体在此次事件中反应迅速、快速加入并持续关注，勇于揭露事实真相和批评地方政府办事不力和态度暧昧的问题，是解决"黑煤窑"事件的重要推动力。人民日报6月15日评论《黑砖窑事件　追问基层政府》，6月18日评论《黑砖窑事件该如何善后》，其后对地方政府处理此事进行了一系列跟踪报道。同时，人民网6月21日也发布主题贴《不能再有下一个"黑砖窑"》，对事件期间网友对此问题的留言进行综述，称其是"拐骗农民工、非法拘禁、雇佣童工、恶意拖欠工资、侵占他人财产以及故意伤害"。中央电视台"时空连线"、"朝闻天下"和"共同关注"节目组都参与进来，以触目惊心的现场画面，反映出"黑砖窑"中民工的悲惨境地。中央电视台也揭露了山西当地警察的冷漠和涉嫌庇护黑窑主以及地方政府的行政拖沓。这次《人民日报》与中央电视台的报道普遍受到读者观众的肯定与好评。

此外，门户网站和都市报根据中宣部、国务院新闻办要求，正面报道党和政府解救"黑砖窑"受害者的大规模行动，在突出位置发布新闻，反映政府惩治事件背后失职渎职和腐败行为的决心，增强了民众对解决问题的信心。同时，门户网站对过于激烈和偏激、片面化的言论实行了过滤，从而也保证了对社会舆论积极、健康的引导。

由于中央政府、地方政府、受害者及其家属、专家学者、网民和失踪孩子父母的意见通过各种媒体得到较为全面和平衡的表达和反映，加上事件解决迅速，黑砖窑事件开始降温。

媒介融合和多种媒介的整合传播，是现代新闻传播的主要发展方向，而以不同媒介为一个个中心节点，将信息向不同群体和不同媒介扩散的"中心互动传播模式"也逐渐成为中国新闻媒介传播模式的变革和发展方向。

然而，正如本书前言所述，新闻传播是为社会公正而服务的，回到本书对农民工问题的研究主旨上来看，每一次的媒介发展都将向着创建更为公正、公平的社会发展而努力。

正如《人民日报》人民时评所言：

"'黑窑工'终于获得新生，令人额手称庆。那么，怎样的善后，才能还他们以曾经失去的公正？"

"黑砖窑事件"是如此触目惊心。善后，更需要我们深入地自省，这不仅是对事件本身、对事件发生地，而且对其他事情，其他地方，都应是深刻警醒和反思的机会。否则，我们无以面对'和谐'二字……"

——《"黑砖窑事件"该如何善后（人民时评）》，《人民日报》2007 年 06 月 18 日。

6.4 传播内容：保护农民工合法权益

6.4.1 农民工媒介形象的变化

伴随中国的社会发展，进入 21 世纪以来，农民工群体的媒介形象发生了重大改变，主要表现在以下几个方面：

（1）农民工是弱势群体

"弱势群体"这一概念最早是 2002 年由总理朱镕基在国务院政府工作报告中提出的。"弱势群体"所代表的群体当然有很多类，其中，农民工是其中很重要的一类群体。长期以来，大众媒介通过各种方式报道农民工，但其报道基调和框架设置上均是凸显农民工的弱势地位和苦难情境，表达对农民工的同情、怜悯、关爱、照顾，而这种基调更进一步构建和稳固了农民工的弱势群体媒介形象。特别地在这一时期的理论研究上，社会学新发展出的社会排斥理论和社会支持理论，以及其他相关的论文、专著或国家项目课题，从理论上也支持和建构了农民工的弱势群体形象。

（2）农民工是新产业工人

2004 年中共中央农村一号文件《中共中央、国务院关于促进农民增加收入若干政策的意见》中，对农民工的地位作了新的表述，该文件指出"进城就业的农民工已经成为产业工人的重要组成部分"。2006 年国务院在《国务院关于解决我国农民工问题若干意见》中对此进行了更深入的论述。而后，在此政府议程设定下，大众传媒开始认可农民工"产业工人"新身份。其中，标志性的报道事件是农民工被纳入城市各级工会，并进入政府机构"送温暖"的群体范围，这表明着农民工开始享受"产业工人"的待遇。《人民日报》对此也做过一系列专门报道：

[报道1]

本报北京1月5日讯记者潘跃报道：日益壮大的农民工队伍的维权问题正受到我国工会组织的关注。中华全国总工会副主席、书记处第一书记孙春兰今天在此间召开的全国工会进一步做好维护农民工合法权益工作电视电话会议上明确表示，将把农民工合法权益维护作为工会维权的"重中之重"全力推进。

要叫响"农民工有困难找工会"、"职工有困难找工会"的口号，不断扩大工会在农民工中的影响。要积极开展向农民工送温暖活动，努力为农民工办实事做好事解难事。要把农民工作为今年送温暖活动的重点对象，集中一定人力财力物力，帮助他们克服暂时困难[①]。

[报道2]

春节将至，党中央、国务院高度重视维护农民工合法权益问题。中央领导同志多次就维护农民工权益问题作出重要批示。全国总工会提出"农民工有困难找工会"口号，并已安排专项资金4500万元用于向农民工送温暖活动。北京、广东、河南等地采取有力措施，把广大农民工逐步组织到工会中，帮助追讨欠薪，开展送温暖活动，积极维护农民工合法权益[②]。

[报道3]

春节将至，维护农民工合法权益再次成为社会关注的话题。近日，全国总工会提出："农民工有困难找工会"，要把维护农民工合法权益作为工会维权的"重中之重"。这是一个令人欣喜的消息。

据统计，我国的农民工有1亿多人。农民工与传统产业工人不同的是，他们缺乏必要的保障，合法权益经常被侵犯，生活上还有种种后顾之忧，表达自己的诉求又缺乏必要的渠道。因此，由工会代表农民工维权就显得十分必要。近年来，我国农民工群体中的工会组建工作进展迅速。去年，在京施工的1629家企业中，就有七成以上建立了工会。

---

① 叫响"农民工有困难找工会". 人民日报，2006-01-06.
② 全国总工会安排专项资金4500万元向农民工送温暖. 人民日报，2006-01-16.

让农民工有困难找工会，有的人还不是十分习惯。他们说，农民工就是农民，建什么工会？这是一种糊涂认识。早在 2003 年的中国工会十四大报告上，就明确宣布农民工是工人阶级的新成员。根据这一规定，农民工理所当然要建立自己的工会组织，工会理所当然要维护农民工的合法利益。因此，凡有农民工的地方，就应该有相应的工会组织。没有建立工会的企业，必须依法组建工会。这不是愿意不愿意的问题，而是企业及其所有者、管理者守法不守法的问题。

"农民工有困难找工会"，工会积极出面为农民工筑造维权之"家"，反映了社会的进步。工会对于农民工权益的积极维护，是对农民工参加城市建设所做贡献的认可，是工农融合的可贵开始，也是化解社会矛盾、营造和谐社会的必然要求[1]。

（3）农民工是新市民

从 2006 年开始，一些地方政府为了表达对农民工群体由过去的排斥向包容的政策转变，纷纷兴起了"新市民"这样的话语称谓运动。

《人民日报》对此也有相关报道[2]：

"进了一个门，就是一家人"。在无锡，外来工已开始享受"市民待遇"。

无锡市劳动就业管理中心副主任顾维民告诉记者，前几年，社会呼吁"善待民工"，现在农民工们在无锡已经开始享受到"市民待遇"。从住房、入学、医保等方面着手，让农民工成为"新市民"。

让外来工享受"市民待遇"，还需要政府在深层面上有所作为，江苏省农科院院长严少华告诉记者。他说，当年人们"闯关东""走西口"，最后不都留下来成了当地居民？如今，一个外来工在一个地方务工多年，为什么不能转为当地居民？政府可否设置一个时间表，如 5 年、10 年，甚至更长时间，让外来工真正意义上融入当地？

外来农民工聚集的东莞地区，记者报道了当地农民工称谓三阶

---

[1] 农民工：有困难找工会. 人民日报，2006-01-19.
[2] 让农民工变为新市民. 人民日报，2005-03-30.

段变化[①]：

日前记者在东莞采访，"外来工"这一称谓正在淡去，许多人提起这个群体，都是说"企业员工"。中共东莞市委常委、宣传部长江凌说，如何称呼几百万在东莞工作生活的外来群体，才更有亲切感、认同感的问题，甚至拿到了市长会议上讨论。

有人总结，在东莞对传统的"外来工"称谓有三重变化：打工仔——企业员工——新市民。这三个称谓，折射出东莞对外来群体认识的三个阶段：第一阶段，是"教育阶段"：上世纪 90 年代初以前，认为外来群体是脏乱差的主导，把他们作为"教育对象"；第二阶段是"关爱阶段"：节假日慰问企业员工，举行文娱活动丰富他们的生活；第三阶段，则是真正把他们当作城市的主人。目前，东莞正处在从第二到第三阶段的过渡时期。

对农民工的关注在 2006 年初再次进入国家最高级行政管理机构的政策议程，国务院在《国务院关于解决我国农民工问题若干意见》中对许多重要问题进行了阐释并提出了很多新的积极政策，为了贯彻中央精神，从 2006 年下半年开始，很多地方政府相继发布《关于解决农民工问题的实施意见》的相关政策文件，基本主旨是城市中的农民工享有市民待遇。

6.4.2 传播内容：保护农民工权益

（1）农民工权益报道总体情况

表6-4　1980～2010 年《人民日报》农民工报道题材统计表

数量＼类别		民工流动	生活状态	工伤事故	政策法规	民工讨薪	违规犯罪	职业培训	子女教育	春运	社会关系	权益保障	社会救助	优秀人物	工会组织
1980～1993	数量	9	1	0	7	0	3	1	0	49	4	0	2	1	0
	比重%	11.7	1.3	0.0	9.1	0.0	3.9	1.3	0.0	63.6	5.2	0.0	2.6	1.3	0.0
1994～2001	数量	41	10	3	8	3	8	7	1	0	26	11	8	3	0
	比重%	31.8	7.8	2.3	6.2	2.3	6.2	5.4	0.8	0.0	20.2	8.5	6.2	2.3	0.0
2002～2010	数量	25	173	13	99	322	25	62	198	37	25	384	186	38	124
	比重%	1.5	10.1	0.8	5.8	18.8	1.5	3.6	11.6	2.2	1.5	22.5	10.9	2.2	7.3
合计	数量	75	184	16	114	325	36	70	199	86	55	395	196	42	124
	比重%	3.9	9.6	0.8	5.9	17.0	1.9	3.7	10.4	4.5	2.9	20.6	10.2	2.2	6.5

[①] 羊城晚报，2006-09-06.

如表 6-4 所示，根据《人民日报》对农民工报道主题的统计数据可以发现。进入 2002 年之后，有关农民工流动的报道数量急剧下降，而农民工权益保障、农民工讨薪、农民工工会组织建设和农民工子女教育的报道比例明显上涨，并且体现出共性的特征，该阶段农民工报道的题材进入稳定状态，表现出以下四个特征：

一是农民工的权益保障成为报道热点：在 2002 年至 2010 年的报道中，该类报道比例为 22.5%。同时，讨薪报道占到总数的 18.8%，再加上维护农民工权益的工会组织的报道 7.3%，三者共计 48.6%，基本上占所有报道总数的一半。

二是农民工子女教育关注度日益增长：其报道比例由第一时期的 0%，增加为第二个时期的 0.8%，再到第三个时期的 11.6%，上涨了 10 倍之多，体现出了该报对农民工子女教育的关注。

三是各级政府和社会逐渐加强对农民工的关怀和救助：其报道比例三个时期分别为 2.6%、6.2% 和 10.9%，由此可见该报对农民工的关怀和救助越来越重视，也显示出了社会对此的关注度不断加强。

四是对农民工的负面报道内容逐渐减少：《人民日报》对农民工的负面报道多出现于"工伤事故"和"违规犯罪"两类之中，这两类的报道均为下降趋势，与第二个时期相比，第三个时期的比例明显下降，"工伤事故"类报道从 2.3% 下降到 0.8%，"违规犯罪"类报道从 6.2% 下降为 1.5%。

（2）2002～2004 年报道主题：关注民工合法权益

关注民工合法权益的重要议题之一是整治和取消乱收费、规范收费制度。2001 年底，国家计委强调必须在 2002 年 2 月底前废除针对农民工的 7 项收费①。

2002 年初，中央要求对进城农民要公平对待，合理引导，搞好服务。各地按照中央的要求，清理对农民进城务工的不合理限制，取消对农民工的乱收费，改善农民务工的环境。2004 年初，中共中

---

① 据文件显示，这 7 项收费包括暂住费、暂住人口管理费、计划生育管理费、城市增容费、劳动调解费、外地务工经商人员管理服务费和外地建筑企业管理费等。

央、国务院联合发布的1号文件明确指出："农民进城务工就业，促进了农民工收入的增加，促进了农业和农村经济结构的调整，促进了城镇化的发展，促进了城市和社会的繁荣。"2004年7月，国家发改委会同财政部等九部委联合发布《关于进一步清理和取消针对农民跨地区就业和进城务工歧视性规定和不合理收费的通知》。从取消、规范收费制度开始，到从制度上保障农民工的合法权益，从而为这一阶段的农民工群体在寻求公平公正的对待道路上前进了一步。经过十几年的相处，市民和农民工的关系，已经到了谁也离不开谁的程度[1]，所以不能歧视农民工[2]，应该善待农民工[3]。

关注民工合法权益的另一项重要议题是清欠薪资。"总理讨薪"是这一议题的激活事件。"总理，我想，我想说说我家里打工的事"[4]，2003年10月24日，熊德明为其农民工丈夫追讨薪资的一句话，讨来的远远不止是2240元的打工薪酬，还掀起了中国一场轰轰烈烈的农民工讨薪运动，最终开启和推动了政府解决农民工相关问题的议程设置[5]。2003年11月国务院办公厅发出《关于切实解决建设领域拖欠工程款问题的通知》，提出自2004年起，用3年时间基本解决建设领域拖欠工程款以及拖欠农民工工资问题。据统计，到2004年底，全国已偿还历年拖欠农民工工资331亿元，占各上报拖欠总额的98.4%，其中偿还2003年拖欠款99.7%。

从1989年初"民工潮"爆发，人们对农民进城现象不解，到此时全社会正视这个群体，对农民工现象的认识过程基本完成。既然认定农民工现象的历史必然性和这个群体的社会地位，农民工的权益问题就开始成为焦点。2002年1月9日12版，《人民日报》刊发《关注民工合法权益》（见图6-2），历数社会上损害民工合法权益的方方面面，肯定地呼吁"他们需要的是一种真正的、长期的、广泛

---

① 谁也离不开谁. 人民日报, 2004-02-12, 第9版.
② 不要歧视农民工. 人民日报, 2002-05-24, 第5版.
③ 畅言录: 善待进城务工农民. 人民日报, 2002-03-09, 第6版.
④ 孙杰, 黄豁. 总理为农民追工钱. 新华网重庆 2003-10-27 日电.
⑤ 农村劳动力转移就业现状、问题及对策. 载国务院研究室课题组编《中国农民工调研报告》. 北京: 中国言实出版社, 2006.

的社会认可和人文关怀"。

图 6-2　《人民日报》2002 年 1 月 9 日 12 版《关注民工合法权益》配图

　　自 1989 年"民工潮"开始，经过一二十年的时间，中国社会对农民工这一群体经历了从认识、排斥、理解到支持的过程。在承认农民工现象的客观必然性和必要性以后，关于农民工的权益问题成为焦点议题。2002 年 1 月 9 日，《人民日报》发表《关注民工合法权益》一文，总结和归纳了损害民工合法权益的各种行为以及民工合法权益的具体方面，并倡导对农民工提供"一种真正的、长期的、广泛的社会认可和人文关怀"。

　　总体而言，本书通过研究期间内《人民日报》及其他相关媒体的统计数据发现，对于农民工的权益问题主要有五大类：权益维护、薪酬清欠、子女上学、社会支持和工作保护，这些报道在 2002 年后占据农民工主题报道总量的 70% 以上。此外，随着农民工维权工作和政策的发展，农民工开始加入工会，这方面的报道也开始出现。2004 年 1 月 25 日，《人民日报》第 1 版消息"当好农民工的后盾"启动了农民工工会报道的议程。2004 年 7 月，沈阳市首家农民工工会在和平区砂山街道正式成立，标志着农民工集体维权意识的觉醒①。截至到 2010 年 12 月 31 日，总共刊发了 158 篇报道，对工会对农民工的接纳以及对农民工维权的作用作了一系列报道，宣传和表明对

---

① 沈阳首家农民工工会成立. 人民日报，2004-07-27.

农民工的权益保护开始纳入了正式的组织体系，农民工维护自身权利从此不再是孤军奋战。因此，有关工会的报道也可以说是作为组织形式存在的权益维护类报道。

（3）2005～2010 年报道主题：让农民工变为新市民

2005 年 10 月，劳动和社会保障部开始编写《农民工维权手册》，向农民工全面宣传诸如用人单位不得无故拖欠劳动者工资、用人单位不得克扣劳动者工资、用人单位应该按时足额支付工资等各方面的维权知识。

2006 年 3 月，国务院发文要求各级政府要加强和改进对农民工工作的领导，切实把解决农民工问题摆在重要位置。同时强调社会各方面都要树立理解、尊重、保护农民工的意识，开展多种形式的关心帮助农民工的公益活动，要在全社会形成关心农民工的良好氛围①。这一年，各级政府主抓的十件实事—追讨欠薪、提高工资、签订合同、安全生产、规范用工、免费职介、培训就业、社会保障、公共服务、计划生育取得了初步成效。

"2006 年，是我国农民工工作取得显著成效的一年，也是农民工得到实惠最多的一年"②，但这不等于说农民工问题已经解决。2007 年我们仍然"要充分认识到解决农民工问题的重要性、紧迫性和长期性，采取更加扎实有力的措施为农民工多做好事、多办实事"。③据介绍，政府将在巩固十件实事的基础上，着力推进十项制度建设，即工资支付保障制度、劳动合同制度、劳动安全卫生制度、就业服务培训制度、农民工社会保障制度、农民工子女教育管理制度、优秀农民工落户制度、农村土地承包制度、农民工信息统计管理制度和社区管理服务制度。

当权益维护报道由零散的报道形成规模性报道，覆盖到农民工生活的方方面面时，人们对农民工的社会地位又有了新的认识。2005 年 3 月 30 日，《人民日报》在 6 版发表通讯《让农民工变为新

---

① 国务院关于解决农民工问题的若干意见. 新华网，2006-03-27.
② 2006—农民工得到实惠最多的一年. 新华社，2007-01-25.
③ 2006 年我国推进农民工工作关爱农民工共谱和谐曲. 人民日报，2007-01-25.

市民》，同时配发评论《让农民工享受市民待遇》：

"我爱这座城市，为了她的美丽和繁荣，我毫不吝惜自己的血汗；可是，我不知道在她的眼里，自己是不是个永远的乡下人？"

"不论来自乡村还是城市，不论来自中西部地区还是沿海城市，只要你是劳动者，只要你为城市的建设和发展付出辛劳和汗水，全社会就应该'让每一位劳动者绽放笑容'。当这笑容发自心底，写在脸上，我们看到的，将不仅是广大劳动者焕发出来的热情和干劲，更是一个和谐美好的城市新景。"①

6.5　媒介新话语：公共话语和草根话语

2002 年以后，在中心互动传播模式影响下，以《人民日报》为代表的机关报、都市报、电视以及新媒体共同构筑了农民工报道的传播体系，这个时期媒介对农民工报道的话语遵循"以人为本"的原则，话语形态发生了新的变化，出现了反映"民间"声音的公共话语和草根话语。

6.5.1　媒介话语现状

经过几十年的衍进，我国媒介话语从结构到内容有了很大变化，由初始期垄断集中的一元结构的"国家—宣传话语"发展成为鼎盛期多元结构的复杂话语形态结构，同时也包括话语控制权在一定程度上的放开和多主体化。特别是互联网络新媒介的迅猛发展，不同媒介话语之间开始产生一种互为影响和互为制衡监督的错综复杂的关系。总体说来，当前中国媒介话语存在如下几类：

（1）国家—宣传话语——政策宣传和体现国家意志导向的正面新闻宣传

（2）精英—理性思辨话语——体现民众生存生活的深度调查报道

（3）大众话语——体现民众个体生存生活现状的通俗化、娱乐化等"速食"式市井新闻报道

（4）民生话语——体现民众个体的民间生活疾苦和民生、民本等人文关怀的通俗化新闻报道或调查报告

---

① 让农民工享受市民待遇. 人民日报，2005-04-11，第 4 版

（5）公共话语——有关社会群体利益、公共生活、公共事件、公共道德、社会规范等等体现人际、人与公共组织间关系准则的报道

（6）草根话语——基于互联网和移动通讯网络的民众个体自主话语，也体现于传统媒体中的部分报道

所有这些话语的关系并非互相排斥，相反地，很多类型话语之间的彼此交互作用还很强。一般来讲，"国家—宣传话语"仍然占据权威地位并发挥指导作用，"精英话语"与"大众话语"表现为在国家话语下一级层次中基于不同群体的两类同级话语，前者往往具备社会精神指引和批判意识，后者则往往迎合大众庸俗需求或含有很多经济动机。"草根话语"则是"大众话语"的一种表现形态，从形式上来看表现为很强的个性化和独立性，从内容上则表现为多种层次的复杂聚合。

总体而言，所有这些话语形态也都可说是属于一个同构体系中的话语，它们共同构建起我国目前较为丰富的多层次的话语体系。我国媒介话语所呈现的这种多形态特征是话语体系和结构变革的结果，这种变革最终导致一种相互制衡的话语格局的初步形成，尤其是"公共话语"和"草根话语"的兴起更是标志着我国媒介话语性质出现了一种前所未有的转型，包括它们所代表的话语主体、话语特性都朝着一种更为民主、文明的法制方向转化。二者在一定程度上显现中国式"疑似公共领域"的雏形①。"有些时候，公共领域说到底就是公众舆论领域"，"这种公共领域的主体是作为公众舆论之中坚力量的公众。"②

6.5.2 媒介话语性质：公共话语、草根话语——来自"民间"的声音

（1）公共话语：以公众权利为重心的批判性话语

公共话语究其本质可以理解为一种以公众权益为重心的批判性话语，它对社会生活中影响公众利益的各种问题、矛盾和冲突给予描述并进行深入探究，它主要表现为一种公众和公众意志为主体的话语，它与其他利益主体各方之间的其他话语互相影响、彼此进入，

---

① 黄晓钟. 中国媒介话语秩序的重构. 四川大学博士论文，2007（8）.
② ［德］哈贝马斯. 曹卫东等译. 公共领域的结构转型. 学林出版社，1999，2.

最终达成一种制约和均衡的动态平衡。按照"媒介话语"的视角，"公共话语"的主体是社会公众的意见，其相关来源来自"民间"。

报纸和新闻周刊等媒介的"公共话语"形成于上世纪 90 年代末，并在 21 世纪初得以广泛发展，这种"公共话语"来自于早期报纸媒介的深度话语在中国媒介发生巨大变革新背景中的发展及蜕变。早期代表性媒体是《南方周末》和《中国青年报》，它们的公共话语产生了全国性的重大社会影响力，究其原因，在于这两报对于公共话语的专注性、深度挖掘能力和揭秘的力度。随着社会发展，后起的《中国新闻周刊》和《瞭望东方周刊》等等都开始进入公共话语领域。而随着地方晚报和都市报的迅猛发展，公共话语在这类规模巨大的报纸媒介里也得到了广泛的体现和传播，例如"孙志刚事件"的公共话语议程，就是广州的《南方都市报》引发的。

电视媒介的"公共话语"则开始于 2003 年，以当年江苏卫视《1860 新闻眼》的开播为起始事件，其节目定位为后来所谓的"公共新闻"。2004 年，该频道正式提出"公共新闻"的概念，它认为，如果说"民生新闻"是在"国家的声音"之外传递了"民间的声音"，那么，"公共新闻"则是把"国家的声音"和"民间的声音"整合为"公共的声音"。[①]

网络媒介的迅猛发展给公共话语带来了革命性的突破。以互联网和移动通信网络为代表的新媒介带来了媒介自身和大众传播的巨大发展，互联网上信息及意见的开放性和公共性打破了传统媒介的封闭性，因而也催生了公共话语，给公共话语的议程设置和广泛传播提供了强有力的支持。同时，网络媒介的强大力量也对传统媒介产生重大影响，使得传统媒介被迫出现一定程度的开放性，从而产生更多带有民主性质的公共新闻。毫无疑问，如果没有这种开放性的网络媒介的强大压力，传统媒介可能会开放至无伤大雅的并与权力层有紧密关系的精英"深度话语"，但是很难自行发展出有实质改变的公共话语。在媒介实践中，绝大多数的公共话语的议题首发

---

① 公共新闻.中国社会新闻的第二次革命——江苏卫视《1860 新闻眼》节目的新探索.人民网，2004-10-14.

于网络，并在网络媒介上形成规模和较大社会影响后，才可能引致传统媒介的参与和发布公共话语议程。

"公共话语"的概念提出及在中国的发展，是中国传统媒介话语一次极为重大的变革。特别是在与互联网络以及其他新媒介进行了良好的媒介融合后，公共话语比其他任何的主要媒介话语都更容易在极短时间内形成话语"内爆"，从而形成社会和媒介的公共议程。可以说，一方面，公共话语对中国媒介话语的发展产生了深远影响，使其他媒介话语形态更多地关注公共议题，给公众更为充足的话语表达空间；另一方面，公共话语的发展与繁荣最终都会指向现代文明社会的一个核心价值：公平与正义。

由此可见，公共话语的扩展能够影响中国社会变革的某些走向，例如精神文明建设和社会法制建设进程、良好社会规范和公民自主意识形态的构建等等。公共话语体现了中国媒介话语向更高层次转型的倾向性和重要特征，预示着中国媒介话语将更为宽泛和渊博，更为深刻和自由，它本质上也是对中国社会变革和民主化进程日益深入的媒介反映。它同时也反映了中国社会个人公共意识和社会参与的日益增强，同时某种意义上从媒介的角度提前预示着中国"公民社会"及公共领域建构的法制前景。

（2）草根话语：e 时代自主传播话语

草根话语是基于互联网为代表的新媒介技术产生的民众多元化自主话语，它起源于草根文化的形成，并在网络互联技术和移动通信技术带来的变革中得以快速发展并形成规模。草根话语可以说几乎违背了历经几百年建立起来的传统媒介纵向等级传播的所有规则和模式，开创性地建构了一种全新的横向交叉、无中心网状的扁平化传播形态，它满足了个体的传播欲望并实现了全方位、极少限制的话语传播空间。

社会转型期间，各种利益群体都在谋求自身的更大利益。草根群体虽然人数众多，然而缺乏话语权，往往是"弱势群体"，在利益争夺中往往没有自己的话语权，因而造成事实上的不公平。然而，借助互联网媒介，以"网络关系"为纽带，松散的草根群体能够在网络社会中整合和缔结出一个代言草根利益话语诉求的群体。话语诉求是草根参与现实社会结构重构的重要途径。传统的媒介话语通道被政府或精英阶层所操控，草根群体表达自身的话语非常困难，而互联网络和移动通信网络则给草根建立了一个能够自主表达话语诉求的平台，借助网络媒介，草根群体能够"发出自己的声音"，表达自己的意见，主张和争取个体的权益。在各种典型网络事件中，虽然最终事件发展结果并非完全顺从草根群体的话语诉求，但是借助于网络平台病毒式传播，草根群体的话语诉求得到放大和加强，并在最终事件的解决中起到重要积极影响。通过网络虚拟公共领域形成的公众舆论，对其他传统媒介或可能的权力干预进行监督和制衡，促进事件解决的公开、公正与公平，从而在一定程度上实现其话语诉求。

草根话语得以展示和传播并形成群体行动得益于互联网给予的虚拟公共领域。这个虚拟公共领域完全符合哈贝马斯对公共领域界定的所有方面①，同时，这个虚拟公共领域还具有以下特征：

第一，参与主体的平等性。虚拟互联网络的优越性特征之一就是开放和平等，在互联网络形成的虚拟公共领域里，现实社会中的地位和身份不再起作用，每个个体都是平等的个体，在这个公共领域里，人们可以对自己关注的议题进行平等的、自由的讨论。

第二，议题倾向的批判性。根据哈贝马斯的阐述，由于公共领域针对公共权力领域形成与扩大，因而批评性和批判性是公共领域内在的基本运行机制。网络虚拟公共领域是现实社会的延伸，因而，针对公共权力的批评和批判也是其基本特征。

第三，话语表达的群体理性。哈贝马斯认为，在公共领域，公众之所以运用理性，是由于想让统治遵从'理性'标准和'法律'形式，以此来实现彻底变革。草根群体活跃于虚拟公共领域，他们具有同样的理性表达。

随着微博、SNS社区等网络媒介新形式的出现和发展以及网络

---

① [德]哈贝马斯. 曹卫东等译. 公共领域的结构转型. 学林出版社, 1999.

媒介与传统媒介互相融合进程的深入，草根群体的话语诉求表现出一些明显的倾向性：

第一，草根群体话语表达意愿加强，积极主张草根群体利益

传统社会中，精英阶层单方面控制着权威话语通道，形成了事实上的话语霸权，在话语单向传播的传统媒介模式下，草根群体只能被动地作为受众接受信息。而利用网络媒介的多向传播特性，草根群体内在的表达意愿和受压抑的话语诉求在互联网上得到了集中释放。此外，精英阶层在其话语表达上自然追求自身的利益，在传统媒介环境中，草根阶层即使反对，也"有话无处说"，而现在通过网络，草根群体能够向社会发出自己的意见。

第二，草根群体话语议题设置框架：公平与正义

草根群体对事件进行价值判断的标准非常简单，即公平与正义，特别是事件中表现为强势与弱势单位之间的对弈。按照哈贝马斯的思想，他认为所谓民主，就是"通过语言的相互理解建构自由和无限制的生活，民主意志不是建立在公共权力的权威或者先验假设方面，而是建立在以语言为媒介的相互理解上"。①而草根话语正是草根群体通过网络媒体表达对公平与正义的一种强烈关注。实践中，无论是"山西农民工尘肺事件"还是"邓玉娇（女农民工）杀人事件"，事件处理全过程都受到网络公众的关注和监督，通过话语诉求的力量为实现公平正义发挥重要作用。例如，"邓玉娇杀人案"一审判决后（对邓玉娇较为有利的免死判决），人民网进行了调查统计，结果发现 85% 以上的网友支持该判决。

此外，草根群体也并不排斥现代社会多元化的价值观，而是兼容各种不同的声音和流派，但是，草根话语也有着公共规范和社会道德的底线标准，当各种超越道德底线的事件发生后，草根话语也会奋起捍卫真、善、美等传统美德，这也是草根群体网络话语的主流声调之一。

总体上来说，草根话语在基于网络的虚拟公共领域得到了充分

---

① [德]哈贝马斯. 曹卫东等译. 公共领域的结构转型. 学林出版社，1999.

发挥,并对社会转型期的利益诉求和话语权限的要求产生重要影响,从而对社会结构的重塑和媒介话语的分布格局有着深远影响。①

6.5.3　话语表现形式

2003 年至今,官方话语、精英话语、大众话语以及由他们衍生的公共话语和草根话语等在农民工报道中都有不同程度的体现,《人民日报》中的农民工报道的议题建构理念开始从"以国为大"向"以人为本"过渡,报道目标开始从"导向"向"贴近"转化,在报道的符号表达上也逐步由"居高临下"向"和风细雨"转变。在这种转变的趋势下,《人民日报》的一元国家-宣传话语逐步改变报道理念,开始关注农民工的合法权益;精英话语的分量增强,表现为深度调查报道、专家访谈等体裁的增多;代表大众话语的读者来信等比例也持续增长;呈现公共话语的公共新闻的比例开始上涨。此外,《人民日报》积极采用网络议题,与《人民网》的报网互动中,也吸纳草根话语的精华。

6.6　传播社会效果：媒介歧视走向消解

6.6.1　农民工媒介形象：进取者

与前两个时期相比,《人民日报》对于农民工的形象塑造中多了一种进取者的形象。《人民日报》从农民工立场再现了进取向上、创业成功的农民工形象。经常再现的品质是勤奋踏实、诚实可靠、吃苦耐劳、坚韧、有闯劲、善良、勇敢。媒体把这样的品质与"领头雁"、大老板、党代表、"白领"、英雄、维权斗士等接合在一起,意在昭示一种道理：知识改变命运,拼搏成就事业;试图鼓舞广大农民工拼搏进取、奋发图强,用自己的双手,闯出新天地。

6.6.2　媒介排斥的消解趋势

2002 年以后,我国媒介在对农民工的报道中开始尊重农民工,逐渐凸显农民工的主动性。农民工的媒介形象建构经历了从弱势群体到新产业工人的过程,农民工由初始期的"盲流"到成熟期的受

---

① 马端山. 网络社会视域中的草根话语诉求. 法制与社会, 2010: 10.

害者，再到 2002 年以后的积极进取者，显示了社会对媒介的逐渐接受过程，也呈现出媒介排斥的逐步消解过程。

2002 年以后，媒介报道将农民工定位于弱势群体和产业工人，即"我们"群体。随着媒介报道定位的变化，在对农民工的称谓上，开始启用"产业工人"等中性称呼。报道的角度已经转移到农民工那里，主要报道内容集中于对农民工权益的保障，包括工资、就业管理和服务、子女教育以及社会保障等。在报道这些内容时，媒介一方面报道政府及社会对于农民工的关爱和支持，另一方面报道农民工自身素质的提高。在具体报道时，不单是媒介态度由忽略、歧视到同情、支持以及公平对待转化，而且深入挖掘造成农民工不公正待遇的根本原因，矛头直指体制本身。该时期一些重要的媒介事件不但成为我国媒介发展历史上的标志性事件，而且对于国家有关农民工政策的出台也起到了决定性的作用。例如，农民工苯中毒事件引发了首次全国性农民工权益保护专项检查活动①。

从总体上看，这一时期，媒介对农民工的负面报道开始减少，取而代之的是对农民工权益的保护、对农民工人性的尊重，这些表现都显示了对农民工的媒介排斥慢慢消解的良性发展态势。

---

① 劳动和社会保障部办公厅. 关于开展民工权益保护专项检查活动的紧急通知. 劳社厅发明电（2002）5 号.

第 7 章　《人民日报》传播模式和公正理念发展

7.1　《人民日报》农民工议题传播模式总论

7.1.1　媒介传播模式的变化趋势：从单向线性——双向并行型——中心互动型

80 年代的单向线性模式向 90 年代的双向并行模式，最后到 2003 年以后的中心互动模式转化。

80 年代媒介遵循单向线性的传播模式，信息从政府出发，经由媒介最后传达到受众；在议程设置上遵循政府议程→媒介议程→公众议程的流向，传播的主要内容表现在对民工进城的描述及有关政策的宣传上，传播话语主要体现为权力高位控制下的一元国家—宣传话语，传播的社会影响主要表现为报道数量少、报道视角单一，我国 30 年来农民工报道大体上遵循着一种变化趋势，即传播模式处于"失语"状态，导致社会对于农民工认识的偏差。

1994 年以后，媒介在执行政治宣传功能的同时，具有了一定的独立性，部分媒介开始自主经营，自主经营的媒介日益重视受众需求。由于媒介地位的提高以及受众需求不断得到重视，媒介在对农民工的报道中除了遵循单向线性的传播模式之外，开始出现了双向并行传播模式，二者之间的关系并非是完全替代，而是呈现相互补充、相互影响的并存关系。在双向并行传播模式下，在议程设置流向上出现了媒介议程→公众议程→政府议程的议题设置新流向，在传播内容上除了继续宣传国家有关政策外，开始关注农民工的生活生存及工作状态，展现他们的喜怒哀乐，表达他们的要求，体现了媒介对农民工的深刻的人文关怀。

2002 年以后，随着我国发展的目标从追求"稳定"和"效率"到开始追求"和谐"和"公正"的变化，农民工作为弱势群体得到国家政策面以及社会公众的极大关注。此时，媒介在农民工的报道中显示的传播模式除了单向线性模式和双向并行模式之外，还出现了中心互动模式，三种模式相互交织、彼此影响，共同为农民工报道而服务。所谓中心扩散的传播模式，就是信息以媒介为中心，向政府、农民、企业及其他社会群体或者组织呈现放射性扩散。该模式的核心部分是媒介独立性增强，社会以媒介为中心来整合信息；在与政策议程的关系上，媒介在不违背国家法律的框架内独立设置传播议程，与政府议程相互影响，甚至一定程度上引导某些政府议程的设置；在与公众议程的关系上，媒介与公众议程互动性增强，彼此影响，互为主体，媒介在引导公众议程的同时也被公众议程所决定；媒介话语呈现为民生话语与草根话语的兴起，媒介话语的变化与政策话语的变化开始分离，对某些政策话语进行批判性的解读和建构，话语形态表现为多元话语的兴盛；传播内容主要包括对农民工的权益的关注；传播形式上表现为信息以媒介为中心，向社会其他群体呈放射性扩散；传播效果上表现为对农民工的不公正待遇从制度上进行分析，促进新制度的出台，从而从根本上保证农民工公正待遇的实现。

7.1.2 媒介态度的变化趋势：从"他者"——"我们"的建构

我国媒介对农民工的认识是与国家政策变化相联系的。80年代，农民工被政策文件定义为"计划外用工"，政策文件一般用"计划外用工"、"农民合同工"指称民工群体。20世纪90年代，政策着眼点是民工跨地区流动和外来务工可能给城市社会带来哪些问题，进城农民在很大程度上被认为是农民工问题的"责任者"。因此，民工盲目外流、流动人口、暂住人口、外来人口、外来劳动力等成为基本的政策用语，突出了民工群体"流动"和"外来"的特征。2002年以后政策关注的焦点为城市社会给民工造成了哪些问题，进城农民是农民工问题的"受害者"，权益、工资、就业管理和服务、子女入学教育、参加社会保险等词语成为主要政策用语。

根据不同的政策定位，媒介在报道农民工群体的时候，不同时期对农民工也运用了不同的指称和描述，总体上体现了对农民工从"他者"——"我们"的建构趋势。

80 年代，媒介报道将农民工定位于体制外群体，即"他们"群体；报道的角度则是站在城市的角度，即我们群体，所以主要报道的主要内容是农民工的"外来"和"流动"，是如何清退、清理农民工。因此，该时期农民工的媒介形象大多被塑造为"流民"，在他们大量涌进城市的时候"对城市的社会治安造成威胁"。该时期媒介对农民工报道中所用的称谓主要包括农民、民工、农民工、打工仔、打工妹等，1993 年则出现了最具歧视态度的身份指称"盲流"。根据这些称谓我们可以明显地看出媒介对农民工这个体制外群体的排斥和歧视。

1994 年以后，媒介报道将农民工定位于边缘群体、越轨群体，报道的角度依旧是站在城市的角度，其报道内容一方面集中于政府对农民工如何进行限制、管制和排斥；另一方面，也开始将报道视角投向农民工的生存生活状况，报道他们作为"人"的喜怒哀乐以及再融入城市生活中的苦难历程，体现了深刻的人文关怀。该时期媒介对农民工的称谓则常用"民工"、"打工"、"外来人员"等，其歧视性明显弱化。所以，此时媒介的报道视角虽然依旧是以城市为中心，但是与第一个时期相比已经有了很大变化。在第一个时期，媒介对农民工的不公正待遇"视而不见"，处于"失语"状态；第二个时期里，媒介已经显示了对农民工这个边缘群体和越轨群体的理解和同情。

2002 年以后，媒介报道将农民工定位于弱势群体和产业工人，即"我们"群体，报道的角度已经转移到农民工那里，主要报道内容集中于对农民工权益的保障，包括工资、就业管理和服务、子女教育以及社会保险等内容。在报道这些内容时，媒介一方面报道政府及社会对于农民工的关爱和支持，一方面报道农民工自身素质的提高。在具体报道时，不但是媒介态度由忽略、歧视到同情、支持以及公平对待转化，而且深入挖掘造成农民工不公正待遇的根本原因，矛头直指体制本身。该时期一些重要的媒介事件不但成为我国媒介发展历史上的标志性事件，而且对于国家有关农民工政策的出台也起到了决定性的作用。例如，农民工苯中毒事件引发了首次全国性农民工权益保护专项检查活动①，孙志刚事件则导致了以农民工为主要对象的收容遣送制度的终结，并且引起政府对农民工政治权利问题的关注。熊德明事件，则引发了席卷全国的"清薪风暴"，农民工作为劳动者的经济权利被剥夺问题得到全社会关注，这 3 个媒介事件有效地推动了我国农民工权益维护问题的制度化建设进程。

从媒介 30 年报道的历程中，我们可以清晰地看出媒介对农民工的建构经历了从"他者"群体——"你们"群体——"我们"群体的过程，在此过程中，媒介对农民工态度也由初期的忽略、中期的理解和同情转变为后期的支持，总体上体现了媒介对农民工由歧视到公平对待的发展趋势。

7.1.3 媒介地位的变化趋势：从完全附属到独立性逐渐增强

80 年代，媒介被定性为纯粹的意识形态工具，我国对媒介的管理主要集中在加强媒介的"喉舌"功能，为国家的安定团结进行宣传。此时，媒介直接接受党委宣传部的领导，在人事任命、具体报道上作为行政的一个部门而存在，其报道"必须无条件地同中央保持政治上的一致"，独立性很差，此时媒介对农民工报道处于"应声而作"的被动宣传状态。1994 年以后，随着市场体制的导入，媒介开始具有了一定的独立性，逐步从"党国同构"的纯粹政治权力领域中分离出来，朝着新闻本体回归，信息传播服务功能日益突出，此时媒介对农民报道开始主动介入，影响政府议程。2002 年以后，随着政府职能的转化和网络新媒体的兴盛，媒介在不违反国家法律的前提下可以自主报道，独立设置媒介议程而不必直接接受行政干预，其独立性更强。由此，在媒介 30 年发展历程中，我们可以清晰地看到媒介由完全附属于政府部门，到逐步脱离行政干预，具有自主性，其地位逐渐提高，独立性逐步增强。

7.1.4 媒介话语的变化趋势：从一元主导到多元并存

我国的媒介话语变革至今，已初步形成了由原来高度集中和唯一性的"国家/宣传话语"演变为多元分化的不同话语形态结构。概括而

① 劳动和社会保障部办公厅. 关于开展民工权益保护专项检查活动的紧急通知. 劳社厅发明电（2002）5 号.

言，当下中国媒介话语形成如下结构：国家-宣传话语——政策宣传和体现国家意志导向的正面新闻宣传；精英-理性思辨话语——体现民众生存生活的深层次的理性挖掘和深度调查报道；大众话语——体现民众个体生存生活现状的通俗化、娱乐化等的市井新闻报道；民生话语——体现民众个体的民间生活疾苦和民生、民本等人文关怀的通俗化新闻报道或调查报告；公共话语——有关社会群体利益、公共生活、公共事件、公共道德、社会规范等等体现人际、人与公共组织间关系准则的报道；草根话语——基于互联网和移动通讯网络的民众个体自主话语。所有这些话语形态应当说都是在一个同构体系中的话语，"国家/宣传话语"仍然居于权威和指导地位，"精英话语"与"大众话语"显现为在国家话语基本思想指导下的不同层次的指向，前者多含有社会精神指引和批判意识，后者内含有更多商业及市场动机，而"草根话语"首先表现为更强的自主和独立性，其内容则表现为各种层次的复杂聚合。

7.1.5 媒介职能由宣传工具到传播工具、社会公器的转化

从总体上讲，在对农民工的报道过程中，媒介职能经历了从宣传工具到信息传播工具的转变。作为媒介，进行信息传播是其基本职能，但在 80 年代，由于国家有关新闻政策的限制，媒介功能被强调为"宣传工具"；1994 年以后，"宣传"功能弱化，"信息传播"功能开始凸现；2002 年以后，媒介"信息传播"职能成为其主要职能，同时媒介作为"社会公器"的职能开始显现，这其中的变化趋势显示了我国媒介职能的理性回归。

7.2 农民工媒介话语变迁中的社会公正

在农民工社会公正实现的道路上，主流媒介话语也随之发生相应的变化，毫无疑问，主流媒介话语的变迁，既是农民工权利得以实现的成果，也是推动农民工社会公正和社会地位持续提升的重要工具。通过对主流媒体关于农民工报道的媒介话语变迁，可以发现其基本变化线索可以概括如下：表述农民工本身的话语的变化、农民工与城市关系话语的变化以及农民工与管制力量关系话语的变化。而所有这些

维度最终都体现在更加公正、公平地描述和对待农民工这一特定群体。

7.2.1 从理性的"经济人"到情感性的"社会人"

农民工作为特定的"人"的群体，作为一种社会性的存在，最初是被视为一种社会工具，正如英美等国资本主义工业革命开端，通过"羊吃人"等方式，制造了大量的工业革命需要的闲散的产业工人，而随着泰罗制等科学管理理念的推行，更是把人当做精密仪器，主要考虑的是让这些"精密仪器"如何有更高的生产率。中国改革开放初，同样需要大量的产业工人，而这是当时小规模的城市所无法大量提供的，因此，从农村来的大量的人，就作为"机器"进入到中国的工业化建设中。

农民工进入媒体话语之初，媒体表现出来的兴趣多是出于对其所具有的经济影响的关注，最直观的表现就是中国"具有廉价物美的劳动力"。无论是对内还是对外宣传，媒介大多是把农民工等同于一种资产来描述。例如，在很多研究报告、新闻报道和文件资料中都是这样的看法：一名固定工换成一名农民工，企业和城市每年可减少各种福利费和补贴793元，而农民工可收入近千元，这样做，利国利民，两全其美。再如，据有的单位测算，用一名农民工比用一名固定工人，国家和企业每年可节省各项开支700至1000元，而生产效率可提高30%[①]。同时，在一段时期内，关于"清退"农民工的媒介话语中，在涉及清退原因时同样是因为考虑到对自己自有工人的考虑，防止这些"工具"对城市工人的代替，事实上，在媒介以及主流意见观点上，清退农民工的动机和原因主要在于：一是对城市产业工人的替代性冲击，二是占用和浪费城市资源。

例如，1982年的一篇报道可以窥一斑而知全豹："全省清退10万农民工，每年可节约工资支出7,200万元，粮食400多万斤。同时，还为安置城镇待业青年创造了条件，解决了部分待业青年的就业问题"。不同的报道从不同的逻辑层面对此进行描述，比如有一篇报道中，说农民工与其他流动人口"靠套购北京粮票吃起了平价粮来节约自己

---

① 罗真. 农民工媒介话语的历史变迁. 复旦大学硕士论文, 2010.

开销",专门指出这种倒粮行为使北京市每年额外流失粮食 5000 万公斤,显然农民工这种"生产工具"消耗了太多的资源。城市本位的保护主义使其注意到的只是农民工这种"工具"的"经济成本"。

随着农民工的规模和数量的持续扩大,与城市的关系日益紧密,媒体已不再把农民工仅仅当做生产的一种工具或组件,而开始把注意力关注在农民工这种人群的特征,但是更多的仍是强调和关注农民工"素质"和"道德"对城市生产和生活的影响,"经纪"的工具属性仍是媒体对农民工群体的基本出发点,无论是就业培训还是工资清欠还是救济温暖等都是这样。在这样的背景下,农民工虽然引起社会关注,但关注的出发点和重点不是农民工本身,而仍是经济发展和城市稳定。

因此,正是基于这样的出发点,虽然农民工相关报道的数量开始增加,但是报道的焦点仍然是把农民工视为经济发展的生产要素,例如,这段时期媒介关于农民工报道的内容很多,而且很多关于农民工的人身安全、灾难事故以及生活困难等等,这些是当时媒介报道的重点,然而,由于当时农民工主要从事煤炭业、建筑业等高危、强度大、保障低的行业,在事故伤亡、尤其是大规模生产事故和安全事故中他们必然是伤亡的主要人员。然而,当时的媒介提及农民工时,在一些怜悯式的关怀之下,主流的媒介话语将之概括和描述为不懂或不愿遵守操作规章、知识欠缺、技术水平低的形象,将事故原因归咎于他们,并强调对生产的影响和损失的大小。

从人文精神对农民工开始的媒介关怀应该始于 2003 年,最早依然是主流媒体的倡导和启蒙,人民日报的一篇报道提道"2002 年底以来,农民工工作环境恶劣、安全保护差、欠薪等问题引起全社会的强烈关注",此后,随着农民工职业病危害专项整治"关爱农民工生命安全与健康特别行动"等等一系列活动的开展,农民工的人身安全和社会生活等等权利开始得到媒体关注,同时这也是农民工本体进入媒体意识的表现。

当社会逐渐意识到农民工群体的庞大和在社会中的巨大影响力时,也尝试从制度和法律等基本层面来改善和管理农民工。表现在媒体上,就是在政治为主流言论的主流媒体上,也开始有关于农民工参政、议政或者进入社会、城市主流活动等报道，尽管数量并不多见，但代表的是一种启蒙和开端。例如，"山东省允许农民工竞考省级公务员"、"农民工走进黑龙江省农民工工资保障规定（草案）立法听证会"、"重庆市有 51 名农民工当选市人大代表"等等报道的出现表明，农民工应享有政治权利，已经进入到媒体话语以及社会的普遍意识之中。只是，一方面，这些仍然是很少一些个案，对比农民工群体来说无疑是沧海一粟；另一方面，媒介对此的报道仍然表明这些都还是新闻，而不是普遍认可的事物。不管怎样，媒介这类报道所赋予的象征意义远大于实际意义。

而农民工的文化以及情感需求进入媒体话语则是后期的产物。2003 年、2004 年两年关于解决拖欠农民工工资问题的报道热潮渐渐冷却之后，媒体开始将视野扩展到这个群体作为社会人的需要和需求。2005 年，人民日报的一篇《关注农民工更多需求》的文章从"文化需求"、"情感需求"、"发展需求" 3 个方面提出了关爱农民工的新方向，这些可能都说明，媒介，或者社会，开始不仅仅把农民工视为生产的人，更视为有血有肉的、和城市人一样的社会人，在此引导下，媒介开始加强对农民工人文精神方面的报道，这表明媒介开始觉醒和觉悟，意味着媒体话语中的农民工开始从仅仅是"劳动力"向有多种需求的"人"转变[①]。

7.2.2　从"乡巴佬"到"新市民"

广义上的农民工共分为两类：一种是"离土不离乡"、"进厂不进城"，就近就地转移到乡镇二、三产业中的农民工；一种是"离土又离乡、进厂又进城"，完全脱离原先社会关系和往来，进入城市打工的农民工。第一种情境下的农民工实际上并没有对现存社会秩序带来明显改变，因此很少为人所关注。并且由于绝大多数媒体集中在城市，主要的也是关注于后者，因而媒体中呈现的农民工形象多指向后面一类。

由于中国的户籍制度以及由户籍制度所产生的权利、权利等一系列制度法律和资源分配的社会分配，农民工作为横跨农村和城市的特

---

① 罗真，农民工媒介话语的历史变迁，复旦大学硕士论文，2010.

定群体，使得在其权利实现过程中争议不断，实际上反应的本质上也是制度的问题。随着农民工数量的增多，对城市的影响日记加大，特别是很多农民工进入城市的高层社会，使得媒介和社会开始关注，其态度也从抵制到接纳。

改革开放开始的早期时间里，媒体话语中有时也有很多表现出对农民工进城的认同，但主要是从经济建设和生产力的提升等视角上来给予肯定，对农民工这一新群体更多的关注仍然是如何分析这类群体的不足和缺陷，即便是带有认同语气的对策探讨也主要是把将农民工当成充满不确定性风险的"外来者"看待，更不用提直接的"治理"与"清退"了。这期间，媒介话语仍然是站在城市立场上，冷漠和谨慎地看到进入城市的"他者"群体。2004 年，《中共中央国务院关于促进农民增加收入若干政策的意见》指出，规模庞大的农民工已经成为中国产业工人阶层的重要组成部分，随着理解和认识的深化，以及农民工发展过程中出现的新现象和新观点，农民工被纳入城市成为城市正式居民的提议并屡见于报端，媒介新闻报道中很快便出现了很多让农民工从根本上融入城市的论题。如 2005 年《人民日报》便通过专家匿名发表一篇社论，倡议解决已经在城市停留、生活多年的农民工，在十一五规划和 2020 年远景目标规划中已经显得很迫切。与此同时，从 2005 年开始，"新市民"的称呼开始出现，无锡、昆山、西安等一些地方政府采用实际行动使农民工获得了城市居民的身份，西安雁塔区甚至直接从政府文件、领导讲话中取消了"外来工"、"外来务工人员"、"农民工"等称谓。与从前将农民工视作与城市格格不入的外来者相比，"新市民"的话语无疑是一个巨大的进步，体现了社会对农民工融入城市这一大趋势的认同。但是一个"新"字依然表明农民工完全融入城市的困难。

7.2.3 从"清退"到"庇护"

当前的中国仍然处于向法治社会摸索前进的过程中，在中国，"人治"而不是"法治"使得很多时候政策的改变和推行变得变幻莫测，而同时，农民工在城市中的处境，尤其是通过媒体所呈现出来的处境和社会形象无疑也是影响农民工权利是否能实现的重要因素。随着政治民主和社会公正意识的演进，农民工也逐渐得到了国家政策话语的明确关注和支持，体现在主流媒体上的媒介话语对农民工群体的新的人文解读和支持，因此，从"清退"、"监视"再到"保障"、"服务"，政府管理部门的敌对形象渐渐被强调服务的和谐形象所代替，相关政策措施在话语中的合法性基础也从以城市为主转变为双方和谐共进。

与清退农民工、整治城市环境等举措相对应，行政管制力量最初是以一种"压制性权力"的角色出现的。如 1989 年报道中北京市劳动局发出的紧急通知："禁止区域内的各部门各单位以及私营企业、个体工商户和乡镇企业未经市劳动局批准到外省市招用农民工，也不允许擅自招用流入北京的外地农民，已经招用的应立即清退。"当时，关于农民工的媒体话语"盲流"、"清退"、"遣返"等表明城市和主流社会对农民工的不认可和排斥，而类似"严禁"、"打击"等态度倾向性的词语表现出强硬的态度。不过在后期，中央政府逐渐意识到地方政府的这种排斥并不正确，因此，以《人民日报》为代表的官方行政媒体开始对农民工的社会地位开始讨论和反思，例如，在 1988 年的一篇报道便对某部门想要通过向进城农民派发证件来解决城市人就业问题的做法提出了质疑，报道明确指出"农民进城与影响就业并不能划等号"。随着中央政府和地方政府在农民工问题上的态度和政策的转变，认为在解决农民工这一问题上政府不应当一味"封堵"，而是应当担负起服务职能，媒介话语上也开始强调"整治、服务、教育、协调"等，这些话语也影响和引导着政府以更开明和人文的精神来对待农民工。2003 年 1 月 5 日，国务院办公厅下发《关于做好农民进城务工就业管理和服务工作的通知》，其中开始提及要为农民工进城提供良好"服务"，这无疑提供了一种很好的态度和观念。在中央政策的导向下，媒体对农民工的话语描述也开始渐渐向城市建设者、利益受损者、弱势群体等转变。在这样的媒介话语的引导下，政府应当服务于社会、协调城市农民工的职能渐渐成为社会的共识。有文章这样写道："政府的职能就是为公众服务，如今，政府能够积极地规范自己，摆正自己的位置，主动为农民工服务，实际就是领导干部转变工作作风的具体体现。在一篇关于广西开展民工工资支付情况检查活动的报道中有这样一句话:"政府部门的看得见的手发挥了强有力的作用,几乎没有人反对政府部门对劳务市场的这种有力干预。该表述其实包含了这样一个预设:政府的干预可能是有问题、可能是会有人反对的,也就是说,政府的强制管制形式已经有了丧失合法性的危险①。2003 年可以说是农民工政策的一大转折点,一方面报纸媒介上大规模出现的清欠报道引起了社会公众的广泛注意,另一方面,代表了政府政策的转移和倾向于农民工。例如,由国务院为农民工问题单独发布全国性的"保护性的通知",这些政府正面的行为为农民工的社会地位的提升赋予了法律意义,政府和行政力量的积极介入,使得大众媒体、尤其是党政代表的媒体可以从更高层面上进行宣传和正面报道。

当然,这一转变不是突然的,也不是一蹴而就的。由于农民工的户籍不在城市当地,当地政府认为自己的职责是只负担本地居民的服务,而对外地农民工不承担什么服务责任。相反,城市人口的就业数字则是关乎政绩的重要指标,于是,有些地方政府不顾中央的政策导向重拾"腾笼换鸟"的举措,清退农民工,换上本地工。这种行为在当时也大有市场,不过,这时的主流媒体的报道方向还是依然遵循国家政策导向的。2003 年 3 月,有一篇题为《为何又限农民工》的评论文章便对这种现象进行了严厉批评,"政府在帮助下岗失业人员再就业方面有许多可做、应做的事,例如提供培训、规范劳动力市场、清理不合理的收费等,不要总把眼光盯在腾笼换鸟"。经过各种群体、阶层的讨论、交锋和交流,目前主流媒体也逐渐达成共识,媒介话语也开始站在农民工立场上,政府主导的对农民工进城要"公平对待、合理引导、完善管理、搞好服务",这十六字方针某种程度上已经在主流媒体中成为涉农民工报道时的绝对准则。因此,从那时起,无论是媒介掀起的为农民工讨回拖欠工资,还是呼吁为农民工提供就业培训,倡议让农民工子女也能接受同等的教育服务等等,这些媒介话语从本质上表明,主流媒体已经转变了态度。

---

① 罗真. 农民工媒介话语的历史变迁. 复旦大学硕士论文, 2010.

7.3 《人民日报》传播理念发展：在回归新闻本源中实现社会公正

现代化的民主和法制社会里，公平、正义、尊重、博爱应该是社会的基本观念。只有秉持正义公平和尊重博爱的理念，社会发展和人文精神才会持续提升，才能实现社会有序进步和和谐共处。中国早期的城乡二元制度，人为地割裂了不同阶层的关联，造成了社会的分割和孤立，这对无论哪一群体都不是一件好事。尤其在重视工业、忽视农业的观点中，中国的城市发展和工业发展都把农民以及农民工放置在一个非常不公正、不公平的利益格局当中，从而使得农民工不能够受到国民待遇，其作为国民最基本的社会保证和民生权利等都无法得到保障，这必将影响社会长期持续发展。因此，在农民工更多地与城市发生交往，农民工开始进入城市时，如何实现统一的社会公正，是一个沉重的话题，也是时代赋予的必然要重视和解决的话题。

实现社会公正是农民工能够获得国民待遇、实现基本人文权利的基本要求，从更高层面讲，这也是马克思列宁主义和邓小平思想的内在要求和必然过程。农民工是中国社会环境中城乡之间不公正的产物，也是社会开始逐渐走向公正的重要过程。特别是从改革开放初期的"计划模式"下的市场体制，到现代服务型政府管理理念中的"服务"职能制度，以及全社会公正的认识和觉悟的提高，都使得农民工获得了更多的媒介关注和社会理解。然而，如果放在同城市本土居民的对比中，那么还是可以发现，农民工仍然处于权利的失陷和社会保障的缺失。

从本质上来说，要完全实现农民工和全体社会的真正、完整的正义，必然要求农民工能够享受在政治、经济和文化方面的同等权利和待遇。然而，由于多年来的制度、观念的桎梏，这种高层次的社会公正当前还是很难实现的。然而，未来的改革方向一定要往这个方向前行，无论道路多么遥远，也要一点一滴的逐渐向这一终极目标前行。而放在现实社会中，具体的工作包括在就业政策、生活居住、社会活动、社会保障和教育培训等方面，让农民工逐渐也能享受和城市人同样的权利义务要求。

从国内农民工市民化过程实践的结果来看，那些主动积极为农民工的生存和发展提供有利条件的地区，经济和社会往往得到快速的发展。而经济的快速发展反过来又为城市地方政府改善农民工的生存和发展环境提供了更多的物质和精神上的准备。事实证明，农民工是构建社会的基本元素，也是社会和经济发展中重要的成员。农民工与城市居民本质上不存在什么区别，因此，和谐共进已经成为越来越多的城市政府和市民的共识。解决农民工市民化过程中的社会公正实现问题，对于大众媒体来说，不仅是必要的而且是可行的，这就需要从多个方向进行努力：一是要转变观念，以公正视角看待农民工市民化过程社会公正诉求；二是要加强农民工媒介素养教育培训力度，赋予农民工媒介权利同时引领他们合理使用媒介工具；三是要从根本上改变报道模式和转变传播思路，充分理解社会发展中各类群体的特征和发展规律，有针对性地开展传播活动。

7.3.1 尊重，是建构农民工形象的基点

2008 年 6 月，南京师范大学 6 名学生历时近半年调研 18～28 周岁年龄段的农民约 2000 多名，完成了近 10 万字的《江苏省当代农村进城务工青年价值观研究》。在对南京市栖霞区、苏州工业园区的 20 多家企业的农民工进行的抽样调查中，有 97.6% 的人表示一旦被"过度漠视或者践踏"，会坚决选择跳槽。在工资相差并不悬殊（15% 左右）的情况下，73% 的农民上宁愿工资较低但是更有尊重员工文化传统的企业里工作。[1]这某种程度上就意味着，"尊重"作为一种非物质形态的、个人精神层面上的感受的这种需求，已经在农民工心目中醒悟、萌芽并逐渐变得重要，按照马斯洛的需求层次理论，这表明农民工的精神需求已开始从潜伏转向显性，从低级转向高级。这既说明了农民工的需求层次有所提升，也强调了未来对农民工需求方面的属性重点方向等多维的变化和关注之所在。

进入新时期以来，中国政府对于"三农"的关注和政策并没有消

---

① 苑月琴. 生存·发展·融入. 西南大学硕士论文, 2010.

减。就农民工这一对象，中央国务院及其他国家、地方政府部门，多次发文或公开强调，要从人本精神上看待农民工，要从人文素质上来对待农民工，积极推进农民工社会保障和就业制度、教育服务等多方面的工作，切实维护农民工各项权利权益，有效提升农民工工作和生活条件，并从舆论上引导社会公众公正、公平的理解和认识农民工，创建农民工与城市居民和谐一体的良好环境。当然，这样的工作不是一天就能完成的，这个过程可能会持续很长一段时间。但是，总体上来说，尊重农民工更多地是成为一种主流政治文化形态。

而从媒体视角来看，尤其是《人民日报》等为代表的具有鲜明政治文化导向的主流媒体来说，对于农民工的关注，不应该是站在旁观者的立场上，以怜悯、同情、照顾和恩赐的态度，居高临下的把农民工视作"他人"；而应当意识到，农民工和媒体一样，都是中国社会的有机整体，农民工也好，记者也好，编辑也好，读者也好，都是同等的中华人民共和国公民，都是一个集体内部的成员。因此，对于农民工的报道，"尊重"是最起码的道德原则，只要尊重同样的成员，才能够彼此和谐和相处。一般来说，对于实践活动中关于农民工的"尊重"，可以包含以下两个层面：

其一，在国家法律法令制度下的依法报道。根据中华人民共和国宪法，农民工作为中华人民共和国的正式公民，和城市居民及其他成员一样，享受同等的法律地位和社会地位，包括政治参与、社会保障和精神文化生活等诸多方面的权利。那么，在受媒介报道、被媒介关注的曝光权、舆论权、社会形象权等方面，同样应当受到公正、公平的待遇。因此，对于大多数媒体，应当要重视农民工的媒介形象权和传播权；农民工的各种权利方面的诉求，例如劳动就业、保障医疗、教育培训、养老扶贫等等，应当有同等的机会和同等公正的视角，赢得媒介话语权。尤其是对主流媒体来说，还负担有引导社会舆论、矫正社会对农民工不良形象的认识这一重要任务。

其二，国家公器的合理份额。中国的大众媒体，无论是中央电视台还是《人民日报》，无论是各地党报还是城市晚报，都是宪法规定下的中国新闻和信息的发布者，本身就是国家机器的组成一部分，这正是其"国家公器"的依据。而作为国家公器，必然不能偏向于某一类群体。事实上，中华人民共和国的任何一个合法群体，都有使用和享受这一国家公器的权利和权利。体现在媒介这一具体的国家公器上，当前，就是农民工的媒介话语权问题。从尊重的视角出发，就是要把相当一部分媒介报道的主题、版面和焦点，从以往更多关注城市居民的分配比例中，合理、适当地转移到对农民工的议题中去。

7.3.2　真实，是建构农民工形象的原点

真实，是新闻的生命。但就是这样最基本最简单的新闻基本理论，却是媒介建构农民工群体形象时难以克服的困难。恪守新闻真实的底线，也是媒介构建农民工形象的重点枢纽。

美国"报刊自由委员会"在《自由而负责的报刊》一书中，对报刊提出五项要求，其中一项就是报刊应准确表现社会各成员的典型形象："报刊要反映出社会各个集团的典型画面。在现代社会，公众越来越依赖报刊所提供的情况，做出好或坏的判断"。这就要求报刊对社会各集团、各种族、各阶层、各区域做出合乎实际的正确描述，彼此了解、理解，避免因误解而引起各集团的冲突，在农民工问题日益突出的今天，媒体秉持客观立场，公正报道社会各群体显然具有重要的时代意义和现实意义。[①]

就新闻真实这一概念来说，应当厘清这样一种观念：即新闻报道的真实性不仅要求每篇新闻报道都应当真实，而且新闻报道的议题领域、议程设置等在长期地、持续地报道中保持合理的比例，从而保证"完整意义上"的真实。否则，就像早些年对农民工的很多报道中，大多是报道农民工的负面新闻，虽然也属于真实情况，但这种真实显然是受到完全偏见性的议程设置，是一种片面的真实，这种真实只能导向一个后果：媒介偏见。因此，从社会公正地视角看待新闻真实，就应当既要认识到农民工在生存和发展过程中存在的问题和不良影响，同样也要看到他们的正面活动和社会积极性。正如每个人、每个群体的存在都有正面和负面的社会影响，只有辩证地、公正地、合理地向

---

① 方晓红，贾冰. 论《人民日报》"农民形象"塑造——兼议衡量媒介三农报道的一个重要指标. 新闻界，2005（4）.

每个社会成员合理的传播和传递新闻和信息，才是最大的真实。

在媒体如何实现整体真实上，国内学者刘少杰借用了一个概念——理性选择来对此进行解释，理性选择是从西方经济学和西方社会学中舶来的概念，一般指合逻辑、合规律、有科学根据、经过思考的选择行为，在相对规范的讨论中，理性选择还要同利益追求最大化、利益偏好、计算和预测行为的结果、合理处理个人和组织的关系等方面联系起来①。

显然，在促进社会的和谐发展和稳定进步上，在推进农民工群体和全体社会成员的和睦共处上，中国的大众传播媒体具有重要的作用并承担巨大的社会责任。因此，大众媒介尤其是主流的大众媒介，应当从公正、公平和主观地理性选择上入手，在进行新闻报道和信息传播时，应当进行完整的真实、遵循严格的法律法规，对任何群体一视同仁，可以有所选择，但一定公平公正。

其次就是采取平衡的报道手法，塑造自尊、自强的农民工形象一方面可以使农民工获得社会的尊重，另一方面可以建立楷模，为农民工和其他社会群体都起到示范效应。此外，大众媒介尤其是主流媒体报道应当更关注平衡报道手法，这有利于使得社会能够冷静和公正判断，也有利于提高媒体自身的公信力。

7.3.3 主动，是建构农民工形象的支点

"主动"，通常是一种工作方式，不过首先更应该是一种态度。通过前面对《人民日报》的分析，可以发现中国的主流媒体和很多大众媒体，在对农民工的社会形象塑造上，在一些时期里缺乏独立性，完全是对一些当时当地政府不公正政策的照搬和宣传，而在对农民工的媒介新闻报道上，在议程设置和媒介话语权分配上被动地相应政府政策。在未来，可能的问题还将长期存在，因此，仅仅依靠"尊重"和"真实"还远远不够。媒体应当具有自身地相当程度的主动性和积极性。对于政策的解读，不仅要有宣传和解释，也要有基于调查和研究上的质疑和建议。当然，媒体方面的"主动"可以有多种形式，但主要的

---

① 苑月琴. 生存·发展·融入. 西南大学硕士论文, 2010.

方面可以概括为两种。其一，是媒体方面的主动，通过对社会现象的发现和发掘，主动进入农民工的生活，了解他们、帮助他们。另一方面，是农民工自身"主动"，通过社会化媒介的赋权，鼓励农民工通过手机、微博、微信等表露心声，发表意见，和媒介、其他社会公众进行互动和交流，努力提升媒介素养和媒介意识，学会有理、有据、公开、协商式的解决问题，而不是一些极端手段。

对于主流媒体来说，要放弃以往高高在上的姿态，要脱开"无冕之王"、"媒介舆论主导者"的光环，要放低姿态，恢复正常姿态，走进、靠近农民工，走入、进入农民工的生活，主动地进入他们的真实生活情境，这是媒介在"尊重"和"真实"基础上最应该身体力行的具体行动。一方面，如果没有主动去了解，很可能就无法了解最大和最完整的事实，而缺乏主动，也就谈不上真正的"尊重"，所谓的尊重也就成了一纸空话。另一方面，对于广大的农民工群体来讲，他们的大多数是无法接触到媒体并反映自身的真实情况和各种诉求，只能是被动地等待和期望。换句话来说，由于缺乏各种资源，他们即使想主动，也根本无法接触到主流媒体，因此，他们的大多数，所能想到的接触到媒介的方法，不外是制造"跳楼讨薪"、"杀人讨薪"等等极端事件，这样才能引起媒介关注，才能引起媒体"主动"来过问他们的情况。这显然是一种非常畸形、并会造成严重社会不良影响的行为和心态。因此，以《人民日报》为主体的媒体，应当通过各种方式主动接触到农民工。当然，有限的媒体和媒体工作人员不可能完全接触到所有的那么多的农民工和其他社会群体，媒体应当做的是主动地开放各种渠道，并提供各种途径和方法，为农民工留下各种接口，帮助农民工能方便地主动接触媒介，而媒体要做的一个重要工作，就是在农民工通过不同途径和接口与自己有所关系时，一定要主动地了解、探寻他们的真实情况和想法，主动地调查、访谈和深度挖掘，从而才能真正得到农民工的情况，也才是对他们的真正尊重，也才能全面的真实报道。

我们通常把媒体视作一面镜子，然而，投射在媒体这面镜子中的中国农民工形象在很多时候并不能真实、完整地反映他们的情况。对于媒介这面镜子而言，对于农民工的问题仍然无法做到公正、公平、客观地陈述和报道。但是，如果有更多的镜子，并且这些镜子能否有更多的放置角度，同时，这些镜子离农民工更近，那么，毫无疑问，媒介才能更好地公正地、真实地报道农民工。然而，一面镜子是否能有效地实现它的功能，也同样取决于人们是否愿意去照它。中国的农民工或许就是"不太愿意照镜子的人"，一方面，存在他们自身方面的习惯、能力等原因；另一方面，也缺乏社会正确的引导和教育。而最根本的原因在于，对于大多数农民工而言，当前，现实的需求是经济层面的需求。为此，他们实际上对媒介所倡导的提高农民工文化和农民工精神之类的东西并不十分感冒。农民工群体可能并不关注媒体，也不关注自己在媒体中的形象，对于他们来说，能够利用媒介进行讨薪可能就是一种很难得的创举了。这使得农民工可能放弃自己的媒介权利，也是造成社会忽视农民工的一种动因。

因此，从整个人类社会发展的动向来看，农民工已经成为在社会中具有举重若轻地位的社会群体，发展成具备鲜明特色的一个特定的社会阶层，媒介应当主动地、积极地对农民工群体进行媒介教育和引导，加强双方的交流和互动，从而使得媒介与公民和谐共进。

第 8 章　农民工新闻报道未来发展和改革的若干问题

8.1　弱势群体报道的媒介偏见及其修正

2002 年，朱镕基总理在《政府工作报告》中，首次提出弱势群体的概念，并明确指出农民工是弱势群体，提出对这一弱势群体给予特殊的援助，引起了社会的普遍关注，从此农民工作为媒介议题得到了媒体的重视。然而，媒体对农民工这一目前已经达到 2.6 亿人的群体（该数据来自 2013 年 5 月国家统计局发布的《2012 年我国农民工调查监测报告》）的报道虽然在数量上增加很多，但是在秉承客观公正的报道原则上依旧存在许多问题，主要表现在一方面在都市报、民生电视栏目中大多为农民工的负面报道；另一方面，在政府党政报、官方电视栏目中的报道也大多偏重于宣传、教化，而缺乏真实有效的信息，媒体对农民工这一弱势群体仍然存在明显的"媒介偏见"。

媒介偏见（media bias）也是一个外来词，但在理论界已经屡见不鲜，它是指记者、编辑等各种新闻出版主体人的偏见，主要体现在新闻事件的选择和报道方式上的主观方面。媒介偏见通常是社会学家批判的对象。而沃尔特.李普曼首先将刻板印象与新闻领域如何产生偏见加以联系：一篇报道是知情者和已知的事实的混合产物，观察者在其中的作用总是带选择的，而且通常是带想象的。麦奎尔在对于媒介文化生产的研究中曾指出：为保证在有限时间内完成新闻制作，必须有一套切实可行的程序帮助记者判断和选择新闻。它以新闻组织的经济利益和政治兴趣为基础，通过对社会现实的筛选来实现就其正面效应看，它保证了新闻生产的时效性；就其负面效应来说则不可避免地引发了新闻内容上的偏见。

媒介偏见会对社会带来很多方面的消极影响。首先，对于社会来说，媒介偏见的存在，使得新闻媒介不能客观呈现社会现实，妨碍了受众对社会现实的了解，并且具有顽固性的特点；在某些情况下，媒介偏见还常常人为地引导舆论，使得社会某一群体在社会中孤立或受到不公正待遇，继而使得这一团体产生抵触情绪，造成社会冲突，形成社会团体、族群、民族隔阂，甚至产生社会动荡，而对新闻媒体来说，有偏见的报道会动摇媒体公信力，进而影响传播的顺利完成和接受。我们在上述农民工报道中，经常可以看到典型的媒介偏见案例，我们认为，主流媒体在农民工报道中存在的媒介偏见，既导致了社会对农民工形象的错误理解和认识，也导致了媒介媒体本身对农民工群体媒介偏见印象的持续加深。

8.1.1 农民工报道中媒介偏见的原因

对于农民工群体的媒介偏见，有着一定的历史和社会原因，正如前文的背景介绍所言，对农民工的媒介偏见是多方面的压力造成的。

1、政治场域是导致媒介偏见的主要压力。例如，在山西黑砖窑事件以及大大小小的各类煤窑塌方事故中，基本上很少见当地的媒体对此进行的报道，甚至是政府出面湮灭证据并对媒体进行封口，即使在外地、中央官方媒体介入后，地方媒体不得不进行的关注和报道中，也主要强调"当地政府迅速反应"、"亲切问候"、"妥善解决"等新闻框架，这样，作为弱势群体的农民工根本很难发出话语。

2、经济场域也是产生媒介偏见的重要压力。震惊全国的富士康员工12连跳事件，反映的是企业对作为弱势群体的人身权利和心理健康的漠视，富士康的员工主要是来自全国各地的农民工，这类事件已经引起全国各类媒体的关注。然而，在作为农民工最主要的话语表达的网络媒体，例如天涯社区、百度搜索等，可能在接受大笔的赞助费后，基于经济利益，屏蔽了大量的负面主题新闻，从而使得公众即使在新媒体上，也无法得到公正的、完整的信息。

3、媒介场域的利益相关者通常并不包括农民工，这也导致了对农民工的媒介排斥。媒体经营者主要生产与媒体自身相关的受众需要的新闻产品。以报纸媒体为例，都市类报纸偏向于市民，党政机关类报纸偏向于精英，因此，无论是在都市媒体的泛娱乐化中还是在严肃媒体的宣传功能化中，作为外来、流动的农民工来说，往往不过是城市生活的附属和点缀。

4、媒体自身预设价值评判，常常造成媒介偏见。媒体进行报道常有不同的新闻框架，并常伴随编辑的个人认知和情感情绪，这导致主观上的媒介偏见。例如，有媒体报道农民工拒绝 5 千元月薪的工作岗位，编辑暗示可能是农民工趁民工荒胃口大了漫天要价，企业越来越难以找到足够的工人等等。但问题的真实情况则可能是新生代农民工自身能力和权利意识都增强了，期盼更为公平合理更为有利的薪酬和地位。

8.1.2　农民工报道中的媒介偏见现状

对于农民工的媒介偏见，往往体现在新闻手法和报道方式等多个方面，事实上，媒介偏见本质上是媒体把关人的心理和态度对某一群体或某类事务的主观地、片面地的看法的投影和映射。

（1）报道议题选择

大众媒介号称是新闻信息的"把关人"，通过议程设置，可以引导社会关注方向和关注焦点。在农民工报道这一大议题之下，存在不同视角的诸多议题，这就使得媒介可以根据自己的标准进行取舍。以报纸为例，对有关农民工报道的多项内容研究表明，报纸类媒体报道最为集中的主题包括工资清欠、社会关怀、生存状况等；但不同的报纸因其立场或身份差异也存在显著不同，例如，有研究表明，《人民日报》等主流党报媒体，强调的是社会关爱、就业培训等正面议题，而晚报、早报类等报则更关注安全事故、生存状况等身边生活小事。

（2）报道视角

报道视角也是媒介影响和引导社会舆论的一个重要因素。新闻报道的不同视角，体现在记者不同的立场、不同的关注点上。单以报道技术而论，就有宏观视角与微观视角、俯视视角与平视视角、政府视角与媒体视角等等，而从现有的农民工报道研究来看，以报纸为例，大多数报纸仍然是把自己视作政府部门和管理者角色，仅将农民工作为报道的背景，服务于政策和公共宣传所需，很少站在农民工的立场上来设计报道框架。

（3）报道态度倾向

大众媒体具有建构媒介图景的作用，大众媒体报道中对特定群体的态度倾向，对社会公众对这一群体的形象认知和态度倾向有着深刻的、潜移默化的示范甚至诱导影响。因而，大众媒体报道中的态度倾向有着重大的社会意义，它对特定群体的媒介形象的描述和导向，既会影响社会公众对这一特定群体的主流的态度倾向，还会影响这一特定群体对本身所处主体的认知（后者往往可能造成一种"主观规范"效应，即既然大家都认为我是这样的形象，那么我就应该是这样的形象，我的行为也就该符合这种形象）。

通常，媒介的报道倾向可以简单地概括为三种类别，即正面报道、中性报道和负面报道。以农民工报道为例，对农民工服务社会、自学成才等相关的报道，可归为正面报道，能够让公众对农民工群体产生好的社会评价；而对农民工有关国家政策宣传、农民工日常社会生活状况的客观地描述的报道，不会让人对这一群体产生明显的正面或负面的评价，这类可算作是中性报道；而类似于农民工脏、乱、差或违法犯罪等之类的报道，本来是任何社会群体都可能存在的问题，但是被冠上"农民工"的前缀，就会让公众对农民工这一群体产生坏的社会评价。过去有一些研究认为，新闻媒体存在着污名化、妖魔化农民工群体的倾向，但是从近些年的报道的内容分析来看，这一结论并不正确。以报纸媒体为例，总体上来说，《人民日报》等党报主流媒体，以宣传国家政策、体现国家关怀等报道为主，多为中性报道；而地方性晚报也更多地进行农民工如何融入城市、如何融入市民的报道，与社会一般公众的生活没有什么不同，有快乐也有艰辛，这种客观事实的报道也主要表现为中性报道。

（4）话语权呈现

农民工作为一个社会关注的重要议题，新闻媒体对这一群体的相关报道无论是数量还是议题的广泛性来说，都不算小。可以说，在农民工社会群体利益实现和社会地位逐渐提升的历程中，新闻媒体功不可没。然而，现有很多研究仍然发现，放在整个媒介空间来看，农民工群体在媒介新闻报道中的话语权仍然严重不足，话语空间极受限制。究其原因，也主要在于农民工群体既不是传统大众媒介的主要阅读受众，也与大众媒介的编辑、管理体系无缘，换句话来说，也就是农民工既不是媒体发行的主要对象，也不是媒体发行的影响者，这就使得这一群体被大众传媒"边缘化"，自然也就缺乏话语权。

8.1.3　农民工报道媒介偏见的场域理论解读

对于上述各种媒介偏见问题，可以用布尔迪厄的场域理论来进行解析，场域理论的核心在于提供一种思路，即以"关系"的角度对社会现象进行思考。他指出新闻场域存在明显的内部控制，同时，在外部，新闻场域与其他社会组织间都存在有交互影响。

（1）新闻场内部场域

场域理论认为，资本占有的差异，决定着场域内资本与资源的分配结构，而资本的占有就决定着相应的权力地位。在新闻场域内，不同群体的资本占有比例和权力地位结构决定着各自群体的利益获取能力。新闻场域通常有五类资本，其一，经济资本，体现为群体获取媒介、使用媒介的经济能力；其二，文化资本，体现为群体接收和发送信息的文化能力，可理解为媒介素养；其三，社会资本，体现为群体进行信息传播交互时产生和依赖的社会关系网络；其四，象征资本，体现为群体的知名度和公信力。在与新闻场域的资本交换过程中，无论哪一类资本，农民工群体的拥有量上都是极低的。经济资本方面，农民工群体花费在媒介上的费用显然很有限，也很少成为媒体的广告受众；文化资本方面，农民工群体的媒介素养对比精英阶层甚至普通市民，都是较低的；缺少经济资本和文化资本，依托于这些资本之上的社会资本更加无从谈起。而在象征资本上，除了偶有昙花一现的为树立典型而推出的一些打工明星、创业模范之外，以及大量的负面典型事例外，绝大多数农民工没什么象征资本。由于缺乏与"新闻场"交互的必要资本，农民工群体往往被排斥在新闻场之外，无法拥有媒介资源，进而导致话语权的缺失。因此，"农民工"相关主题报道虽然在各类媒体报道中并不少见，但只是作为媒介对象、新闻背景或者宣传所需而产生，农民工群体自身无法在其中施加多少影响。

（2）新闻场与外部场域的交互

布尔迪厄认为，新闻场域会受到外部其他场域力量的影响，其独立性非常有限，由于外界力量的影响，媒体就会产生对弱势群体的媒介偏见。

首先，政治场域直接影响媒体的存在和运作，限定和监督媒体的报道框架和议程设置。这方面当然包括社会关怀和公众教育的社会公共义务，也包括传播和宣传党政的政策意志，在这种情况下，媒体对弱势群体的报道必然受到相应掣肘。

其次，经济领域影响媒介的报道框架，无论是提升"收视率"、"订阅率"等增加受众的取向，还是提高广告收入等商业效益的取向，媒体具有的利润率需求，使得迎合有消费能力的群体是其发展战略，而缺乏购买力的弱势群体显然难受媒体青睐。

再次，社会精英与名人专家的代言现象也直接湮没了弱势群体的话语。新媒体虽然为弱势群体提供了便利低廉的传播渠道，但无论是 Web1.0 时代的 BBS、博客等，还是 Web2.0 时代的微博、微信等，拥有大量粉丝的名人专家才能引起足够的关注，他们的言论才有足够的影响力，在这种情况下，弱势群体只能寄希望于通过制造极端事件来引起这些名人专家的注意、评论或转发，这就使得弱势群体很难自己发出声音。

最后，作为媒介场域中的媒体从业者，其所处的中间阶层社会地位，也造成了人性方面的媒介偏见。记者、编辑等媒体从业者，作为中间阶层，有很大一部分人面对上流社会与精英人士，倾向于青睐和仰视，而在面对作为弱势群体的农民工时，往往又倾向于漠视或蔑视，这自然也就造成媒介偏见。

媒介偏见以及新闻场域中的弱势群体一旦形成，常常进入一种潜在的媒介循环规则，偏见持续加深，弱势群体日益弱势，这就造成弱势群体的不断的再生产，这种情况如果持续下去，久而久之，就会形成对弱势群体的不良的"刻板印象"，不良刻板印象一旦形成，作为媒介受众的社会公众在心理上就会对这一群体有所排斥，并表现在态度和行为上的歧视、防备和敌意，对于弱势群体来说，长期以往，就会造成弱势群体同社会其他群体的疏离甚或仇恨，最终产生危害行为。

早期的网络媒体似乎为弱势群体提供了获得信息和表达意见的场所，而随着网络媒体管理的加强和社会精英在网络媒体上代言权的日益集中，弱势群体可能会逐渐丧失来自网络媒体的本就不多的一些话语权，这将使得弱势群体日益沉沦为沉默的大多数。

8.1.4　媒介偏见的不良后果

由于主流媒体的媒介偏见，往往导致弱势群体无法得到适当的媒介渠道来维护自身的权益。在多种维权渠道受阻的情况下，弱势群体往往会诉诸于制造媒介事件来进行社会抗争。目前中国社会正处于矛盾凸显期，不同群体之间收入差距很大，而地方政府在追求 GDP 的指引下，对外来群体和弱势群体保护不足，更多地注重本地人和资方等群体的利益。这一系列背景都引致弱势群体缺乏说理的渠道，而司法公正上的不足、法律援助不及时更令弱势群体权力无法获得保障。弱势群体以激烈手段表达诉求的现象已经存在多年，近年来，由于新媒体的强大社会动员能力，网络等媒体日益成为弱势群体进行社会抗争诉求表达和合法化的重要资源，中国弱势群体的社会抗争形式不断"创新"和变化，出现了各种以牺牲尊严、制造暴力或极端事件甚至生命为表现形式的悲情抗争。

（1）弱势群体制造极端媒介事件的主观动力

传统媒体时代，当法律途径及其它大多数途径无法维权时，弱势群体往往通过与媒体的互动来表达诉求，获得编辑的同情、愤怒和关注，媒体予以公开曝光，从而引起社会关注，并引发政府当局的注意，例如《焦点访谈》栏目就是媒体为之提供的一个互动平台。而在网络新媒体时代，互联网提供了无数便利、高效、低成本、低门槛的接入路径和互动平台，成为弱势群体的重要维权途径。例如，庄河千人下跪事件发生后，中国主要的网络论坛上几乎统一性地谴责当地政府官员，这些事例表明，悲情抗争能够通过各种媒体引起广泛的社会关注并形成强大的舆论压力、道义压力和政治压力，从而有助于弱势群体诉求得以满足。

然而，传统媒体的版面和频道有限，网络媒体的关注力也有限，只有具有独特、重要新闻价值的信息，才可能侥幸"中选"，因此，一部分媒介素养较高的弱势群体，便选择通过制造媒介事件来赢得媒体。各种跳楼秀、自残、自杀、打砸抢等事件便一次次出现在报纸、电视或网络上，直到媒体和社会公众都厌烦了，这些类型事件丧失了成为新闻议题的能力，于是，这就推动着弱势群体不断创新制造媒介事件的主观动力。

（2）媒体关注报道弱势群体媒介事件的客观必然性

自 2002 年朱镕基总理在政府工作报告中提出"弱势群体"概念，并呼吁社会各界关注弱势群体的生存与生活状况以来，弱势群体在历届政府的日程中都成为重点关注和支持对象。弱势群体在大众媒体中报的比重逐渐增加，对弱势群体的媒介支援也在日益增强。

一方面，大众媒体作为社会公器，同时也承担着国家政策传达和宣传引导的功能，因此，对国家相继出台的针对弱势群体的各种法律法规和政策办法进行宣传和传达，这是非常符合媒介作为政府喉舌的主要功能的。同时，媒体还承担着传播信息的社会责任和组织职能，对于弱势群体的关注有助于进行信息的有效配置和流动，帮助弱势群体改善自身状况。

另一方面，媒体也有提升自身媒介经营管理水平的动力。有关弱势群体的特殊行为、权利诉求、灾难性新闻与社会支持的议题常常具有突发性、重大性等较高新闻价值，尤其对于都市报和网络新闻编辑来说，这类民生新闻刚好迎合了当前社会热点，具有很好的社会认同性，能够更好的迎合平民需求，从而获得较高的公众关注。

同时，很多关于弱势群体的救助性报道，例如汶川地震导致的弱势群体生存、生活状况恶化，或者是农村校车造成的留守儿童事故等，媒体可以开展系列追踪报道和深度调查，这样往往能够提升媒体高尚的社会形象，从而提升媒体自身的品牌、声誉和吸引力。

8.1.5　修正农民工报道媒介偏见的策略

一般而言，由于自身阶层和媒介结构中的劣势地位，具体反映在农民工报道上，就形成了对这一群体的媒介偏见。但是，基于新闻场域的规则和逻辑，采取相应的对策，在降低和消除这种媒介偏见上应是可行的。

（1）发挥新闻场的结构能力

按照布尔迪厄场域理论的核心观点，虽然新闻场域会被政治场域、经济场域等其他场域所影响和干预，但它也会对其他场域产生能动作用，而这种能动作用是通过场的结构能力发挥出来的。这种结构能力包括两方面，其一，可以改变新闻场结构，对于农民工来说，可以通过各种创造性的活动，来引发新闻场结构的变化，来吸引更大的人文关怀。例如，2012 年北京农民工勇救水中受困轿车事件，在微博上获得了大量的公众的致敬。其二，新闻场也可对其他场的结构施加影响。新闻场是一种特殊的场域，作为社会的观察者和信息的传播者，它可以对其他很多领域产生影响。对于农民工来说，通过新闻场来改善自身的社会生活状况是行之有效的方法，农民工跳楼讨薪和熊德明借助温总理的力量讨薪均是如此，只不过前者影响了农民工的正面形象，而后者则体现了农民工的智慧。

而对于媒介来说，给予农民工群体更多的话语权，尤其要让农民工发出自己的声音，无论是开辟农民工报道专栏还是开展多渠道评论、互动，均有助于发挥媒介新闻场的力量，动员社会来正确认识并关注农民工。

（2）遵从新闻场域的逻辑和独立性

新闻场域具有自己的特别的逻辑法则，在新闻场域内，真实、公正、客观是新闻场域逻辑法则的重要表征，这也是新闻场域作为独立于政治场域、竞技场域之外的存在的必要性，然而，由于新闻场域自身的特点，它并不能超然于其他场域之外，它必然要与其他场域密切交织。因此，在政治权力的控制、市场利益的驱动，以及新闻专业主义成为新闻从业者面临的不可回避的三大逻辑，媒体应当具有权衡处理这三大逻辑关系、保持媒体相对独立的能力。

在农民工报道议题上，一方面，新闻场应当秉持作为文化生产、信息传递和社会公器的基本职能，生产和传播更为公正的、真实的、有深度的新闻产品。另一方面，新闻从业者应当具有良好的媒介道德和新闻纪律规范，正确认识传媒的公共属性，秉持高度的社会责任感和社会良知，公平、理智的进行农民工报道，而不仅仅是形式化的宣传或是调侃式的娱乐。事实上，如果严格地遵循新闻场自身的逻辑规则，必将有助于减少或消除媒介偏见。

（3）扩展媒介资本转换新视角

从现有的报道总量上来看，对比其他弱势群体，媒体对农民工这一群体的关注其实并不少，但大多数关注流于形式，深度不够，因此，需要媒体改进对农民工群体的报道，扩展自身的资本交换视角。

新闻场域内部的四类资本，通常都比较丰富，并且不同类型的媒介组织，具有不同的资本构成结构，其侧重点也各有不同，例如，党政报刊强调政治资本和社会资本，而都市报刊则更偏重经济资本。在媒介竞争激烈的地方，能够赢得竞争优势的媒体，往往还具有更高的象征资本，这实际上构成了媒体的品牌资产，有助于媒体的可持续性发展和壮大。

如上所述，农民工群体各类媒介资本占有量都不足，无法通过等价交换为媒介带来即时的、大量的经济资本。但是，对农民工这一目前已达到 2.6 亿人的群体的密切关注，从长远来看，可以积累转换为媒体的象征资本和社会资本，帮助媒体建立关注民生、注重社会责任的品牌形象，并获得大量的媒介受众。

（4）舆论关注应注重媒介平衡，媒体应公正、完整、客观报道事实

有效的评论引导具有至关重要的作用，能够将事件整体舆论拉回理性客观的角度上来。"首都机场爆炸案"的媒体评论除了关注弱

势群体的维权困境之外，更多的指出这样的自杀式维权行为不该提倡。《环球时报》就用社论《谴责 T3 爆炸犯罪应高于同情遭遇》表达一贯立场：舆论对极端事件的关注也应平衡，要切忌民粹化。如果同情这种极端行为甚至为它叫好的声音在互联网上坐大，成为一种舆论力量，是决不应该的。它是互联网上价值观的一种错乱。对于这类危害公共安全的恶性事件，媒体应当遵循基本道德规范和法律准则，没必要同情心泛滥，更不能将之泛娱乐化。因此，媒体除了追踪冀中星案件后面的深层次原因，同样要警惕在报道中产生的"犯罪示范效应"，要给社会展现一个更立体的报道而非脸谱化的描绘。媒体同时也负有教育和引导公众可以采取具有独特性但是又必须合法、合乎道德准则的"理性维权"途径。

　　主流媒体在这类媒介事件中必须要有担当，公正、实时、正确的进行报道，设定符合法律和社会公序良俗的报道框架，以引导舆论正确方向；而各类地方性媒体、生活类媒体，例如各地晚报、本地电视栏目，可以从情感、情绪等方面对事件主体人物进行主旨报道和背景挖掘，但只应当报道事实，必须公正、完整，不能以编辑或记者个人态度和情感倾向来进行取舍，否则，很容易煽动、挑起公众不正常情绪。

　　（5）主流媒体应主动提供多种通道，并引导和教育弱势群体进行"合理维权"

　　应当看到，如上所述，当所有维权途径都被封堵的时候，冀中星才会选择这种极端方式，而舆论不仅没有指责反而给予同情，这也表明，冀中星的这种媒介抗争方式，基本上达成了他的目的。但是，从冀中星八年来的维权历程来看，这给了社会管理者的最有益的提示：保障维权道路的通畅能够避免很多社会负面事件的发生。

　　但是，一方面，在我国社会转型期，确实存在维权通道处处受阻的现实，另一方面，新闻媒体作为社会公器，本身也就是一种维权通道。对于很多弱势群体来说，媒体更是一种能够超越阶层、迅速发挥效用的通道，因此，媒体要做的，不是要遏制冀中星们的制造媒介事件的这种通道，而是要进行教育和引导，帮助弱势群体合理、合法、有策略地运用媒介通道。

城市中下阶级，已经逐渐学会利用新媒体工具的赋权，开始学会合理合法运用网络渠道进行抗争和动员，即使在制造媒介事件上表现的更为温和、风趣，效果更好。然而，由于数字鸿沟的影响，仍然有很多弱势群体，例如农民阶层，媒介素养不高，尤其是运用新媒体维权的意识、条件和能力都非常差，在争夺媒介议程上，往往更多的采用暴力、悲情等手段，而效果也往往较差。对此，媒体，尤其是对这部分弱势群体覆盖率高的主流传统媒体，例如电视，应当为弱势群体提供更多的互动接口，提供更多的"焦点访谈"类节目，主动给予这部分群体媒介关怀和媒介通道，并教育、引导他们运用这些通道，显然是媒介应行之道。

总而言之，媒体不能解决弱势群体的所有问题，但是，媒体应当关注弱势群体、帮助弱势群体，让他们共享文明成果，这也是媒体应该担当的社会责任。大众媒体作为社会公器，在弱势群体的关注上具有不可替代的作用，而如何让弱势群体合法、合理、高效地利用大众媒体来发出自己的声音，更好地实现两者的互动以实现各自的利益和社会的平衡，需要研究和考虑的事情还很多。

8.2 新媒介环境下的农民工媒介素养

从公正、公平的视角来看，庞大的农民工群体的存在，使得城市人群的生活愈发便利，但农民工依然受到诸多的政策歧视和来自市民的歧视，时常遭受许多不公正待遇。因其利用媒介搜寻信息的能力较差，往往找不到主持公道的机构，成为了沉默的大多数，成为传播学角度定义的弱势群体。农民工既缺乏参与传播活动的机会和手段，也缺乏接近媒介的条件和能力，总是被动地、无条件地接受来自大众传播媒介的信息，而几乎无法得到与自身利益相关的各种信息，也无法发出自己的声音。同时，农民工群体缺乏现代意义上的积极的传播观念，缺乏接近大众传播媒介的积极性和主动性。在遭遇社会不公之时，除了默默忍受，几乎没有更好的选择。城市人口是媒体的主要消费群体，控制着新闻内容的选择。而农民工则游离于城市边缘，既缺乏保护也缺乏约束。他们对媒体有着距离感，他们由于各种原因也无法吸引媒体的重视，因为自身的素养问题而缺乏利用媒体的意识和能力，从而缺乏话语权而处于弱势地位。农民工需要提升自己的媒介素养，以便更好地获得社会认同并保护自己的合法权益。农民工为社会发展做出了巨大贡献，应该享受与城市人群等同的传播权，也有权利用媒体传播自己的声音，有权利用媒体保护自己的合法权益。农民工也需要加强媒介利用意识，加强自身媒介素养，农民工群体因其独特的社会处境和所面临的城镇化鸿沟，其媒介素养状况理应被纳入到考察的视野之中。由于我国城乡分割二元体制的实际存在，与城市受众相比，如何提高农民工的媒介素养更是函待解决的问题。

农民工媒介素养的提高，还有利于农民工寻找合适媒介诉求途径。曾几何时，农民工的一个重要讨薪手段，不是跳楼自杀就是拦车罢工；而今，农民工"网络讨薪"、"微博讨薪"也时有所闻。从新闻传播视角来看，两者都是试图通过新闻媒体来制造新闻事件，引起广泛关注，从而达到目的；两者的差异在于前者主要通过引发传统媒体来进行信息传播，而后者主要通过自媒体发布信息进入网络传播。我们研究的问题和焦点在于弄清楚是什么、以及如何导致了这种变化？通过基于新闻学和传播理论的理论分析，我们发现，新媒介主要带来了中国的媒介资源重组和"中国社会的信息中下层"媒介素养的变化，媒介资源和媒介素养的改变分别从外部和内部协同作用，从而影响和改变着整个社会的新闻传播体系。

然而，有一个重要问题值得关注，正如美国科技评估署对国民的担忧，能够策略地运用信息和传播设施的群体与不能这样做的群体之间，差距将会加大，甚至最有可能受到不利影响的人，恰恰是那些传播新科技被认为能改善他们生存境遇的人：穷人、教育程度低的人、与技术隔绝的人、以及挣扎着生存的小企业。新媒介带来的媒介资源重组是否真的更有益于所有人？而中国社会的信息中下层等人群如何提升自身媒介素质从而提高媒介资源利用效率，这才是我们研究的中心所在。

毫无疑问，中国社会的信息中下层中，数量最为庞大的是中国农民，而农民工是其中为数众多而又颇为特殊的重要组成——他们来自农村而放弃土地，进入城市从事工业或服务业，他们同样使用信息社会的互联网和通讯工具，在农村和城市之间流动。对农民工如何利用信息技术带来的媒介资源以及如何提升自身媒介素养来寻求社会公正的研究，是非常具有现实意义和理论意义的，因此，我们的研究将以农民工为例举对象，以期更好阐释问题。

8.2.1　中国农民工媒介素养现状

当前，我国已经进入到一个信息化为主要特征的现代社会，在这样一个海量信息的社会和时代里，农民工面对更多的媒介渠道和更多的信息，更显得无所适从。然而，媒介技术带来的信息消费不应该仅仅是城市人才能享受的成果。农民工要想真正融入城市，某种意义上应当帮助他们并让他们自己意识到自身的情况，从而努力提高自身的媒介素养，以便具备更好的信息收集能力、处理能力和使用能力。正确鉴别信息，正确传播信息，从而保证农民工自身对媒介资源的占有和使用。只有如此，才能提高自身社会形象，更好获取社会资源，提高自身地位。

然而，多项调查研究都表明，在现实生活中，农民工的媒介资源占有和媒介素养水平普遍较低。主要表现在农民工接收的大多数是低端媒介产品，对高端的媒介消费很少，因此，其获得信息的便利性和来源便大受影响，而在对农民工的媒介教育上，也缺乏有较高动机的教育者，尤其是在商业社会，很少有教育者把目光集中在无法提供较高利润的农民工身上，这种种情况就使得农民工在信息上处于弱势地位，信息鸿沟也越来越深。

不仅如此，由于农民工自身还具备传播者身份，能够通过现代化的网络等便利性的终端传播信息，由于自身信息和知识的缺乏和不足，他们所传播的信息的数量和质量也极为有限。很多时候，农民工在城市里的生活主要集中于通过个体之间的社交获得信息，这就使得他们的思想和信息资源高度同质化。

当然，某种意义上，城市里生活过后的农民工由于在城市里耳闻目睹，在新媒介使用和信息获取上，比农村居民有更多的接触机会，因此，当他们返乡时，往往成为乡村传播中信息源泉，并成为当地的的舆论领袖，他们传递的信息和知识使得农村公众也能受到教育。

　　总体而言，传统大众传媒诸如电视、报纸、广播等媒体，很少有专门以农民工为主要服务对象的，从目前城市主要的印刷媒体来说，晚报、早报等都市生活类报纸发展迅猛，几乎每个省会城市或大众城市都有不少主要面向城市市民的报纸，但却几乎没有面向城市农民工的报纸，而城市流行的杂志，多面向城市的白领、公务员等中产阶层、广电媒体中，以都市白领、大款、成功人士为服务对象的栏目较多，为农民工服务的栏目较少、即便是具有广泛性的网络媒体，因其高科技设施现阶段主要在城市运行，商业网站的定位有着更为明显的城市化、年轻化、白领化倾向，电脑价格和网吧收费等原因也使收入菲薄的农民工们望而却步。因此，各种都市媒体传播的信息无论内容上还是形式上，绝大部分是为了满足城市主流人群的需要，而农民工急需的就业信息、生活信息、知识信息以及与他们的切身利益密切相关的法律政策方面的信息较少。

8.2.2　新媒介时代的资源重组

　　媒介资源是一个社会学的概念，其含义是指新闻媒介在新闻传播活动中所利用的社会资源，从新闻实践活动中已经将媒介资源分为 4 类，即 I 类资源——媒介信息资源，包括新闻信息来源、渠道及相关产品（例如新闻线索、稿件、资料数据）等；II 类资源——媒介组织资源，指新闻媒介组织管理与运营活动形成的资源，包括人才、资金、管理、技术、品牌、公共关系等；III 类资源——媒介受众资源：主要指媒介所发行指向的特定受众，例如读者、听众、观众等，包括直接与间接的媒介消费者；IV 类资源——媒介环境资源，指新闻媒介所处地理和政治环境所带来的资源，包括新闻政策资源、经济发展资源、文化与技术资源等。

　　新媒介基于信息技术革命，部分突破了传统媒介组织对媒介资源的掌控。例如，就信息容量而言，根据新闻洞（news holes）理论，传统媒体作为信息载体，其信息传播量是有限的，例如报纸的版面是有限的，电视的画面和播出时间也是有限的，但在网络及微博时代，不存在空间（版面）限制，也不存在时间限制，在网络上，人们可以随时、随地传播和检索信息。此外，在新媒介时代，媒介环境发生了巨大变化，人们的信息需求权利日益得到重视、信息技术的日益发展，传播技术的变革，不断推动媒介环境资源更多倾向于普通大众。本质上，新媒介是基于人际关系的媒介，也称之为社会媒介，其信息传播模式可以简单表示为：新媒介接入（网络、手机等）→社会资本→社会网络。这种简化了的传播模式，同时带来了媒介渠道的革命，媒介信息不必经由专门媒介组织就可很便利地在网络发布。最为关键的是新媒介对媒介受众资源的颠覆性突破：受众需要的是受过筛选、加工、定向的信息并且不能表述自己意见的传统媒介，还是更需要充分的、原始的、完整的信息并且能够表达自己的想法和意见的新媒介？——答案不言而喻——正是抓住了这一要害和所有媒介问题的终点，新媒介从传统媒介那里获得了大量的受众资源。

8.2.3　媒介素养及其时代演进

媒介资源重组及重新分配，其意义在于给广泛的社会公众提供了更多的信息传播机会和可能，很多学者将之界定为新媒介带来的"赋权"。然而，公众如何合理使用"赋权"而不是滥用，如何充分和高效地使用媒介资源来实现所在群体及自身的利益诉求，则是紧随而来的一个关联主题，这个主题要解决的就是媒介素养问题，根据我们研究的对象，也就是农民工的媒介素养问题。

媒介素养，是典型地来自西方社会学的一个概念，总结来说，媒介素养主要是指一种能力，即人们对各种媒介的解读和批判能力，以及使用媒介为个人生活、社会发展所用的能力，包括对媒介选择、理解、评价、质疑、创造和批评的能力。媒介素养应当包括三个层面，即媒介能力、媒介知识和媒介理解。媒介能力侧重公民对于媒介和媒介工具的使用能力，包括信息的搜寻、思考、评价和传播的能力；媒介知识侧重信息知识的认知和信息传输的策略；媒介理解侧重媒介价值，即理解媒介如何促进社会经济、政治、文化以及技术的协同发展。对个体来说，媒介素养的三个层面是递进的关系：媒介能力反映的是工具层面，即个体所能掌握的将信息送入大众传播体系的资源和渠道，例如传统媒介中的信函、电话方式（读者来函、读者来电）等、新媒介中的手机、联网计算机等，它解决的是方式问题，即"用什么传播"。媒介知识反映的是策略层面，即个体对信息正确性与有用性的筛选与掌握、信息传递速度与效率的掌握等，它解决的是技巧问题，即"如何传播"；而媒介理解反映的是价值与心理层面，即个体具有积极向上的价值观和健康良好的心理态度，能够明辨哪些信息可以传播而哪些不可以，它解决的是原则问题，即"传播什么"。

传统媒介时代中，大众的媒介素养是不完整的、处于初级阶段的，例如，在媒介能力层面，公民个体对于媒介和媒介工具的使用能力仅限于信息的搜寻和思考，而无法进行评价和传播；在媒介知识方面，仅限于对信息知识的认知，而无法进行信息传输；在媒介理解层面，则是被动地理解和接受媒介价值，但是无法参与媒介推动社会发展进程。而在新媒介时代中，基于媒介资源的重组，大众的媒介素养得到了改善和提升，媒介素养的三个层面都能得到完整的实现和提升。

8.2.4　农民工媒介资源和媒介素养的现实情况

在构建构建和谐社会的时代背景和三农问题日益需要解决的情境中，了解以农民工为代表的中国信息中下层的媒介资源分配情况和媒介素养状况，教育和引导他们理性、正确地接受和处理媒介信息，并充分地、恰当地、合法地运用媒介进行传播来满足个人生活需求和实现社会价值，是促使他们获得社会认可，实现社会公正，享受改革成果的重要方面。

为更全面地了解和把握农民工的媒介资源和媒介素养现状，我们曾于 2011 年春节期间，利用农民工返乡集中在一起的时机，在天津火车站、长途汽车站、长途客运公司等农民工较为集中的地方，进行了问卷调查。调查的结果经整理和分析后发现：

第一、天津市农民工，尤其是新生代农民工，手机和网络的普及率分别达到90%和70%以上，成为新媒体的活跃人群。较为明显的是，在农民工中，新媒体的普及率超过了电视，更是远远超过报纸报刊。某种意义上说，新生代农民工的信息环境主要由网络和手机构成，这与他们在城乡流动中的通讯需求、情感诉求和关系持续等诉求非常相关。

第二、新媒体的普及在农民工内部也存在群体差异。农民工个体情况，例如婚姻、收入、性格等，以及所处行业、工作环境、工作时间等等都影响农民工对新媒体尤其是网络媒体的使用频率。

第三、农民工尤其是新生代农民工使用网络新媒介的主要目的是网络游戏娱乐和人际交往，而手机工具的使用则主要是通讯、实用和娱乐为主。最常用的工具是百度，用来搜索和获得诸如求职、交友、购物等信息，QQ 也是他们最常实用的社交媒介，由于免费和便利，成为他们进行人际交往交流的主要媒介。但在其它媒介服务，例如定位、微博等，他们应用其实很少。

第四、新生代农民工对新媒体的评价显著高于传统媒体，并且网民比非网民评价更高，说明新媒体的"赋权"功能得到该群体的感知与认同，新媒体成为他们可利用的、更具主体性的媒介资源。然而，新媒体在传播与农民工群体利益密切相关的政策与法规、以及维权方面，仍有巨大的发展空间。

8.2.5 结论

随着新媒体传播技术的兴起，有人已经断言"中国的社会信息化过程已由 90 年代精英垄断的局面进入到更广社会内信息中下阶层和中低端信息传播技术紧密结合的新阶段"。而对于农民工来说，他们在媒介资源重组中获得更多的媒介资源，例如更高效、便捷和多样化的信息获取渠道，此外，网络和手机等信息传播工具的兴起、政府和社会对这个特殊群体的重视和媒介资源的倾斜，让信息不对等的状况有所缓解，特别是加强了这一群体的话语权，让他们能够更多的发出自己的声音。

特别强调的是，媒介资源的不平等仍然存在，就传播的影响力而言，无论是理论研究还是实证调查都一再证实，表现在网络媒体的影响仍远远没有达到传统媒体例如电视、报纸等传统媒体的水平，同样的信息，如果没有传统媒体的介入，其传播范围和传播效果都会大打折扣；另一种不平等表现在意见领袖和普通公众之间的不平等，通常情况下，意见领袖的参与会大大加强传播力量和加快传播速度。

　　因此，要让更广大的农民工获得更多媒介资源并提升该群体媒介素养教育，未来要做的工作还有很多，很多……

　　遗憾的是，当前，国内新闻传播学界关于媒介素养教育的探讨或调研更多的还是集中于城市受众，对于农村受众的关注很少。考察农民工的媒介素养，考察他们对媒体的认识、理解与评价，考察他们从媒体获取信息和使用媒体发声的能力，借以考察农民工与媒体之间的真正的关系状态，以此为突破口，拆除媒体和农民工之间的藩篱，提高农民工媒介素养，使农民工加快向新市民转变，帮助进城农民工获得城市居民身份和平等权利，可以促进社会和谐。

参考文献

（一）专著类

[1] Albert Lauterbach. Employment, Unemployment and Underemyment: A Conceptual Re-examination. Alison Anderson. Media, Culture and the Environment. London: UCL Press. 1997.

[2] Altschull. Agents of Power: The Role of the News Media in Human Affairs. New York: Longman. 1988.

[3] Anderson. Priming Procedure of the Media. London: Prentice-all, Inc. 1983.

[4] Anna Everett, John T. Caldwell. New Media: Theories and Practices of Digitextually. London: Taylor & Francis Group. 2003.

[5] B. Berelson. Content Analysis in Communication Research. New York: Free Press. 1952.

[6] Pei-Kang Chang. Agriculture and Industrialization. Cambridge, MA: Harvard University Press. 1949.

[7] C. Phillipson, G. Allen, D. Morgan. Social Networks and Social Exclusion: Sociological and Policy Perspectives. Burlington: Ashgate Publishing Limited. 2004.

[8] Chester I. Barnard. The Functions of the Executive. Harvard University Press. 1938.

[9] C. K. Yang. A Chinese Village in Early Communist Transition. Cambridge, MA: M.I.T. Press. 1959.

[10] Daniel Riffe, Stephen Lacy, Frederick G. Fico. Analyzing Media Messages: Using Quantitative Content Analysis in Research.

Mahwah, NJ: Erlbaum Associates. 1998.

［11］David M. Lampton (Ed.). Policy Implementation in Post-Mao China. Berkeley, CA: University of California Press, 1987.

［12］Edward W. Said. The World, The Text, and the Critic. Cambridge, MA: Harvard University Press. 1983.

［13］E. Goffman. Frame Analysis: An Essay on the Organization of Experience. New York: Harper and Row. 1974.

［14］E. J. Croll. Endangered Daughters: Discrimination and Development in Asia. New York: Routledge. 2000.

［15］K. Fearn-Banks. Crisis Communication: A Case Book Approach. Lawrence Erlhau Associatcs: Mahwah. 2002.

［16］Joseph Fewsmith. Dilemmas of Reform in China: Political Conflict and Economic Debate. Armonk, NY: M. E. Sharpe. 1994.

［17］Francis A. Lee. China Superpower: Requisites for High Growth. New York: St. Martins Press. 1997.

［18］G. L. Bleske Schematic frames and reader learning: The effect of headlines. Paper presented at the annual meeting of Communication Theory and Methodology Division of the association for Education in Journalism and Mass Communication. Washington, D.C. 1995.

［19］G. Kress, K. Hedge. Language as Ideolodgy. London: Routled and Kegan Paul. 1979.

［20］Halliday, M. A. K., C. Matthiessen. Construing Experience through meaning: A Language-based Approach to Cognition. (OLS) London; New York: Cassel. 1999.

［21］Hamrin, Carol Lee, Suisheng Zhao. Decision-Making in Deng's China: Perspecitives from Insidersv. Armonk, NY: M. E. Sharpe. 1995.

［22］Hung-mao Tien, Yun-han Chu (Eds.). China under Jiang Zemin. Boulder, COLO.: Lynne Rienner Publishers. 2000.

［23］I. M. Young. Justice and the Polities of Difference. Princeton

University Press. 1990.

[24] James Curran, Michael Gurecitch. Mass Media and Society. London: Arllold. 2000, 3rd edition.

[25] J. Midgley, M. Sherraden. The Social Development Perspective in Social Policy. The Handbook of Social Policy. Thousand oaks, CA: Sage Publications. 2000.

[26] D. Gale Johnson. Agricultural Adjustment in China: The Taiwan Experience and Its Implications. Office of Agricultural Economics Research, University of Chicago. 1999.

[27] John Wong, Zheng Yongnian (Eds.). China's Post-Jiang Leadership Succession: Problems and Perspectives. Singapore: Singapore University Press; River Edge, NJ: World Scientific. 2002.

[28] J. Rawls. A Theory of Justice. Boston, MA: The Belknap Press of Harvard University Press. 1971.

[29] J. Rawls. Political Liberalism. New York, NY: Columbia University Press. 1996.

[30] J. Rawls. Erin Kelly (Ed.). Justice as Fairness-Restatement. Cambridge, MA: Harvard University Press. 2001.

[31] Judith Shklar. The Faces of Injustice. New Haven, CO: Yale University Press. 1990.

[32] Kathleen Fearn-banks. Crisis communications a casebook approach. Mahwah, NJ: Lawrenc Erlbaum Associates Publishers. 2002.

[33] Kenneth C. Killebrew. Managing Media Convergence: Pathways to Journalistic Cooperation. Malden, MA: Blackwell Publishing. 2005.

[34] K. W. Deutsch. The Nerves of Government: Models of Political Communication and Control. New York, NY: Free Press. 1963.

[35] Marc Raboy, Bernard Dagenais. Media, Crisis and Democracy: Mass Communication and the Disruption of Social Order. London: Sage Publications Inc. 1992.

[36] M. Reisigl, R. Wodak. Discouse and Discrimination: Rhetorics

of Racism and Antisemitism. New York, NY: Routledge. 2000.

[37] N. Fairclough. Language and Power. London: Longman, 1989.

[38] Nicholas C. Hope, Dennis Tao Yang, Mu Yang Li (Eds.). How Far across the River?: Chinese Policy Reform at the Millennium. Stanford, CA.: Stanford University Press, 2003.

[39] Parris H. Chang Power and Policy in China. University Park: Pennsylvania State University Press. 1978.

[40] Pickard, et al. Saving the News: Toward a National Journalism Strategy. New York, NY: Free Press. 2009.

[41] S. Neal, J. Agyeman. The New Countryside? Ethnicity Nation and Exclusion in Contemporary Rural Britain. Bristol: The Policy Press, University of Bristol. 2006.

[42] Steve. Fuller The Philosophy of Science and Technology Studies. London; New York, NY: Routledge. 2006.

[43] T. A. Van Dijk. News Analysis. Hillsdale, NJ: Erlbaum. 1987.

[44] William W. Neher. Organizational Communication: Challenges of Change, Diversity, and Continuty. Boston, MA: Allyn and Bacon. 1999.

[45] Ying Du. Rural Labor Migration in Contemporary China: An Analysis of Its Features And the Macro Context. In Loraine A. West, Yaohui Zhao Rural, Labor Flows in China, Institute of East Asian Studies, University of Califomia (Berkeley). 2000.

[46] [德] 阿特斯兰德. 路路·李, 克林·李译. 经验性社会研究方法. 北京: 中央文献出版社. 1995.

[47] [德] 哈贝马斯. 曹卫东等译. 公共领域的结构转型. 上海: 学林出版社. 1999.

[48] [法] 波德里亚. 刘成富, 全志钢译. 消费社会. 南京: 南京大学出版社. 2001.

[49] [法] 布迪厄. 许钧译. 关于电视. 沈阳: 辽宁教育出版社. 2000.

[50][法]雷米·里埃菲尔. 刘旋译. 传媒是什么：新实践新特质新影响. 北京：中国传媒大学出版社. 2009.

[51][荷]斯宾诺莎. 冯炳昆译. 政治论. 北京：商务印书馆. 1999.

[52][荷]托伊恩·A，梵·迪克. 曾庆香译. 作为话语的新闻. 北京：华夏出版社. 2003.

[53][美]保罗·A·萨巴蒂尔编. 彭宗超，钟开斌等译. 政策过程理论. 北京：生活·读书·新知三联书店. 2004.

[54][美]多米尼克. 蔡骐译. 大众传播动力学：数字时代的媒介. 北京：中国人民大学出版社（新闻与传播学译丛·国外经典教材系列）. 2004，第7版.

[55][美]罗尔斯. 何怀宏等译. 正义论. 北京：中国社会科学出版社. 1988.

[56][美]罗尔斯. 万俊人译. 政治自由主义. 南京：译林出版社. 1999.

[57][美]罗尔斯. 张晓辉等译. 万民法. 长春：吉林人民出版社. 2001.

[58][美]罗尔斯. 姚大志译. 作为公平的正义——正义新论. 上海：三联书店. 2002.

[59][美]诺齐克. 何怀宏等译. 无政府、国家与乌托邦. 北京：中国社会科学出版社. 1991.

[60][美]威尔伯·施拉姆，威廉·波特. 何道宽译. 大众传播媒介与社会发展. 北京：华夏出版社. 1990.

[61][美]沃尔泽. 褚松燕译. 正义诸领域——为多元主义与平等一辩. 南京：译林出版社. 2002.

[62][意]莫诺·佩莱蒂. 刘俊祥等译. 福利国家与接近正义. 北京：法律出版社. 2000.

[63][英]埃尔德里奇. 张威，邓天颖译. 获取信息：新闻、真相和权力. 北京：新华出版社. 2003.

[64][英]博登海默. 邓正来译. 法理学——法哲学及其方法. 北京：华夏出版社. 1987.

[65][英]葛德文．何慕李译．政治正义论，"本书原则概说"之四．北京：商务印书馆．1980．

[66][英]霍布斯．黎思复等译．利维坦．北京：商务印书馆．1985．

[67][英]莱斯诺夫．冯克利译．二十世纪的政治哲学家．北京：商务印书馆．2002．

[68][英]乔治·雷恩．戴从容译．意识形态与文化身份：现代性和第三世界的在场．上海：上海教育出版社．2005．

[69][英]密尔．唐钺译．功用主义．北京：商务印书馆．1957．

[70][英]尼古拉斯·加汉姆．解放·传媒·现代性—关于传媒和社会理论的讨论．李岚译．北京：新华出版社．2005．

[71][英]诺曼·尔克拉夫．殷晓蓉译．话语与社会变迁．北京：华夏出版社．2003．

[72][英]斯宾塞．张雄武译．社会静力学．北京：商务印书馆．1996．

[73]白南生等．回乡还是进城？——中国农村外出劳动力回流研究．北京：中国财政经济出版社．2002．

[74]薄一波．若干重大决策与事件的回顾．北京：中共党史出版社．1996．

[75]蔡昉，张车伟等．中国人口与流动问题报告．北京：社会科学文献出版社．2003．

[76]蔡国芬,张开．媒介素养.北京:中国传媒大学出版社.2004．

[77]陈国明．媒体教育．北京：中国人民大学出版社．2007．

[78]陈崇山，孙五三．媒介·人·现代化．北京：中国社会科学出版社．1997．

[79]陈闻桐主编．近现代西方政治哲学引论．合肥：安徽大学出版社．1997．

[80]程立显．伦理学与社会公正．北京：北京大学出社．2002．

[81]丛晓峰，刘溪．社会公正与社会进步若干问题研究．济南：山东人民出版社．2005．

[82]戴元光．传播学原理与应用．兰州：兰州大学出版社．1991．

[83]丁水木，张绪山．社会角色论．上海：上海社会科学院出版社．1992.

[84]丁淦林．中国新闻事业史．北京：高等教育出版社．2002.

[85]方晓红．大众传媒与农村．北京：中华书局．2002.

[86]杜鹰等．走出乡村——中国农村劳动力流动实证研究．北京：经济科学出版社．1997.

[87]风笑天．社会学研究方法．北京：中国人民大学出版社．2001.

[88]甘惜分．新闻学大辞典．郑州：河南人民出版社．1993.

[89]葛象贤，屈维英．中国民工潮："盲流"真相录．北京：中国国际广播出版社．1990.

[90]龚淑红，张洁．媒介素养教育理论与实践．山东：山东人民出版社．2010.

[91]郭庆光．传播学教程．北京：中国人民大学出版社．1999.

[92]国务院研究室课题组．中国农民工调研报告．北京：中国言实出版社．2006.

[93]胡兴荣．新闻哲学．北京：新华出版社．2004.

[94]胡兴荣．大报纸时代——党报改革80年．广东：南方日报出版社．2005.

[95]景天魁．社会公正理论与政策．北京：社会科学文献出版社，2004.

[96]刘九洲．新闻理论基础．武汉：武汉大学出版社，2006.

[97]李红艳．乡村传播与城乡一体化：北京市民与农民工传播关系之实证研究．北京：社会科学文献出版社．2009.

[98]李彬．传播学引论．北京：新华出版社．1998.

[99]李苓．传播学理论与实务．四川：四川人民出版社．2002.

[100]李良荣．新闻学概论．上海：复旦大学出版社．2004，第2版.

[101]李强．转型时的中国社会分层结构．哈尔滨：黑龙江人民出版社．2002.

[102]刘怀廉．中国农民工问题．北京：人民出版社．2005．

[103]刘建明．现代新闻理论．北京：民族出版社．1998．

[104]刘建明．媒介批评通论．北京：中国人民大学出版社．2001．

[105]黎民，张小山．西方社会学理论．武汉：华中科学大学出版社．2005．

[106]马广海．文化人类学．济南：山东大学出版社．2003．

[107]墨子．墨子·尚贤下．北京：北京大学出版社．1996．

[108]人民日报报史编辑组．人民日报回忆录．北京：人民日报出版社．1988．

[109]单波．20世纪中国新闻与传播学·应用新闻学卷．上海：复旦大学出版社．2001．

[110]申凡，戚海龙．当代传播学．武汉：华中科技大学出版社．2000．

[111]沈晓明．正义论经纬．北京：人民出版社．2007．

[112]发友．新闻报道写作通论．北京：人民出版社．2005．

[113]孙立平．转型与断裂：改革以来中国社会结构的变迁．北京：清华大学出版．2004．

[114]童兵．中国新闻传播学研究最新报告．上海：复旦大学出版社．2010．

[115]王菲．媒介大融合．广州：南方日报出版社．2007．

[116]温铁军．中国农村基本经济制度研究——"三农"问题的世纪反思．北京：中国经济出版社．2000．

[117]文森特·莫斯可．传播政治经济学．北京：华夏出版社．2000．

[118]魏城．中国农民工调查．北京：法律出版社．2008．

[119]吴忠民．社会公正论．济南：山东人民出版社．2004．

[120]解思忠．国民素质忧思录．北京：作家出版社．1997．

[121]谢晋宇．当代中国乡村——城市迁移与经济发展．北京：中国人口出版社．2000．

[122]谢泳才，李红艳主编．中国乡村传播学．北京：知识产权

出版社．2005.

[123]徐培汀．中国新闻传播学说史．重庆：重庆出版社．2006.

[124]杨湛．汹涌民工潮．广州：广州出版社．1993.

[125]闫志刚．社会建构论视角下的社会问题研究．北京：中国社会科学出版社．2010.

[126]俞得鹏．浙江省城市外来民工犯罪问题研究．宁波：宁波大学出版社．1998.

[127]张开．媒介素养概沦．北京：中国传媒大学出版社．2006.

[128]张昆．简明世界新闻通史．武汉：武汉大学出版社．1994.

[129]张咏华．大众传播社会学．上海：上海外语教育出版社．1998.

[130]赵树凯．纵横城乡——农民流动的观察与研究．北京：中国农业出版社．1998.

[131]郑杭生．社会学概论新修．北京：中国人民大学出版社．2003，第3版.

[132]郑念．潮落、潮涨——民工潮透视．北京：中国人民大学出版社．1993.

[133]郑兴东．受众心理与传媒引导．北京：新华出版社．2004.

[134]周其仁.产权与制度变迁——中国改革的经验研究.北京：社会科学文献出版社．2002.

[135]朱大路．盲流梦．上海：上海画报出版社．1991.

[136]朱力．中国民工潮．福州：福建人民出版社．2002.

（二）论文报刊类

[1]Anderson. Retrieval of information from long-term memory. Science, 1983 (2). sciencemag. org.

[2]A. Portes, A. Stepick. Unwelcome Immigrants: the Labor Market Experience of 1980 (Mariel) Cuban and Haitian Refugees in South Florida. American Sociological Review, 1985, 50 (4).

[3]B. S. Chon, et al. A Structural Analysis of Media Convergenee.

Media Eeonomies, 1996 (3).

[4] Cindy Fan. Association of American Geographers. Annals of the Association of American Geographers, 2002 (92).

[5] Cindy Fan. The Elite，the Natives，and the Outsiders: Migration and Labor Market Segmentation in Urban China. Association of American Geographers, 2002 (92).

[6] Claire Andre, Manuel Velasquez. Consistency in Ethies. Researeh in Phenomenology, 1999 (29).

[7] David E. Bloom, Richard B. Freeman. The Effect of Rapid Population Growth on Labor and Employment in Developing Countries. Population and Development Review, Sep., 1986, 12 (3).

[8] David Northrup. Free and Unfree Labor Migration, 1600-1900: An Introduction. Journal of World History, 2003 (14).

[9] D. F. C. Zappo. Reading in the Sociology of Migration. The Economics Journal, 1961 (101).

[10] Dorothy. J. Solinger. Citizenship Issues in China's Intenal Migration: Comparisons with Germany and Japan. Political Science Quarterly, 1999 (14).

[11] Edward M. Crenshaw, Ansari Z. Ameen, Matthew Christenson. Population Dynamics and Economic Development: Age-Specific Population Growth Rates and Economic Growth in Developing Countries, 1965 to 1990. American Sociological Review, 1997, 62 (6).

[12] Edward Taylor, D. B. Alan. Migration, Remittances, and Agricultural Productivity in China. American Economic Review, 2002 (89).

[13] Elaine Fultz. Pension Reform in the EU Aecession Countries: Challenges, Achievements and Pitfalls. International Social Security Review. 2004 (2).

[14] E. S. Lee. The Theory of Migration. JPE 86, 1966 (5).

[15] Fang Cai, Meiyan Wang. Challenge Facing China's Economic Growth in Its Aging but not Affluent Era. China and World Economy,

2006, 14 (5).

[16] Fei Zheng, Lida Xu, Bingyong Tang. Forecasting regional income inequality in China. European Journal of Operational Research, 2000 (124).

[17] Feng Wang, Xuejin Zuo. History's Largest Labor Flow: Understanding China's Rural Migration-Inside China's Cities: Institutional Barriers and Opportunities for Urban Migrants. The American Economic Review, May 1999, 89 (2).

[18] Feng Wang, Xuejin Zuo. Inside China's Cities: Institutional Barriers and Opportunities for Urban Migrants. The American Economic Review, May 1999, 89 (2).

[19] Fleisher, Belton M., Jian Chen. The Coast-Noncoast Income Gap, Productivity, and Regional Economic Policy in China. Journal of Comparative Economies. 1997, 25 (2).

[20] Gary S. Becke, Edward L. Glaeser. Population and Economic Growth. The American Economic Review, May 1999, 89 (2).

[21] Hare, Denise. 'Push' versus 'Pull' Factors in Migration Outflows and Returns: Determinants of Migration Status and Spell Duration among China's Rural Population. Journal of Development Studies, 1999, 35 (3).

[22] Hare, Denise. The Determinants of Job Location and Its Effect on Migrants' Wages: Evidences from Rural China. Economic Development and Cultural Change, 2002, 50 (3).

[23] Heinrich Hock, David N. Weil. The Dynamics of the Structure. Dependency and Consumption. The Journal of Political Economy. 2006 (6).

[24] Huang Ping, Frank N. Pieke. China Migration Country Report. DFID Research Report, 2003 (5).

[25] Jieyun Feng, Doreen D. Wu. Changing ideologies and advertising discourses in China: A case study of Nanfang Daily. Journal of Asian Pacific Communication, 2009 (19).

[26] Jinghai Zheng. A Comparative Study of Employment Adjustment in Chinese Enterprises (1986-1990). Economics of Planning, 2001 (34).

[27] John R. Harris, Michael P. Todaro. Migration, Unemployment and Development: A Two-Sector Analysis. The American Economic Review, 2004, 60 (1).

[28] Kam Wing Chan, Ta Liu, Yunyan Yang.Hukou and non-Hukou migrations in China: comparisons and contrasts. International Journal of Population Geography, 1999 (5).

[29] Katie Macmillan. Narratives of Social Disruption: education news in the British Tabloid press. Discourse: studies in the cultural politics of education. 2003 (1).

[30] Kevin M. Carragee, Wim Roefs. The neglect of power in recent framing research. Journal of Communication, 2004, 4 (2).

[31] Knight, Lina Song, Huaibin Jia. Chinese Rural Migrants in Urban Enterprises: Three Perspectives. Journal of Development Studies. 1999 (3).

[32] Knight, Lina Song. Towards a Labor Market in China. Oxford Review of Economic Policy, 1995 (4).

[33] Lan Brauw, Jikun Huang, Scott Rozelle, Linxiu Zhang, Yigang Zhang. The Evolution of China's Rural Labor Markets During the Reforms. Journal of Comparative Economics, 2002 (30).

[34] Larry Dailey, Lori Demo, Mary Spillman. The Conver-gence Continuum: A Model for Studying Collaboration Between Media Newsrooms. Atlantic. Journal of Communication, 2005 (3).

[35] Leonard Jr. Downie, Michael Schudson. The Reconstruetion of American Journalism. Columbia Journalism Review, 2010 (11)

[36] Li Qian. Stratification in China's Resident and Peasant Workers' Social Status. Social Science in China. 2002 (23).

[37] Loraine A. West, Yaohui Zhao. Rural Labor Flows in China. Review of Development Economics, 2000, 5 (1).

[38] Mark R. Rosenzweig, Oded Stark. Consumption Smoothing and Migration: Evidence from Rural India. Journal of Political Economy, 1989 (89).

[39] Michael C. Seeborg, Zhenhu Jin, Yiping Zhu. The New Rural-Urban labor Mobility in China: Causes and Implications. Journal of Socio-Economics, 2000 (29).

[40] Nong Zhu. The Impact of Income Gaps on Migration Decisions in China. China Economic Review, 2002 (13).

[41] Patrick Stuver. Maximizing emergency communication. Risk Management, 2006, 53 (5).

[42] P. Feldman. Knowledge Spillovers and the Geography of Innovation. In J. V Henderson and J-F. Thisse (Eds.), Handbook of Urban and Regional Economics. New York, NY: North-Holland. 2003 (4).

[43] P. George. Type of Migration of the Population According to the Professional and Social Composition of Migration. Journal of Political Economics, 1959 (2).

[44] Ping Huang, Frank N. Pieke. China Migration Country Study. Paper presented at the Conference on Migration, Development and Pro-Poor Policy Choices in Asia, Dhaka, 2003 (6).

[45] Roberts. Who Leave? The Outmigration of the Foreign-Bom. Review of Economics and Statistics, 2000 (78).

[46] Roger Gordon, David D. Li. The Effects of Wage Distortions on the Transition: Theory and Evidence from China. European Economic Review, 1999, 43 (23).

[47] Russell Cooper, Jonathan Willis. The Cost of Labor Adjustment: Inferences Form Gap. NBER Working Paper, 2003 (9).

[48] S. Au, Chun-Chung, Vemon Henderson. How Migration Restrictions Limit Agglomeration and Productivity in China. NBER working paper, 2002.

[49] Sergio Diaz-Briquets, Charles C. Cheney. Foreign scientists at

the national institutes of health: Ramifications of U.S. immigration and labor policies. The International Migration Review, 2003 (37).

[50] Shelly Lundberg. The Added Worker Effect. Journal of Labor Economics, 1985, 3 (1).

[51] Sjaastad. Cost and Income of Labor Migration. American Journal of Agricultural Economics, 1962 (79).

[52] Stig Thogersen. Cultural Life and Cultural Control in Rural China: Where is the Party? The China Journal, 2001 (44).

[53] Sue Thomas. "The trouble with our schools": a media construction of public discourses on Queensland Schools. Discourse: Studies in the Culture Politics of Education, 2003, 24 (1).

[54] Suni Petersen, Beth Soucar. Elisabeth Sherman-Slate, Lynn Luna. The Social Construction of Beliefs About Cancer: A Critical Discourse Analysis of Racial Differences in the Popular Press. Journal of Applied Biobehavioral Research, 2004, 9 (4).

[55] Tianlun Jian, Jeffrey D. Sachs, Andrew M. Warner. Trends in Regional Inequality in China. China Economic Review, 1996 (7).

[56] Xin Meng, Junsen Zhang. The Two-Tier Labor Market in Urban China. Journal of Comparative Economics, 2001, 15 (29).

[57] Xin Meng. The Informal Sector and Rural- Urban Migration- A Chinese Case Study. Asian Economic Journal, 2001, 15 (1).

[58] Yang Yao. Rural Industry and Labor Market Integration in Eastern China. Journal of Development Economics, 1999, 59 (2).

[59] Yap Lorene Y. L. The Attraction of Cities. Journal of Delelopment Economics, 1977 (24).

[60] Yaohui Zhao. Labor Migration and Returns to Rural Education in China. American Journal of Agricultural Economics, 1997 (79).

[61] Yaohui Zhao. Labor Migration and Earnings Differences: The Case of Rural China, Economic Development and Cultural Change. American Economic Review, 1999, 47 (4).

[62] Yaohui Zhao. Leaving the Countryside: Rural-to-Urban Migration Decision in China. American Economic Review, 1999, 89 (2).

[63] Yaohui Zhao. Causes and Consequences of Return Migration: Recent Evidence from China. Journal of Comparative Economics. 2002 (30).

[64] Ying Huang, Jian-ping Chen. Discursive democratization in Mainl and China: A diachronic study of the New Year's editorials in the People's Daily. Journal of Asian Pacific Communication, 2009 (19).

[65] Zhongdang Pan, Gerald M. Kosicki. Framing analysis: An approach to news discourse. Political Communication, 1993 (19).

[66] 包凌雁, 徐静. 宁波市农民工媒介使用调查及对策. 新闻爱好者 (下半月), 2010 (1).

[67] 北大 (中国经济研究中心课题组). 上海: 城市职工与农村民工的分层与融合. 改革, 1998 (4).

[68] 卜卫. 试论内容分析方法. 国际新闻界, 1997 (4).

[69] 蔡昉等. 户籍制度与劳动力市场保护. 经济研究, 2001 (12).

[70] 蔡昉. 中国城市限制外地民工就业的政治经济学分析. 中国人口科学, 2000 (4).

[71] 曹玲娟. 当代农民阶层社会角色变化分析——《人民日报》25 年来相关报道透析》. 徐州工程学院学报, 2004 (20).

[72] 曹应梅. 浅论我国农村社会保障制度体制改革, 2004 (9).

[73] 陈崇山. 谁为农民说话——农村受众地位分析. 现代传播, 2003 (3).

[74] 陈美霞, 郭亮. 对建立和完善农村社会保障体系的思考. 经济问题探索, 2004 (10).

[75] 陈翔. 媒介整合社会: 建构媒介功能新理论. 西南民族大学学报 (人文社科版), 2004 (40).

[76] 陈翔. 回顾与批判: 检阅媒介功能理论. 西南民族大学学报 (人文社科版), 2004 (11).

[77] 陈修文, 曲亚平. 地方党报与"三农"报道. 新闻记者,

2004（6）.

[78]陈映芳．"农民工"：制度安排与身份认同．社会学研究，2005（3）.

[79]陈韵博．新一代农民工使用 QQ 建立的社会网络分析．国际新闻界，2010（8）.

[80]成亮．对党刊在新时．发挥作用的新思考．编辑之友，1996（6）.

[81]程曼丽．政府传播机理初探．北京大学学报，2004（2）.

[82]戴建华．西方正义理论初探．江汉大学学报（社会科学版），2008（6）.

[83]戴桂斌．正义，究竟是什么：公平、权利还是美德．襄樊学院学报，2001（5）.

[84]戴元光，尤游．媒介角色研究的社会学分析．上海大学学报（社会科学版），2007（11）.

[85]丁和根．大众传媒话语分析的理论、对象与方法．新闻与传播研究，2004（11）.

[86]丁未、田阡．流动的家园：新媒介技术与农民工社会关系个案研究．新闻与传播研究，2009（1）.

[87]丁柏铨．新闻传媒：社会公平正义的推动力量．新闻前哨．2008（8）

[88]董广安.泛传播时代的媒介素养教育.中国记者，2009（3）.

[89]董小玉，胡杨．新生代农民工的大众媒介形象建构．新闻界，2011（2）.

[90]董宽．传媒歧视遮蔽利益诉求——透视中国农民工群体的媒介表达．新闻三昧，2006（12）.

[91]段明华．论社会保障的城乡统筹．思茅师范宝等专科学校学报，2004（2）

[92]段林毅．关涉政策传播的几个问题．求索，2004（4）.

[93]杜中杰．动荡中的嬗变——试论改革开放以来《人民日报》农村致富形象的变迁．新闻与传播研究，2000（3）.

[94]都春雯．对社会保障经济增长效率和社会分配效率的思考．人口和经济，2004（6）．

[95]方盛举．论健全社会主义市场经济的公平——兼论当前我国社会保障制度的理论基石．经济问题探索，2003（11）．

[96]方晓红，贾冰．论《人民日报》"农民形象"塑造——兼议衡量媒介三农报道的一个重要指标．新闻记者，2006（4）．

[97]方晓红．加强农村传播服务农村发展新闻记者．新闻记者，2002（2）

[98]方延明．媒体与政府形象的关系研究．江海学刊，2004（5）．

[99]樊小钢．论城市农民工的社会保障问题．农业经济问题，2003（11）．

[100]傅金珍．对实现社会公正的若干思考．东南学术，2006（5）．

[101]高榕．论弱势群体媒介话语权的维护．安阳师范学院学报，2005（6）．

[102]苟国旗．农民工媒介形象与转型．求索，2009（9）．

[103]谷成，李俊毅．城乡收入分配差距的扩大与我国社会保障制度的整合．东北财经大学学报，2004（4）．

[104]郝耀武．社会主义市场经济体制的社会公正性．社会科学，1995（10）．

[105]韩雪松．新生代农民工的心理困境与解决策略．西安社会科学，2009（4）．

[106]韩俊，汪志洪，崔传义等．中国农民工问题总体趋势，观测"十二五"．改革，2010，198(8)

[107]韩俊，崔传义，金三林．现阶段我国农民工流动和就业的主要特点．发展研究，2009（4）．

[108]何增科．廉洁政府与社会公正．吉林大学社会科学学报，2006（4）．

[109]何涛．大众传媒与社会公平正义理论研讨会综述．当代传播，2008（5）．

[110]黄旦. 媒介是谁：对大众传播媒介社会定位的探讨——兼论大众传研究的社会学框架. 新闻与传播研究，1997（2）.

[111]黄鸣刚. 经济因素还是文化差异——对农电视节目稀缺现象的深层思考. 当代传播，2005（2）.

[112]黄克剑. "正"、"义"与"正义"——中西人文价值趣求之一辨. 福建论坛人文社科版，2002（2）.

[113]韩燕. 媒体对"农民工"议题的建构方式及趋势. 传媒观察，2006（2）.

[114]和丕禅，郭金丰. 制度约束下的农民工移民倾向分析. 中国农村经济，2004（10）.

[115]贺建平. 仿真世界中的媒介权力：鲍德里亚传播思想解读. 西南政法大学学报，2003（11）.

[116]黄旦，韩国鹰. 1981～1996：我国传播学研究的历史和现状. 新闻大学，1997（1）.

[117]华迎放. 农民工社会保障：思考与政策选择. 中国劳动，2004（10）：21～25.

[118]胡海波，李张林. 正义、正义观与正义理论. 求是学刊，1998（3）.

[119]胡海波. 正义追求的人性价值. 东北师范大学学报哲社版，1997（2）.

[120]吉亚竹. 党刊发展的根本出路在于创新. 新闻出版交流，2002（6）.

[121]季孝龙. "双重边缘人"——城市农民工的身份研究. 西安外事学院学报，2008（1）.

[122]减海群. 传播学教育新方向从媒介研究到媒介素养. 现代传播，2003（6）.

[123]江山. 再说正义. 中国社会科学，2001（4）.

[124]金冠军，冯光华. 解析大众媒介的他者定型——兼论传播中的"妖魔化"现象. 现代传播，2004（6）.

[125]景江瑛. 论农民工的媒介素养教育. 西南农业大学学报，

2009（1）.

[126]景天魁. 底线公平与社会保障的柔性调节. 社会学研究，2004（6）.

[127]蓝春娣，任保平. 关于农民工社会保障问题的思考. 社会科学研究，2004（5）.

[128]雷涛. 媒体农民工报道内容分析. 中国科技信息，2005（11）.

[129]李兵. 新生代农民工"首提的几个问题. 中央农业管理干部学院学，2010（2）.

[130]李海欧. 从10个中央1号文件看农村改革三十年的政策演进. http://www.ehina.eom.en/news/txt/2008-04/14/eontent_14948866.htm.

[131]李宁. 新生代农民工媒介使用情况调查. 新闻爱好者下半月，2011（5）.

[132]李培林. 流动民工的社会网络和社会地位. 社会学研究，1996（4）.

[133]李培林. 社会公正、黄金分割与和谐社会建设. 中国图书评论，2006（7）.

[134]李强. 关于城市农民工的情绪倾向及社会冲突问题. 社会学研究，1995（4）.

[135]李强. 社会学的"剥夺"理论与我国农民工问题. 学术界，2004（1）.

[136]李强，唐壮. 城市农民工与城市中的非正规就业. 社会学研究，2002（6）.

[137]李青. 对传播媒介权力的思考. 国际新闻界，1999（3）.

[138]李实. 中国农村劳动力流动与收入增长分配. 中国社会科学，1999（2）.

[139]李实. 中国转轨经济中劳动力流动模型. 经济研究，1997（1）.

[140]李玮. 读盖伊·塔奇曼《做新闻》——兼论新闻经典的边

界拓展问题．编辑之友，2011（6）.

[141]林岔．传播学视野中的政府形象．新闻界，2005（6）.

[142]林丽明．创新新生代农民工报道的五大关键．中国记者，2010（7）.

[143]刘东生.加强制度建设是解决欠薪问题的关键.经济学家，2004（4）.

[144]刘芳．近年来关于城市农民工问题的研究综述．西北师大学报（社会科学版），2005（1）.

[145]刘国光．把"效率优先"放到该讲的地方去．经济参考报，2005-10-15.

[146]刘谦，刘丹．农民工报道的新探索——评中国青年报"新生代农民工系列报道"．新闻实践，2006（2）.

[147]刘仁圣，赖浩锋．农村传媒生态失衡现状与对策——"江西省农民致富与传播状况"调查与思考．中国传媒报告，2005（2）.

[148]刘晓峰.欠资与惩罚——政府是如何处理拖欠农民工工资矛盾的．中国社会科学院研究生学报，2002.

[149]刘小年．农民工政策的阶段新论——兼与胡鞍钢教授商榷．探索与争鸣，2006（3）.

[150]鲁召．我国农业产业政策在传播环节存在的问题及对策．河北理工大学学报，2006（4）.

[151]陆学艺．农民工称谓解析．人民日报，2007，4（30）

[152]吕屏，黄莉．论构建和谐社会中媒体的角色困境．重庆大学学报（社科版），2005（6）

[153]马端山．网络社会视域中的草根话语诉求．法制与社会，2010（10）.

[154]马意翀、许学峰．农民工媒介素养教育初探．东南传播，2009（7）.

[155]梅潇，王丽．网络公众自我议程设置．新闻爱好者（理论版），2007（2）.

[156]莫寰．政策传播如何影响政策的效果．理论探讨，2003

（5）．

　　[157]聂静虹．论我国公共政策传播机制的演变．学术研究，2004
（9）．

　　[158]潘忠党．"补偿网络"作为传播社会学研究的概念．国际
新闻界，1997（3）．

　　[159]彭博，彭菊华．二00三年社会弱势群体报道透析．当代
传播，2004（3）．

　　[160]彭代彦．农民进城的就业壁垒对农村人口城市化的影
响．中国经济评论（美国），2003（2）．

　　[161]彭向刚，袁明旭．论转型．弱势群体政治参与与社会公
正．吉林大学学报，2007（1）．

　　[162]彭国元．新闻批评的哲学思考．求索，1999（2）．

　　[163]秦海霞．新生代农民工的身份诉求与身份建构．黑龙江社
会科学，2010（3）．

　　[164]权波．农民工媒介形象建构研究．青年记者，2010（3）．

　　[165]权宗田．社会公正：化解社会风险的根本出路．攀登，2006
（2）．

　　[166]邱新有，肖荣春，熊芳芳．国家农村政策传播过程中信息
缺失现象的探析．江西社会科学，2005（10）．

　　[167]邵春夏．局部性传媒公共领域的呈现——以报纸的批评性
报道为分析对象．中共浙江省委党校学报，2006（3）．

　　[168]盛显容．公平正义是构建社会主义和谐社会的核心理
念．湖北广播电视大学学报，2006（3）．

　　[169]宋洪远，黄华波，刘光明．关于农村劳动力流动的政策问
题分析．管理世界，2002（5）．

　　[170]孙尉．反思与构筑——再论和谐社会条件下中国社会公正
问题．理论月刊，2006（3）．

　　[171]孙覆海．用爱心为农民工构筑美好未来——兼论新闻媒体
的作用和责任．新闻三昧，2007（9）

　　[172]孙旭培．建国初期宣传报道与报纸批评的特点．新闻与传

播研究，1989（3）.

[173]孙自法. 胡鞍钢：中国存在"四农"问题，农民工是核心. 发展，2005（4）.

[174]唐环. 坚持社会公正构建和谐社会. 社会主义研究，2006（5）

[175]谭英，蒋建科，陈洪. 不同信息传播渠道传播农业政策的效果及农户接受程度分析. 农业经济济问题，2005（9）.

[176]汤书昆、孙文彬. 中国媒介素养教育研究述评. 浙江传媒学院学报，2009（2）.

[177]唐均. 社会政策的基本目标：从克服贫困到消除社会排斥. 江苏社会科学，1998（1）.

[178]陶建杰. 大众传媒对民工观念的影响力研究. 新闻与传播研究，2004（2）.

[179]滕鹏. 农民工的城市认同与大众传播. 广播电视学刊，2009（12）.

[180]万俊人. 普世伦理的正义及其对功利价值的优先性. 湘潭师范学院学报，1999（4）

[181]田中初. 媒介素养：一种正在兴起的教育实践. 浙江师范大学学报，2004（1）.

[182]王春光. 新生代农村流动人口的社会认同与城乡融合关系. 社会科学研究，2001（3）.

[183]王海明，孙英. 社会公正论. 中国人民大学学报，2000（1）.

[184]王芳，刘海霞，李卓琳. 大众传媒与农民工的关系研究——以人民日报对农民工的报道为例. 开发研究，2007（1）.

[185]王桂新. 中国人口迁移与区域经济发展关系之分析. 人口与经济，1996（11）.

[186]王怡红. 僵化与断裂——对我国传播研究思路的反思. 新闻与传播研究，1998（4）.

[187]王瑛. "妖魔化"概念与媒介作为. 传媒观察，2006（8）

[188]王玉玫．建立健全城镇农民工社会保障制度的构想．中央财经大学学报，2003（12）．

[189]王舟波．中国农民工维权之路及前瞻．新华文摘，2004（15）．

[190]温克勤．西方伦理史上的公正范畴．齐齐哈尔师范学院学报，1992（6）．

[191]《我国农民工工作"十二五"发展规划纲要研究》课题组（韩俊、汪志洪、崔传义、何宇鹏）．中国农民工问题总体趋势：观测"十二五"．改革，2010．

[192]卫凤瑾．大众传媒与农民话语权——从农民工"跳楼秀"谈起．新闻与传播研究，2004（2）．

[193]吴红宇、谢国强．新生代农民工的特征、利益诉求及角色变迁——基于东莞塘厦镇的调查分析．南方人口，2006（2）．

[194]吴新慧等．社会失范：社会学视觉下拖欠农民工工资问题．黑龙江社会科学，2004（2）．

[195]吴玉兰，张祝彬．城市化视角下新生代农民工报道研究——以《楚天都市报》为例．中南财经政法大学研究生学报，2011（4）．

[196]吴忠民．公正新论，中国社会科学，2000（4）．

[197]项开来．新生代农民工的城市筑梦情结．今日南国，2008（8）．

[198]谢洪恩．论公正及其实现．道德与文明，1999（6）．

[199]解天滋．从新闻语言论传者媒介素养的缺失．西南石油大学学报（社会科学版），2009（2）．

[200]邢世伟．2.4 亿农民工 80 后占半．新京报，2010-02-24（A05）．

[201]徐永新．我国农民工政策的演变及未来走向．河南社会科学，2004（4）．

[202]许静．浅论政治传播中的符号化过程．政治学，2004（5）．

[203]颜海娜．政府公共政策传播机制存在的问题及对策．探索，

2001（5）.

[204]阎孟伟."社会公正"与社会和谐.天津社会科学，2007（1）.

[205]颜旭.作为和谐社会基础的社会公正.平原大学学报，2006（1）.

[206]晏敬东，简利君.我国农村社会保障制度若干问题的探讨.武汉理工大学学报（信息与管理工程版），2004（5）.

[207]阳化冰.媒介素养教育及其作用.当代传播，2005（2）.

[208]杨春华.关于新生代农民工问题的思考.农业经济问题，2010（4）.

[209]杨春瑰.我国农村剩余劳动力流动的制度背景分析.华南师范大学学报，2001（5）.

[210]杨敦显.媒介传播与农民工利益表达.当代传播，2005（6）.

[211]杨立雄."进城"还是"还乡"——进城务工农民社会保哈昂政策的路径选择.中国社会保障，2004（2）.

[212]杨立雄.争论与分歧——对社会保障最新研究的综述.中国人口科学，2003（2）.

[213]杨婷.有个人群叫农民工.中国经济时报，2004-10-27.

[214]杨昕.新生代农民工的"半城市化"问题研究.当代青年研究，2008（9）.

[215]杨育才.党报关于农民报道的问题及对策——对7家省级党报农民报道标题的议程设置分析.新闻大学，2003（3）.

[216]杨云彦，陈金永.转型劳动力市场的分层与竞争.中国社会科学，2000（5）.

[217]姚洋.社会排斥和经济歧视——东部农村地区移民的现状调查.战略与管理，2001（3）.

[218]姚洋.建立一个中国社会公正的理论.财经信息，2005-06-01.

[219]尹焕三等.政府在农村社会保障体系建设中的职能定

位．国家行政学院学报，2004（2）．

[220]殷献茹．公正：构建社会主义和谐社会的基石．当代经济（上），2006（8）．

[221]喻国明．大众媒介公信力理论初探——兼论我国大众传媒公信力的现状与问题（上、下）．新闻与学界，2005（1）～（2）．

[222]喻国明．中国传媒业发展的关键与"问题单"．新闻记者，2003（3）．

[223]喻国明．从青少年抓起提高群民族的媒介素养．中国青年研究，2003（7）．

[224]喻国明．媒体也是弱势群体．http://news.hexun.com/2008-11-22/111527704.html．

[225]袁靖华．大众传媒的符号救济与新生代农民工的城市融入——基于符号资本的视角．新闻与传播研究，2011（1）．

[226]袁亚愚．对近年来歧视进城务工农民现象的思考．社会学研究，1997（6）．

[227]云芳，丁丙昌．新闻文体大趋势——"全息摄影"下．中国记者，1988（2）．

[228]张红川，王耘．论定量与定性研究的结合问题及其对我国心理学研究的启示．北京师范大学学报人文社科版，2001（4）．

[229]张开，石丹．提高媒介传播效果途径新探——媒介素养教育与传播效果的关系．现代传播，2004（1）．

[230]张昆，陈新焱．都市报新闻评论四大趋势．新闻前哨，2007（5）．

[231]张鹏．重塑农民工传媒形象的思考．常熟理工学院学报，2007（9）．

[232]张鹏．农民工媒介形象嬗变：从"边缘人"到"新市民"．理论研究，2011（11）．

[233]张诗蒂．"哀其不幸，怒其不争"新读——以农民工媒介形象为例．西南政法大学学报，2007（12）．

[234]张学英．政府在建构农村社会保障制度中的职能定位．经

济体制改革，2004（4）.

[235]张振华．对农电视节目分析．中国广播电视学刊，2007（3）

[236]张志胜．新生代农民工劳动权益保障研究．求实，2007（1）.

[237]赵延东．受访者推动抽样——研究隐藏人口的方法与实践．社会学研究，2007，（2）.

[238]赵颖．农民工寻梦城市．政府法制，2009（1）.

[239]郑功成．农民工的权益与社会保障．中国党政干部论坛，2002（8）.

[240]郑功成．对农民工问题的基本判断．中国劳动，2006（8）.

[241]郑素侠．农民工媒介素养现状调查与分析——基于河南省郑州市的调查．现代传播，2010（10）.

[242]郑卫．媒介教育大众化势在必行．中华新闻报，2002-1-16.

[243]郑欣.新生代农民工的城市适应——基于传播社会学的视角．南京社会科学，2011（3）.

[244]郑业鲁．影响农村信息传播的主要因素及政策调整．农业图书情报学刊，2004（10）.

[245]周茂川，郁炳隆．关于农民工报道的问题与对策．新闻知识，2003（6）.

[246]周其仁．体制转型、结构变迁和城市就业．经济社会体制比较，1997（5）.

[247]周葆华、陆晔．受众的媒介信息处理能力——中国公众媒介素养状况调查报告之一．新闻记者，2008（4）.

[248]周剑.新生代农民工自杀报道的问题与视角探析——基于对《南方都市报》和《羊城晚报》富士康员工坠楼报道的内容分析.新闻知识，2011（7）.

[249]邹恒甫．谈中国经济平等和社会公正．中国经济网，2005-1-24.

（三）学位论文类

[1]曹淑惠．对《人民日报》农民工实证的分析——以 1993～2006 年的报道为例．华中师范大学，2007．

[2]丰帆．我国媒体对"农民工"报道的内容分析与话语探讨．暨南大学，2005．

[3]关江娜．素描·突变·视角——网络媒体兴盛时期新浪网农民工媒介形象分析．西南大学，2011．

[4]黄达安．"妖魔化"：农民工群体之媒介定型．吉林大学，2007．

[5]黄晓钟．中国媒介话语秩序的重构．四川大学博士论文，2007．

[6]何钉萍．中国农民工形象的媒体再现研究——以《人民日报》为例．上海外国语大学，2007．

[7]李星．《南方周末》视阀下的农民工——《南方周末》（1984～2008）农民工报道研究．华中师范大学，2009．

[8]李英杰．农民工劳动权的法律保护探析．中共中央党校硕士论文，2006．

[9]龙智慧．我国都市类报纸中农民工形象的建构——以《楚天都市报》、《武汉晚报》为例．华中科技大学，2009．

[10]罗真．农民工媒体话语的历史变迁．复旦大学，2010．

[11]卢迎安．媒介形象再现与社会真实建构：国内主要报纸对农民形象的再现研究．苏州大学，2004．

[12]彭鹏．论社会正义．山西师范大学硕士学位论文，2000．

[13]沈亚英．《人民日报》农民工报道研究（1988～2006）．西北大学，2007．

[14]石静．《南方周末》"三农"报道的研究．兰州大学，2006．

[15]时艳钗．大众传媒视野下的农民工身份认同研究．河南大学，2007．

[16]孙朝芳．议程设置下农民工媒介形象的建构．西南政法大学，2011．

[17]夙瑾．大众传媒与农民话语权．武汉大学，2005．

[18]汤晓羽.大众传播媒介与城市农民工.南京师范大学,2005.

[19]宛月琴.生存·发展·融入——新时期《人民日报》农民工媒介形象变迁研究.西南大学,2010.

[20]徐建伟.观念适应性转型与农民工社会保障问题研究.贵州大学硕士论文,2008.

[21]谢新.大众媒介与农民工的继续社会化.重庆大学,2009.

[22]徐艳.社会公正视角下的农民工报道研究.华中科技大学,2011.

[23]尹晓楠.河南农民媒介素养实证研究.郑州大学,2009.

[24]尤游.社会转型期大众传媒在农村社区的角色分析.上海大学博士论文,2006.

[25]张鹏.农民工形象再现与传媒建构.苏州大学,2006.

[26]赵敏.农民工报道的传播学研究——《人民日报》《农民日报》《中国青年报》为例.北京师范大学,2005.

[27]钟奉.城镇化进程中的农民工媒介素养研究.山东大学,2011.

[28]钟芸.中国舆论监督体制的现状、对策与思考.南京大学,2004.

致　谢

　　本书的出版首先感谢天津外国语大学的资助。天津外国语大学各级领导重视人才，重视学术，尤其对年轻教师的学术培养更是不遗余力，"中外求索、德业竞进"的氛围，令我受益匪浅。其次，要感谢南开大学出版社，编辑老师细致入微、一丝不苟的工作态度，令人敬佩。在著作成文期间，我的导师申凡教授给予了我宝贵的指导，在此表达真诚的感谢。最后，要感谢我的家人，在我撰写此书前后 5 年中，我的家人给予了我无私的关怀和帮助。

南开大学出版社网址：http://www.nkup.com.cn

投稿电话及邮箱：　022-23504636　　QQ：1760493289
　　　　　　　　　　　　　　　　　QQ：2046170045(对外合作)
邮购部：　　　　　022-23507092
发行部：　　　　　022-23508339　　Fax：022-23508542

南开教育云：http://www.nkcloud.org

App：南开书店 app

　　　南开教育云由南开大学出版社、国家数字出版基地、天津市多媒体教育技术研究会共同开发，主要包括数字出版、数字书店、数字图书馆、数字课堂及数字虚拟校园等内容平台。数字书店提供图书、电子音像产品的在线销售；虚拟校园提供 360 校园实景；数字课堂提供网络多媒体课程及课件、远程双向互动教室和网络会议系统。在线购书可免费使用学习平台，视频教室等扩展功能。